EMPIEZA A TERMINAR

CHARLIE GILKEY

EMPIEZA A TERMINAR

Cómo ir de la idea al hecho
y alcanzar la excelencia profesional

EDICIONES OBELISCO

Si este libro le ha interesado y desea que le mantengamos informado de nuestras publicaciones,
escríbanos indicándonos qué temas son de su interés (Astrología, Autoayuda, Psicología,
Artes Marciales, Naturismo, Espiritualidad, Tradición…) y gustosamente le complaceremos.

Puede consultar nuestro catálogo en www.edicionesobelisco.com

Colección Empresa
EMPIEZA A TERMINAR
Charlie Gilkey

1.ª edición: noviembre de 2021

Título original: *Start Finishing*
Traducción: *Verónica d'Ornellas*
Corrección: *TsEdi, Teleservicios Editoriales*
Diseño de cubierta: *Isabel Estrada*

Edita: Ediciones Obelisco, S. L.
Collita, 23-25. Pol. Ind. Molí de la Bastida
08191 Rubí - Barcelona - España
Tel. 93 309 85 25
E-mail: info@edicionesobelisco.com

ISBN: 978-84-9111-787-2
Depósito Legal: B-14.227-2021

Impreso por CPI Black Print - Barcelona

Printed in Spain

Para Mamá, quien puso la prosperidad de
tantas personas por delante de la suya,
y para Papá, quien en otro tiempo y lugar
habría asombrado al mundo con lo que llevó a cabo.

Siempre se trata del trabajo. En los últimos años
de tu vida, tu felicidad y tu autoestima estarán
determinadas por las montañas que remontaste,
los valles de los que saliste
y la vida y/o la carrera que forjaste para ti.

Maya Angelou, *Rainbow in the Cloud*

PARTE 1

DESPEJAR EL CAMINO PARA TU MEJOR TRABAJO

> El trabajo de hoy es la historia
> de mañana, y nosotros la creamos.
> JULIETTE GORDON LOW,
> *How Girls Can Help Their Country*

«Algún día» podría ser hoy

Tómate unos minutos para pensar en las dos últimas semanas de tu vida. ¿Cuánto tiempo y cuánta atención dedicaste a las cosas que realmente te importan?

La respuesta sincera de la mayoría de la gente es: «Muy poco».

Enterradas debajo de las responsabilidades, del trabajo de oficina, de las distracciones y la fatiga se encuentran las ideas que hacen la diferencia y producen alegría, esperando a que algún día…

cuando sea el momento adecuado,

cuando ese proyecto esté terminado,

cuando tengas un poco más de dinero,

cuando tus hijos hayan crecido,

cuando tengas un jefe más comprensivo,

o… algún día.

El problema es que «algún día» nunca llega por sí solo.

Mi objetivo con este libro es lograr que decidas que hoy es el día en que vas a dejar de esperar y vas a empezar a terminar.

El motivo por el cual te estoy guiando para que termines en lugar de para que empieces es porque estoy casi seguro de que ya has empezado varias cosas. En algún lugar a lo largo del camino, en los cajones físicos, mentales y digitales, esas ideas brillantes están esperando a ese «algún día» en que volverás a ellos y decidirás qué es lo que tiene que ocurrir para que lleves esas ideas al mundo.

Comenzar sólo introduce más cosas en esos cajones que ya están llenos. Ya es suficiente.

Sabes que no estás trabajando en lo que más te importa

Sería demasiado presuntuoso por mi parte afirmar que tienes algunos proyectos importantes sin terminar si no fuera por el hecho de que todavía no he conocido a nadie que no tenga una idea o un proyecto que haya ocultado. Incluso los profesionales extremadamente exitosos a los que he entrevistado y con los que he trabajado admiten que hay algún llamado al que no están respondiendo.

Una cosa sería que no supieras que no estás trabajando en lo que más te importa, porque todos nos distraemos con frecuencia y nos quedamos atrapados en las tareas poco importantes. Pero hay una parte de ti que sabe que eso está ahí y no lo quiere dejar ir. Esa parte ve un mundo por encima del ruido, de lo efímero y de la supervivencia, y ve un camino para llegar hasta ahí.

Desafortunadamente, ese camino es sólo una idea sin forma. Y nosotros no hacemos ideas; hacemos proyectos.

Cuando hablo de un *proyecto* me refiero a cualquier cosa que requiera tiempo, energía y atención para realizarse. No hay ninguna diferencia entre un proyecto de trabajo y un proyecto personal cuando se trata de utilizar la limitada cantidad de tiempo, energía y atención de la que disponemos. La diferencia se da en la forma en que priorizamos los proyectos de trabajo y los proyectos personales, dándole más peso a los primeros porque están más ligados a nuestra subsistencia, nuestro estatus y nuestra identidad.

Sólo para que quede claro…

Determinar lo que tus hijos necesitan para volver al colegio es un proyecto.

Casarte (o divorciarte) es un proyecto.

Organizar el armario es un proyecto.

Buscar un nuevo empleo es un proyecto.

Ser voluntario en la parroquia es un proyecto.

Empezar una nueva dieta es un proyecto.

Encontrar un nuevo baterista porque simplemente ya no soportas lo informal que es Steve es un proyecto.

Empezar un nuevo negocio de cualquier dimensión es un proyecto.

Mudarte a una nueva casa o a un apartamento es un proyecto.

Estoy insistiendo en este punto aquí porque, con mucha frecuencia, estos tipos de proyectos no los consideramos proyectos, pero requieren tiempo, energía y atención. Muchas personas acaban con sus días llenos de proyectos que para ellas no cuentan como tales, pero los que sí cuentan para ellas son los que consideran proyectos y que no están realizando.

Para llegar al lugar donde nuestra alma anhela estar, vamos a tener que convertir nuestras ideas en proyectos factibles y, al mismo tiempo, vamos a tener que ser realistas acerca de todos los proyectos que *ya estamos* realizando. El problema no es que seamos perezosos o incapaces; es simplemente que no estamos haciendo el trabajo que nos va a permitir prosperar.

Florecemos al realizar nuestro mejor trabajo

Sabios como Aristóteles o el Dalai Lama han afirmado que el objetivo de la acción humana es florecer. El lenguaje, el contexto cultural y los matices pueden variar, pero la idea general es la misma.

Trasladar el énfasis de «florecer» a la «acción humana» revela uno de los sorprendentes significados dobles que las máximas de la sabiduría suelen tener: florecemos a través de la acción, o, dicho de una manera más simple, florecemos cuando hacemos.

El evidente desafío es que hay ciertos tipos de acciones que nos hacen florecer, o de lo contrario, el constante hacer clic al que sucumbimos con demasiada facilidad sería el medidor de nuestro florecer. Afortunadamente, ya sabes lo que necesitas hacer para llegar a florecer. Y sí, está ligado a esa idea que te tiene intranquilo.

Al trabajo que nos hace florecer lo llamo el *mejor trabajo*, pero dado que «trabajo» es un concepto complejo que viene con una variedad de significados, contextos y connotaciones (muchas de las cuales son negativas), explicaré qué es lo que yo llamo el mejor trabajo.

Tu mejor trabajo puede ser sagrado

La rareza del idioma inglés es que muchos improperios y malas palabras tienen sólo cuatro letras. Estas palabras describen cosas que queremos evitar hacer o de las que de no queremos hablar, o como mínimo son palabras que no utilizamos con personas educadas. En muchos contextos, el término *trabajo*[1] ha caído en las mismas categorías emocionales que esas palabras: no queremos hacerlo, no queremos hablar de ello y lo hacemos lo menos posible.

Pero *trabajo* no pertenece necesariamente a ese tipo de palabras. El trabajo puede ser sagrado. Puede ser lo que hace que cobremos vida. Puede darnos alegría. Puede ser algo que estamos tan inspirados a hacer que casi nos sentimos mal porque nos paguen por hacerlo. Puede ser algo que haga que estemos deseosos de terminar nuestras vacaciones para poder volver a él, no porque estemos abrumados por ir atrasados, sino más bien porque es algo que sentimos que *tenemos la suerte de hacer*, y no que *debemos* hacer. Este tipo de trabajo es nuestro mejor trabajo.

Sólo tú puedes hacer tu mejor trabajo

Cualquiera que sea tu mejor trabajo, es algo que *sólo* tú puedes hacer. Únicamente tú tienes el conjunto de experiencias, habilidades y enfoques para hacerlo. En esta gran orquesta de la creación de la que todos formamos parte, nadie puede tocar tu instrumento como tú lo tocas.

Eso significa que si tú no haces tu mejor trabajo, nosotros salimos perdiendo. Las creaciones, los resultados, las relaciones o las condiciones únicas que son la

---

1. En inglés *trabajo* es *work*, una palabra de cuatro letras. *(N. de la T.)*

consecuencia de tu mejor trabajo no pueden ser reemplazados o recreados por ninguna otra persona. Puede haber muchas copias muy similares, pero de la misma manera en que unas diferencias minúsculas en el ADN crean personas notablemente distintas, una copia que se parezca mucho a tu trabajo será notablemente distinta a lo que tú creas.

Tu mejor trabajo te sirve a ti y sirve a los demás

Realizar tu mejor trabajo no requiere que hagas egoístamente aquello que más quieres hacer, ni tampoco que seas un mártir al servicio de las necesidades de otras personas. Es como si todos estuviéramos hechos para disfrutar plantando algún tipo de árbol. Tu mejor trabajo te sirve de una forma única porque plantas ese árbol y por el fruto que da mientras, simultáneamente, sirve a los demás.

Innumerables entrevistas a personas que realizan su mejor trabajo dan fe de este extraño fenómeno. Tanto si se trataba de soldados que no podían imaginar estar en ningún otro lugar, o de líderes altruistas que han dedicado años a promover sus causas, o de artistas que se sorprenden continuamente de que el trabajo que les gusta crear beneficia a otros, o de líderes empresariales que despiertan en la mañana creando organizaciones de las que vale la pena formar parte, en cada caso no hay un enfoque de «esto o lo otro» respecto de a quién sirve el trabajo que están realizando. Es *todo*.

Tu mejor trabajo exige que realmente estés presente

Pero el mero hecho de que sólo tú puedes realizar tu mejor trabajo y que eso te sirve no significa que sea algo fácil de hacer. En realidad, el hecho de que sea tu mejor trabajo a menudo puede significar que es más difícil de hacer, por varias razones.

En primer lugar, es más difícil de hacer porque la forma en que tú lo hagas será diferente. Aprender de libros y de otras personas puede ayudarte a comenzar, pero en algún momento tendrás que empezar a abrir tu propio camino y acabarás en la tierra de nadie donde acaban todos los que están haciendo su mejor trabajo. Desafiar esta incertidumbre e ir creándolo sobre la marcha no es para los débiles de corazón.

En segundo lugar, si estás haciendo tu mejor trabajo, siempre vas a estar al límite de tus capacidades y de tus niveles de confort. Imagina un diagrama de Venn en el que tus capacidades actuales están en el círculo de la izquierda y tus áreas de incompetencia en el círculo de la derecha. El aprendizaje y el crecimiento tienen lugar ahí donde los dos círculos se intersecan. Realizar tu mejor trabajo requerirá, por lo tanto, que estés constantemente a punto de fallar.

En tercer lugar, dado que tu mejor trabajo sirve a los demás, tendrá un componente de interacción con el público. A algunas de las personas con las que lo compartas les encantará y esperarán que hagas más. Otras lo odiarán. Algunas personas mostrarán poco interés y querrán que lo lleves en otra dirección. Estarás en medio de una tormenta de opiniones de los demás y tendrás que continuar siendo capaz de soportarla y seguir adelante de todos modos.

Por lo tanto, no es de extrañar que haya tantas personas que no están realizando su mejor trabajo. Permanecer en el camino conocido y seguro no requiere tanta valentía, tanta disciplina y tanta visión.

Tu mejor trabajo es fácilmente desplazado por otras cosas

Dado que realizar tu mejor trabajo requiere que realmente te dediques a él durante extensos períodos de tiempo, es fácil desplazarlo con otras cosas. Siempre hay algo que hacer que es más fácil, más urgente, más entendible, menos arriesgado o que probablemente complacerá a los demás. Siempre hay un momento idílico en el futuro en el que tendrá sentido concentrarte en tu mejor trabajo.

Puedes pasarte la vida, fácilmente, «en el entretiempo», entre el presente y ese momento idílico en el que vas a poder realizar tu mejor trabajo. En ese entretiempo, encargarte de tus listas de tareas pendientes reemplaza a realizar tu mejor trabajo. Para prosperar en tu vida, no basta con hacer cosas si las cosas que estás haciendo no son tu mejor trabajo.

Tu mejor trabajo es algo más que tu «empleo»

Es posible que tu mejor trabajo no sea necesariamente un trabajo que harías en un día laboral convencional. Podría ser criar a tus hijos. Podría ser un negocio paralelo o emprender un negocio a tiempo completo. Podría ser trabajar con una organización sin fines de lucro, trabajar sin cobrar o en un servicio gubernamental de media jornada; o hacer un voluntariado en tu parroquia, o entrenar a una liga infantil o realizar una tutoría a adolescentes. También podría ser un *hobby*.

En ocasiones resulta útil determinar cómo podrías ganarte la vida realizando tu mejor trabajo, pero es posible que tu mejor trabajo no se preste para ser un motor económico. Esto no hace que sea menos significativo, valioso o importante, porque no todo lo que es significativo, valioso o importante es comercializable en el mercado o va a ser «comprado» lo suficiente como para que puedas vivir de ello.

Por lo tanto, la principal consideración no es cómo te vas a ganar la vida con tu mejor trabajo, sino cómo encaja tu mejor trabajo con una vida significativa para ti.

Es posible que sólo puedas dedicar diez horas semanales a tu mejor trabajo, pero incluso las personas cuyo mejor trabajo les permite ganarse la vida a veces sólo pueden dedicarle diez horas a la semana. También puedes crear diferentes opciones para ti, como trabajar deliberadamente a tiempo parcial y ganar menos, para que puedas hacer más de tu mejor trabajo o colaborar con tu pareja de manera que tengas más tiempo los fines de semana para dedicar a tu mejor trabajo.

Lo bueno es que tu mejor trabajo *no* tiene que ser tu trabajo a tiempo completo. La desventaja es que el hecho de que no sea tu trabajo de tiempo completo elimina muchas de las excusas y justificaciones para no hacerlo.

Vivimos en un mundo de proyectos

Para pasar de la aspiración de prosperar a hacer nuestro mejor trabajo, vamos a tener que convertir las ideas que nos importan en proyectos que encuentren un lugar en nuestra agenda. A este tipo de proyectos yo los llamo *proyectos del mejor trabajo* para separarlos de todos los demás proyectos que podamos estar realizando o pensando realizar.

La forma en que estoy usando el término *proyecto* tiene una ventaja importante: preferimos la claridad a un potencial agobio, porque mejor vemos que *todo* es un proyecto y que hay muchos y vienen en diferentes tamaños. Creo que vale la pena hacer esta distinción, porque nos permite volver a examinar nuestras vidas y nuestras carreras.

Veamos, por ejemplo, nuestras carreras profesionales. En lugar de pensar que nuestro mejor trabajo está contenido dentro de una extensión de décadas de trabajo en una empresa, podemos pensar en él como lo que realmente es: una serie de proyectos importantes que duran entre tres y cinco años y contienen un montón de otros proyectos más pequeños. Tu puesto actual en tu empresa es un proyecto de tres a cinco años de duración que te impulsará hacia otro proyecto. Si actualmente estás estudiando, cada nivel de educación es una pata de un viaje de entre tres y cinco años. Si diriges un negocio, en entre tres y cinco años tu papel en él (y lo que es) cambiará, y de eso se trata.

Nuestras vidas siguen un patrón similar. Cada tres a cinco años, hay algo en ellas que es significativamente distinto. Nos mudamos a nuevos lugares. Nuestros hijos, hermanos y padres pasan por umbrales que pueden requerir una adaptación por nuestra parte. Cada tres a cinco años pasamos por etapas en nuestras relaciones de pareja y en nuestro matrimonio. A lo largo de un lapso de entre tres y cinco años envejecemos y no somos capaces de hacer algunas cosas como solíamos hacerlas, pero encontramos otras cosas que hacer.

Cuando tenemos esta visión general, vemos que somos seres caóticos y, al mismo tiempo, increíblemente constantes. Como un reloj, nuestros mundos internos y externos van a cambiar cada tres a cinco años. No sabemos a ciencia cierta *cuál* será el desafío, pero sabemos que *habrá* un cambio.

Dado que vivimos en este mundo de proyectos, podemos aceptar la incertidumbre mientras, simultáneamente, tenemos claro qué proyectos vamos a realizar. La gracia de este mundo de proyectos es que, al escoger nuestros proyectos, no tenemos que caer en la parálisis del análisis y pensar que estamos tomando decisiones de largo plazo que son irreversibles. Si escogemos el proyecto «equivocado», podemos pasar al siguiente una vez que lo hemos completado.

Y cuando se trata de los proyectos de largo plazo de nuestro mejor trabajo, a menudo no somos capaces de ver de antemano a dónde nos van a llevar; vamos a crear nuevas realidades y posibilidades que simplemente no podemos ver porque actualmente no existen. Piensa en algo que hiciste que fue realmente importante para ti y en cuántas cosas ocurrieron que nunca viste venir. Tus proyectos de tu mejor trabajo siguen la máxima del poeta español del siglo xx, Antonio Machado: «Caminante, no hay camino, se hace camino al andar».

Los proyectos son espejos y puentes

A lo largo de este libro, te iré guiando para que conviertas una idea en un proyecto factible que llevarás hasta la meta. Aunque siempre es maravilloso llevar a término un proyecto de tu mejor trabajo, el motivo por el cual estamos adoptando este enfoque es porque he descubierto que los proyectos son, al mismo tiempo, espejos de lo que está ocurriendo en nuestro mundo actual y puentes hacia un mundo mejor.

Los proyectos son espejos porque nos devuelven el reflejo de lo que realmente está ocurriendo en nuestros mundos interior y exterior. Mostrar una obra de arte específica al mundo *nos muestra* dónde están nuestras pasiones y nuestros miedos. Estar lo suficientemente entusiasmado como para levantarte temprano, o quedarte despierto hasta tarde para trabajar en algunos proyectos específicos, dice tanto como no querer irte a dormir el domingo en la noche porque no quieres que empiece la semana laboral. Realizar un proyecto de nuestro mejor trabajo requerirá que estemos al pie del cañón cuando las cosas se pongan difíciles. Asimismo, el proyecto de nuestro mejor trabajo producirá más desafíos de lo normal, pero el proyecto en sí mismo es sólo un reflejo de lo que está ocurriendo con nosotros y con el mundo.

Los proyectos son puentes porque solamente haciéndolos creamos los caminos por los que nuestra alma desea transitar. Cuando creamos y cambiamos el mundo, creamos y nos cambiamos a nosotros mismos. Pero la verdadera creación y el trabajo de cambio no lo hacemos en nuestra mente; tenemos que arremangarnos y combinar las cosas del mundo para crear nuevas realidades.

Por eso, a lo largo de este libro te pediré continuamente que regreses a una idea específica que convertirás en un proyecto y lo terminarás porque ésa es la mejor manera de ver realmente cómo las ideas de este libro reflejan tu mundo y de construir un puente hacia el mundo que deseas crear. Quizás te sorprenda lo que ves y construyes si realmente te arremangas y empiezas a llevar a término el proyecto de tu mejor trabajo.

Abraza tu mejor trabajo «disperso»

Algunas personas tienen la fortuna de tener un conjunto limitado de intereses que parecen fascinarlas sin cesar, pero muchos de nosotros somos almas renacentistas a las que les cuesta encajar en una sola etiqueta. Empezamos a desconfiar cuando la gente nos dice que tenemos que escoger un solo proyecto porque a menudo nos vemos obligados a presentar un color de nuestro ser multicolor ante los demás y después la gente nos identifica con ese color.

> No somos sólo escritores. Somos escritores *e* ingenieros de drones.
>
> No somos sólo gerentes de distribución de productos. Somos gerentes de distribución de productos *y* activistas de nuestra comunidad.
>
> No somos sólo pastores. Somos pastores *y* patinadores.

En realidad, probablemente tenemos unos cuantos «y», y para nosotros esos «y» no son simplemente descripciones de relleno, sino que son la esencia de quienes somos.

Quiero que abraces esos «y». Y al mismo tiempo, voy a reforzar lo que ya sabes: que cada uno de esos «y» requiere mantenimiento en términos de proyectos. Más adelante en el libro veremos algunas de las maneras en que puedes entretejer esos diferentes proyectos, pero quiero que sepas desde ahora que no vas a tener que escoger *una* sola manera de estar en el mundo o *un* único ámbito para tu mejor trabajo.

Cómo un soldado-filósofo se convierte en un profesor de productividad

Entiendo que la gente diga «mi mejor trabajo es muy disperso» porque ése también sería un buen resumen de mi vida.

En 2004 tenía veinticuatro años y llevaba un año haciendo mis estudios de posgrado en Filosofía cuando mi unidad de la Guardia Nacional del Ejército se desplegó en apoyo de la Operación Libertad Iraquí. En aquella época era teniente y mi tarea consistía en asegurarme de que mis cuarenta y cinco soldados hicieran entregas de equipamientos, circulando por unas calles de Iraq que estaban llenas de bombas. También salía con ellos en los convoyes, lo cual me llevó a equilibrar mi responsabilidad de gestión de personal con las tareas tácticas de mando de convoyes.

A mitad del despliegue, fui arrastrado al cuartel general superior para ser el oficial de planes del batallón, donde mi principal responsabilidad era escribir o revisar los planes para cada movimiento de los convoyes en el batallón, el cual resultó ser uno de los batallones de transporte más activos y eficaces en el teatro de operaciones. Más adelante, me asignaron dos importantes tareas adicionales: monitorear y apoyar a nuestros convoyes en tiempo real y hacer las revisiones *a posteriori* (AARs: *After Action Reviews*) para los convoyes que sufrían emboscadas, tenían accidentes o se salían de su curso inesperadamente. Durante estas AARs, mi trabajo consistía en determinar qué había ocurrido, por qué había ocurrido, cómo habían respondido las tropas y qué efectos había tenido su respuesta, todo ello en un esfuerzo por crear o actualizar nuestras tácticas, técnicas y procedimientos en todo el batallón (y en el teatro de operaciones) para mejorar el cumplimiento de la misión y para que pudiéramos llevar de regreso a casa más soldados sanos.

Dos semanas después de que mi unidad volviera a casa, yo ya estaba otra vez en clases y listo para volver a mi vida anterior. Pero la difícil prueba de ese año me cambió a mejor. Las conversaciones esotéricas sobre epistemología y metafísica ya no me interesaban, no porque no entendiera lo que estaba ocurriendo, sino porque me parecían alejadas de los problemas reales a los que nos enfrentamos individual, cultural y globalmente. Me sumergí con más profundidad en la ética, los derechos humanos y la filosofía social y política, ya que mis intereses estaban más que nunca en lo que significa prosperar, ser buenas personas y construir las comunidades, las sociedades y las instituciones que nos conducen a la prosperidad.

Mientras mis carreras dobles como oficial y académico prosperaban, estaba frustrado por el hecho de que, aunque podría planificar, coordinar y dirigir a cientos de tropas y camiones, siendo un académico, me costaba escribir unos pocos artículos por semestre. (Casi) siempre los acababa a tiempo y me iba bien, pero sentía que a duras penas lograba controlar el caos. Entonces hice lo que mis dos profesiones me habían entrenado para hacer: empecé a investigar las soluciones que otras personas habían creado para hacer frente a mis desafíos.

Sin embargo, la mayor parte de lo que leí no daba en el blanco. La literatura sobre productividad personal era demasiado básica y se centraba en las tareas, y la literatura sobre crecimiento personal se centraba en los principios y las grandes ideas. Pero mi problema estaba en el confuso medio, donde viven los proyectos creativos. Después de haber pasado algunos años leyendo, aplicando, reconvirtiendo y creando herramientas para mí, hice lo que mis dos profesiones me habían enseñado: empecé a compartir mis reflexiones, reconversiones, síntesis y herramientas con otras personas en lo que se convertiría en mi página web, *Productive Flourishing*.

El camino para terminar

Este libro está organizado en tres partes diferenciadas que van indicando aproximadamente lo que tendrás que hacer para pasar de la idea al hecho. Aquí, en la parte 1, «Despejar el camino para tu mejor trabajo», trataremos el panorama general del mundo en el que trabajamos y el panorama interior que está dentro de todos nosotros, y aclararemos qué es lo importante para nosotros. En la parte 2, «Planificar tu proyecto», hablaremos de cómo crear espacio para tu proyecto y cómo convertirlo en un plan que funcione y exploraremos algunos obstáculos comunes que interfieren una vez que has hecho el plan. En la parte 3, «Trabajar el plan», trabajaremos en cómo introducir esa hoja de ruta en tu planificación y cómo afrontar los altibajos y desvíos que se presentan cuando la realidad practica su molesta costumbre de ser distinta a como pensabas que sería.

He escrito este libro de manera que puedas saltar a cualquier parte y obtener algo de ella, pero puedes leer el libro de tres maneras:

1. **De principio a fin.** Si la idea de hacer más de tu mejor trabajo te parece poco realista, leer este libro de principio a fin es la mejor ruta, porque el libro aborda los desafíos fundamentales a medida que va avanzando. Tu proyecto será un gran espejo y un puente para ti, pero también incorporarás algunas reacciones, reflexiones y anotaciones.

2. **Como una manera de trabajar en una etapa de un proyecto.** La parte 2 se centra principalmente en los proyectos, así que puedes saltar directamente a ella.

3. **Para obtener ideas sobre cómo resolver un problema específico.** Los capítulos 7, 8 y 9 son particularmente útiles porque tratan sobre los desafíos comunes que se presentan en el nivel semanal y en el nivel diario.

Mi objetivo no es ser la voz definitiva y completa sobre todos los temas que abarca este libro, sino presentar una versión condensada de las ideas, estrategias y prácticas que he incorporado a partir de décadas de entrenamiento, investigación, práctica y experimentación. Una gran parte de mi trabajo consiste en dar un nombre a los obstáculos, los patrones, las formas de pensar y las prácticas que ayudan a nuestra capacidad de realizar nuestro mejor trabajo y las que la obstaculizan, porque el hecho de ponerles un nombre hace que nos resulte más fácil identificar qué está ocurriendo y saber cómo responder.

Curiosamente, los libros sobre productividad, creatividad y desarrollo personal suelen hacer que la gente se sienta mal consigo misma. Por lo tanto, quiero ser muy claro desde el principio: tú no eres excepcionalmente imperfecto, no estás hecho para tener dificultades y no estás destinado a ser incapaz de poner tu vida en orden. Si señalo las maneras ridículas, absurdas y autodestructivas en que pensamos y actuamos, lo hago para poder dejar al descubierto las mentiras para que podamos verlas como lo que realmente son. Somos mucho más que los pensamientos que tenemos y los actos que realizamos, y podemos adoptar nuevos pensamientos y realizar nuevos actos que nos conduzcan a ser las mejores versiones de nosotros mismos. Y a lo largo de este libro, digo *nosotros* con la misma frecuencia con que digo *tú*, porque nosotros (incluido yo) tenemos dificultades y patrones en común, incluso cuando pensamos que los hemos superado.

Eres más de lo que crees que eres porque *todos* somos más de lo que creemos ser. Puedes reescribir las historias que te impiden ser la mejor versión de ti. Puedes cambiar la forma en que te presentas, en que planificas y en que respondes cuando, inevitablemente, las cosas se ponen difíciles. Puedes alcanzar el éxito sin llegar a agotarte o convertirte en un ermitaño.

(¡Sí, tú!)

No me cansaré de repetir que hay más potencial en ti del que te puedes llegar a imaginar. Ésa es la única verdad que conozco que explica el hecho de que adolescentes que acaban de salir de secundaria se conviertan en héroes en el campo de batalla, que personas introvertidas y deprimidas se conviertan en líderes creativos en sus campos, o que madres de familia humildes pongan en marcha organizaciones sin fines de lucro que cambian sus vidas, las vidas de sus familias y sus comunidades. He estado ahí con ellas y he visto cómo ocurrían estos cambios, a veces despacio y a veces rápidamente. Lo único que es diferente en las personas que se ponen de pie y avanzan es que se ponen de pie y avanzan.

No sé cómo llegaste aquí, y ninguno de nosotros sabe a dónde conduce tu camino. Lo único que sabemos es que mereces realizar tu mejor trabajo y, además, que el mundo será mejor gracias a eso.

Te apoyo y creo en ti. Hagamos esto.

CONCLUSIONES DEL CAPÍTULO 1

- No hacemos ideas, hacemos proyectos.

- Un proyecto es cualquier cosa que requiera tiempo, energía y atención para realizarse.

- Florecemos cuando realizamos nuestro mejor trabajo.

- Nuestras vidas y carreras están marcadas por bloques de entre tres y cinco años que pueden considerarse como proyectos.

- Los proyectos son espejos porque nos devuelven el reflejo de lo que realmente está ocurriendo en nuestro mundo interior y exterior; los proyectos son puentes porque al realizarlos creamos los senderos por los que nuestra alma quiere transitar.

- Todos los aspectos «y» de nosotros mismos requieren mantenimiento en forma de proyectos.

- Podemos crear nuevas realidades para nosotros mismos cuando dejamos ir la idea de que somos excepcionalmente imperfectos.

2

Nada espléndido ha sido logrado jamás excepto por aquellos
que se atrevieron a creer que algo dentro de ellos
era superior a las circunstancias.
Bruce Barton, *The Man Nobody Knows*

Llegar a tu mejor trabajo

Es muy probable que hayas percibido que hay una brecha entre el trabajo que estás
realizando actualmente y el mejor trabajo que ansías realizar. También es muy
probable que hayas intentado empezar a dedicarte más a tu mejor trabajo. Una de
las primeras cosas con las que probablemente te has encontrado es que, después de
haber pasado unas pocas horas o días haciéndolo, los compromisos, las expectativas y los desafíos de tu vida normal interrumpieron groseramente tus mejores intenciones y recuperaron el control.

Si tu mejor trabajo fuera como todas las demás cosas que estás haciendo, simplemente podrías desecharlo como algo que en realidad no querías hacer. Pero lo que
hace que sea tu mejor trabajo es que, en el fondo, realmente quieres hacerlo. Y lo
que es más, *necesitas* hacerlo y el mundo necesita que lo hagas. Entonces, no es
simplemente cuestión de encontrar la motivación o el impulso para hacer tu mejor
trabajo: tienes que examinar las partes de tu vida que te están impidiendo realizarlo.

Vamos a abordar el tema de esta brecha *antes* de escoger una idea que sea importante para ti porque, si eres como la mayoría de la gente, inconscientemente tus ideas
estarán limitadas a lo que crees que puedes incorporar a tu situación actual. Dado
que, de todos modos, realizar tu mejor trabajo cambiará tu situación actual, vamos
a examinar qué es lo que la está manteniendo.

El emparedado de aire: por qué tu visión global y tu realidad cotidiana no se conectan

Imagina que tu vida son dos rebanadas de pan. Tu visión, tu misión, tu propósito y tus grandes objetivos componen la rebanada superior y tu realidad cotidiana es la rebanada inferior. Para muchas personas, hay una gran brecha entre las dos rebanadas, lo cual crea un *emparedado de aire*.[1]

Al menos así parecen ser las cosas. Entre las dos rebanadas de pan en realidad hay cinco desafíos distintos que se combinan para impedir que pasemos nuestros días trabajando en lo que más nos importa:

- Prioridades que compiten
- Basura mental
- No tener un plan realista
- Muy pocos recursos
- Una mala armonización del equipo

Examinemos cada uno de ellos independientemente.

Prioridades que compiten

Pastorear una cabra es bastante sencillo; por muy inquieta que sea, puedes controlarla. Pastorear a siete cabras inquietas es considerablemente más difícil, porque cada cabra va hacia un lado en busca de lo que la atrae en ese momento.

Nuestras vidas son muy parecidas al escenario de las siete cabras en el sentido de que, con frecuencia, queremos ir en diferentes direcciones para satisfacer nuestros deseos. Nuestros roles como padres requieren que hagamos cosas que pueden estar reñidas con nuestras carreras. Nuestros deseos de hacer ejercicio parecen estar

---

1. Tara Gentile me presentó el uso de Nilofer Merchant del «Emparedado de aire» en un contexto empresarial en 2016. Inmediatamente vi que se podía aplicar a las personas.

reñidos con nuestras otras aficiones. Nuestros deseos de viajar pueden estar reñidos con nuestros deseos de ahorrar dinero. Tenemos *prioridades que compiten*.

No todos los deseos se convierten en una prioridad, pero nuestros deseos más profundos influyen en esas prioridades, especialmente si creemos en la frase de Mahatma Gandhi «la acción expresa prioridad». Pero incluso después de haber elevado algunos deseos a la categoría de prioridades, éstos continúan compitiendo. Simplemente, llegado ese punto, ya son cabras más grandes, más insistentes y más inquietas.

Lo que resulta incluso más problemático es que algunas de nuestras prioridades operativas ni siquiera son nuestras, o son casi invisibles para nosotros. Por ejemplo, inconscientemente le damos prioridad a mantener el mismo nivel de vida que nuestros amigos, y en ocasiones los padres ignoran que criar a sus hijos es una prioridad cuando consideran por qué no están ocurriendo otras cosas. Entonces, por un lado estamos pastoreando cabras que no nos pertenecen y, por otro lado, no estamos considerando a algunas de las cabras que deberíamos estar considerando.

Basura mental

En el capítulo 1 analizamos rápidamente algunas de las historias que nos contamos a nosotros mismos. Junto con esas críticas generales e historias limitantes, llevamos en nuestro interior nuestra propia *basura mental* individual que se basa en nuestras propias experiencias, historias y contextos personales.

Aunque es cierto que una gran parte de esa basura mental se forma a partir de nuestras experiencias de la infancia y de nuestras familias de origen, también recogemos basura nueva siendo adultos. Por ejemplo, después de un largo tiempo sin ser capaces de crear planes que funcionen, podemos decirnos a nosotros mismos que no somos buenos planificando o que somos «creativos», es decir, que no somos el tipo de persona capaz de crear un plan y seguirlo.

Así pues, cuando llega el momento de hacer algo grande que requiere una planificación, no *podemos* terminarlo, y es posible que acabemos creando otra historia que dice que no somos capaces de realizar los proyectos de nuestro mejor trabajo.

MARK Y ANGEL CHERNOFF   ¿QUÉ OTRA COSA PODRÍA SIGNIFICAR ESTO?

«¿Qué otra cosa podría significar esto?». Ésa es una pregunta sencilla que tenemos que hacernos con más frecuencia. Una manera práctica de aplicar una pregunta así a nuestras vidas es utilizando una herramienta de replanteamiento que tomamos inicialmente de la profesora Brené Brown, la cual luego adaptamos a través de nuestro trabajo de *coaching* con estudiantes. A esta herramienta la llamamos *La historia que me estoy contando*. Aunque hacernos la pregunta («¿Qué otra cosa podría significar esto?») puede ayudarnos a replantearnos nuestros pensamientos y ampliar nuestras perspectivas, utilizar la frase «La historia que me estoy contando» como prefijo para los pensamientos problemáticos puede proporcionarnos una dosis incluso mayor de perspectiva sana.

Así es como funciona: imaginemos que uno de tus objetivos recientes no funcionó como lo planeaste y esencialmente fracasó, y ahora han pasado unos días y todavía te sientes disgustado porque obviamente no eres capaz de lograr nada que valga la pena, nunca. Cuando te des cuenta de que te estás sintiendo así, utiliza la frase: «La historia que me estoy contando» es que no logré alcanzar mi objetivo porque soy completamente incapaz de conseguir resultados positivos y satisfactorios en la vida.

Entonces, pregúntate:

- ¿Puedo estar absolutamente seguro de que esta historia es verdad? (¿Hay alguna prueba? ¿Hay algo que pruebe lo contrario?).

- ¿Cuál es la otra posibilidad (más constructiva) que también podría hacer que el final de esta historia fuera cierto?

Date un espacio para pensarlo detenidamente. ¡Rétate a pensar de una forma distinta! Utiliza *La historia que me estoy contando* para hacer una revisión de la realidad con una actitud más constructiva.

Marc y Angel Chernoff son autores del exitoso libro del New York Times, *Getting Back to Happy: Change Your Thoughts, Change Your Reality, and Turn Your Trials into Triumphs* **y creadores de** *Marc & Angel Hack Life***, que fue re-**

Algunos de nosotros acabamos creando o aferrándonos a historias que dicen que, de alguna manera, somos excepcionalmente imperfectos. A pesar de la amplia evidencia de personas que han logrado ser exitosas, superar dificultades y ser dueñas de sí mismas (y que en otros aspectos son como nosotros), creemos que hay algo *en nosotros* que hace que las cosas no funcionen. Y acabamos cumpliendo nuestra propia profecía de que somos excepcionalmente imperfectos porque otras personas lo han logrado y nosotros no.

La basura mental *siempre* parece absurda cuando la declaras directamente porque la ves como lo que es. Es la versión adulta del monstruo debajo de la cama; su poder sobre nosotros se mantiene porque permanece en la oscuridad.

No tener un plan realista

No tener un plan realista es un gran desafío, y todas las palabras en esa frase son increíblemente importantes. Algunas personas tienen un plan, pero no es realista. Otras no tienen un plan porque no creen que es importante o porque no son «el tipo de persona que planifica». Otras confunden una aspiración o idea con un plan y no llegan a ninguna parte. Para superar el emparedado de aire, vas a tener que conectar tu visión, tu propósito y tus grandes objetivos con tu realidad cotidiana, y el tipo de proyectos que logran eso requieren que uno cree un plan realista. Una gran parte de este libro te mostrará cómo hacerlo, y también cómo crear planes que se adapten y se modifiquen con la realidad.

Muy pocos recursos

Muchos de nosotros posponemos nuestro mejor trabajo porque pensamos que tenemos *muy pocos recursos* para alcanzar nuestros objetivos. Si tuviéramos más dinero, pondríamos en marcha esa organización sin fines de lucro. Si tuviéramos más tiempo, escribiríamos ese libro. Si tuviéramos los contactos adecuados, postularíamos para ese cargo.

Mientras tanto, estamos ocupados corriendo por caminos que no nos acercarán necesariamente a los recursos que necesitamos. E incluso cuando esos caminos revelan por casualidad los recursos que necesitamos, a menudo no los vemos porque no estamos abiertos a verlo de la misma manera en que no vemos el café porque estamos buscando un Starbucks.

La frase del presidente Theodore Roosevelt[2] «haz lo que puedas, con lo que tengas, dondequiera que estés» también parece no aplicarse a nosotros porque *nuestro* proyecto requiere muchas más cosas para comenzar que las que tenemos. Por lo tanto, dejamos que lo que no tenemos nos impida crear lo que *podemos* tener.

Una mala armonización del equipo

Normalmente pensamos en equipos en el contexto del trabajo o el deporte, pero voy a aplicar el término al elenco más amplio de personajes en tu vida. Asimismo, voy a diferenciar a tu equipo de las otras personas de tu entorno, porque muchas de las personas que te rodean no son relevantes para la realización de tu mejor trabajo.

Piensa en esas ocasiones en las que tu pareja, tus amigos, tus compañeros de trabajo o tu comunidad y tú estabais en armonía y concentrados en los objetivos comunes. Ahora piensa en las ocasiones en que las que no lo estabais. Probablemente hay una *enorme* diferencia entre esos dos momentos en términos de esfuerzo, resultados y alegría.

**Muchos de nosotros tenemos una *mala armonización del equipo*,
no porque las personas en nuestro equipo estén en conflicto,
sino porque no estamos comunicando a nuestro equipo lo que queremos,
lo que necesitamos y lo que soñamos ser.**

---

2. Aunque esta cita siempre se atribuye a Roosevelt, en su autobiografía él la atribuyó a Squire Bill Widener.

Es posible que hagamos esto porque tenemos a las personas equivocadas en nuestro equipo y, por lo tanto, tenemos miedo de ser lo suficientemente vulnerables como para expresar nuestros deseos, nuestras necesidades y nuestros sueños. En otros casos, lo hacemos porque en realidad no sabemos cuáles son nuestros deseos, nuestras necesidades y nuestros sueños, y estamos esperando a que la inspiración nos encuentre. Entretanto, las personas están siguiendo su propio curso y a menudo nos unimos a su proyecto a costa del nuestro.

Los cinco desafíos trabajan concertadamente

Cada uno de nosotros batalla con uno o dos de los desafíos mencionados más que con otros, pero también tenemos *múltiples* desafíos trabajando en nosotros simultáneamente. Ésa es parte de la razón por la cual podemos permanecer atrapados en la rutina: somos expertos resolviendo desafíos simples, sin facetas, pero no somos tan buenos resolviendo los desafíos complejos, con múltiples facetas.

Por ejemplo, dado que hemos «aprendido» que no somos el tipo de persona que planifica (basura mental), no tenemos un plan realista para realizar ese gran proyecto de nuestro mejor trabajo. Por lo tanto, no nos damos cuenta de que hay maneras pequeñas de empezar (con muy pocos recursos) y, por otro lado, las personas de nuestro entorno que podrían ayudarnos no lo hacen (una mala armonización del equipo). Si no tenemos claro si preferimos viajar o mantener a nuestros hijos en un colegio que tenga un ambiente estable (prioridades que compiten), no nos damos cuenta de que podemos viajar durante las vacaciones escolares (no tener un plan realista) y no ahorramos para hacerlo (muy pocos recursos).

Aunque *normalmente* hacer «una cosa a la vez» es una directriz prudente, no se aplica en el caso de estos cinco desafíos. *Podemos* trabajar en todos ellos simultáneamente en el sentido de que al trabajar *intencionadamente* en uno, podemos ocuparnos de los otros. Tomando el primer ejemplo antes mencionado, en cuanto aceptamos que no existe eso que llamamos «el tipo de persona que planifica», podemos empezar a crear un plan realista que use los recursos que tenemos a nuestra disposición, y pedir a algunas personas que nos ayuden. Ciertamente, pedir a la gente que nos ayude puede activar más basura mental acerca de tener que pedir ayuda, pero al menos estamos un paso más cerca de hacer que nuestros días se parezcan a la visión de nuestras vidas.

Las cinco claves para superar el emparedado de aire

Cuando tenemos ganas de ocuparnos del emparedado de aire, buscamos naturalmente listas de cosas por hacer, planes, aplicaciones y libros, pero eso no suele funcionar porque, en el mejor de los casos, esas herramientas abordan los problemas de más alto nivel, y los desafíos que llenan el emparedado de aire se encuentran en un nivel *por debajo* de esos asuntos. Por ejemplo, no hay nada intelectualmente difícil en planificar nuestro día, pero el desafío consiste en seguir ese plan, y no existe ningún sistema, ninguna aplicación o gran idea que pueda ayudarnos a hacerlo.

Lo que *sí* nos ayudará a hacerlo es la disciplina y los límites. Las claves fundamentales para poder realizar nuestro mejor trabajo incluyen:

- Intención
- Conciencia
- Límites
- Valentía
- Disciplina

Estas claves son una síntesis moderna de las virtudes y los hábitos aristotélicos. Aquí estoy utilizando el término *virtud* de la misma manera en que lo utilizó Aristóteles, como un comportamiento que podemos cultivar en exceso o demasiado poco.

Cualquiera de los dos extremos acaba haciendo que florezcamos menos, y el objetivo es encontrar un camino intermedio entre esos dos extremos. El desafío milenario de aplicar la clave correcta en la cantidad justa sigue siendo tan difícil como siempre, pero si el emparedado de aire nos muestra qué puertas debemos abrir, al menos tenemos cinco llaves que pueden abrir cualquiera de ellas.

Examinemos cada clave antes de empezar a ver cómo pueden ser utilizadas para hacer frente al emparedado de aire.

Intención

Comienza con el *porqué*. Empieza teniendo en mente la finalidad. Piensa en cómo quieres que sea tu vida dentro de tres años. Estas frases comunes apuntan todas a lo mismo utilizando un lenguaje diferente: la *intención*.

La mayor parte de nuestras conversaciones sobre el propósito están ancladas en la intención. Damos por sentado que si conocemos nuestro propósito, seremos más intencionados acerca de cómo queremos pasar nuestros días y nuestra vida. Si no conocemos nuestro propósito, entonces nuestros actos pueden parecer fortuitos o sin sentido. (Según dicen... una gran parte de la búsqueda de propósito es un miedo a la incertidumbre profundamente arraigado y muy bien camuflado).

La intención surge en prácticamente todas las conversaciones que tengo con mis clientes y alumnos, porque hablamos de planificar. Para realizar un plan, tienes que establecer un objetivo. Los planes y los objetivos son intenciones acerca de la forma en que vas a utilizar (y no vas a utilizar) tu tiempo, así como lo que es y no es importante para ti. Muchos de nosotros no realizamos nuestro mejor trabajo porque no hemos establecido una intención clara de hacerlo, especialmente cuando vemos cómo estamos planificando nuestros días.

El cultivo insuficiente de la intención es más fácil de entender y de ver en nosotros y en los demás que el cultivo excesivo de la intención, al menos a primera vista. Pero cuando miramos a nuestro alrededor y vemos cuán afectada por la ansiedad está la gente porque está tan concentrada en alcanzar determinados objetivos en un determinado período de tiempo y de una determinada manera, es fácil ver que gran parte del sufrimiento de las personas proviene del hecho de que están apegadas a que el mundo se adapte a su intención. El mundo tiene una forma irritante de no hacer lo que queremos que haga, pero como dijo Rumi, el poeta persa del siglo XIII: «Ayer era inteligente, de modo que quería cambiar el mundo. Hoy soy sabio, de modo que me estoy cambiando a mí mismo».[3]

Pero para que la intención tenga agarre, tiene que ser *acerca de algo*. Una de las principales razones por las que estamos utilizando un proyecto como ancla para cambiar nuestro trabajo es porque nos proporciona un punto focal para que seamos intencionados respecto a cómo vamos a usar específicamente nuestro tiempo, nuestra energía y nuestra atención en el proyecto.

---

3. Afzal Iqbal, *La vida y obra de Jalaluddin Rumi*.

El proyecto es análogo a concentrarnos en nuestra respiración o en un sentimiento específico durante la meditación.

Conciencia

«Conócete a ti mismo» es una máxima cardinal que aparece en las filosofías fundamentales de todo el mundo, desde Sócrates hasta Lao Tzu, desde Buda hasta el Bhagavad Gita y la Biblia. En cada caso, la calamidad le llega a todo aquel que no sabe quién es.

Dejando de lado las consideraciones existenciales, todavía podemos ver lo importante que es tener *conciencia*. Por ejemplo, cuando estamos planeando realizar nuestro mejor trabajo, deberíamos basar nuestros planes en qué tipo de energía y cuánto tiempo tenemos a nuestra disposición. El trabajo profundo, creativo y centrado requiere un cierto tipo de energía. Algunos de nosotros somos especialmente malhumorados o especialmente simpáticos en determinados momentos del día. Y así sucesivamente.

Se necesita conciencia para *saber* cuál es tu mejor trabajo y para notar cómo cambian tus emociones y tu presencia cuando estás realizando tu mejor trabajo. Son muy pocos los que saben exactamente cuál es su mejor trabajo, mientras que muchos tienen que prestar atención a los susurros de sus mentes y a las ligeras caricias en sus corazones para encontrar el camino para llegar a él. Cultivar la conciencia para prestar atención a cuando estamos iluminados, prodigiosos y fluyendo, o cuando estamos apagados, adormecidos y llenos de temor, es crítico para el crecimiento.

Hasta el momento, una gran parte de este libro ha tratado acerca de cómo crear conciencia. Ver los desafíos y las oportunidades del mundo de los proyectos nos permite nadar en el mar del cambio, en lugar de ser aplastados por sus olas. Ver lo que está llenando el emparedado de aire nos ayuda a identificar cómo podríamos mitigar esos desafíos. No se puede utilizar o vencer aquello que uno no puede ver.

Límites

En la mayoría de las conversaciones sobre *límites* se habla sobre ellos en el contexto de los límites *sociales*. Esas conversaciones se centran típicamente en la importancia de determinar qué comportamiento vas a aceptar de los demás y cómo vas a responder para crear espacio lejos de ellos y sus comportamientos.

Aunque eso es importante, se trata de una visión muy restrictiva de los límites que suele llevar a las personas a no querer hablar de ellos, pues los ven como algo que aleja a la gente o abre la puerta a que ellas mismas sean alejadas de la gente.

Pero podemos tener una visión más expansiva de los límites. Hay límites positivos y límites negativos: los límites positivos crean espacio *para* algo y los límites negativos crean espacio *para dejar fuera* algo. Los límites sociales de los que hablamos anteriormente son límites negativos. Un límite social positivo sería el espacio que podríamos crear para nuestros hijos, nuestra pareja o nuestros amigos.

Aunque es verdad que solemos alejar algo para crear espacio para algo (es decir, para crear un límite positivo, a menudo tenemos que crear, simultáneamente, un límite negativo), lo que importa aquí es la intención. Los límites negativos de muchas personas se desmoronan porque ellas no tienen claro para qué han creado ese espacio.

Si no estableces límites *para* tu mejor trabajo y *para dejar fuera* las cosas que te impiden realizarlo, tu mejor trabajo siempre será desplazado por otras cosas. Establecer y mantener límites puede ser difícil, nos pasa a todos. Pero como tantas cosas en la vida, vale la pena hacerlo.

Valentía

Hay una gran cantidad de personas inteligentes y compasivas con ideas que vale la pena llevar a término y con amplios conocimientos, que no consiguen dar impulso a esas ideas por la sencilla razón de que les falta valentía. La *valentía* es más importante que el talento cuando se trata de llevar a término lo que más nos importa, porque la acción valerosa puede desarrollar talento, pero el miedo nos mantiene estancados en los confines del ayer.

Soy consciente de que el término *valentía* evoca historias heroicas como las de soldados en la batalla, bomberos salvando gente o personas levantándose contra máquinas de injusticia. Para muchas personas, una acción valerosa es algo que acaba en las noticias o en los libros y en las películas.

Aunque es cierto que ésos son actos de valentía y deberían ser elogiados,

tipificar los actos extraordinarios como valentía puede ocultar con demasiada facilidad la valentía cotidiana que necesitamos para florecer, y además nos proporciona una salida fácil.

Cada día que eliges realizar tu mejor trabajo es un día en que estás practicando ser valiente. Cada día que inicias una conversación difícil o participas en ella, o que mantienes un límite, es un día en que estás practicando ser valiente. Cada día que te atreves a compartir tu mejor trabajo con alguien es un día en el que estás practicando ser valiente. Cada día que entras en una fase de «estancado y sin llegar a nada» de tu trabajo y no huyes de él es un día en el que practicaste la valentía.

Claro que también es cierto que cada día que evitas esa conversación difícil, evades tu mejor trabajo o huyes de un proyecto estancado es un día en que practicas la cobardía y eso hace que te resulte más fácil tomar el camino de la cobardía la próxima vez. A nadie le gusta que le llamen cobarde o aceptar una tarea difícil, pero tenemos la capacidad de evitar ese destino.

Cuando identificamos correctamente la falta de valentía que nos está impidiendo realizar nuestro mejor trabajo y prosperar, eso también nos permite hacer preguntas más poderosas y directas acerca de cómo seguir adelante. Por ejemplo, cuando creemos erróneamente que hay una brecha en nuestros conocimientos, ponemos la investigación en nuestra lista de acción. Pero cuando se trata de nuestro mejor trabajo, siempre habrá una brecha entre la información que nos gustaría tener y la información que podemos adquirir, porque tanto las contribuciones como los resultados de nuestro mejor trabajo son inciertos. Nuestro mejor trabajo nos cambia y cambia al mundo de una forma que ninguna información actual puede reflejar por completo.

Asimismo, si pensamos que tenemos una brecha de competencia o talento (lo cual solemos expresar diciendo: «No soy lo suficientemente bueno»), entonces es realmente fácil pasar tiempo en entornos de aprendizaje seguros que suelen reforzar que no somos suficientemente buenos, en lugar de empujarnos a crecer de una forma que impulse hacia delante nuestro mejor trabajo. Años y decenas de miles de dólares son gastados en obtener títulos y certificados que fundamentalmente no cultivan la valentía de las personas para que puedan prosperar en el mundo profesional.

Ahora sígueme la corriente. Piensa en uno de tus tres proyectos más importantes y hazte estas dos preguntas sobre él:

1. ¿Cuál es el siguiente paso más inteligente en este proyecto?

2. ¿Cuál es el siguiente paso más valiente en este proyecto?

Tus respuestas a estas preguntas probablemente serán extremadamente distintas si eres sincero contigo mismo, no sólo acerca de cómo te sientes respecto ellas, sino también acerca de cómo darías ese siguiente paso. Pero la realidad es que tu siguiente paso más inteligente probablemente es el siguiente paso más valiente. No necesitamos más genios; necesitamos más personas valientes.

Si estás realizando tu mejor trabajo, entonces te enfrentarás a un continuo flujo de oportunidades para echarte atrás cuando el miedo muestre su horrible cabeza, y el miedo es más intenso cuando *no* muestra su horrible cabeza sino que acecha, sin ser visto, en segundo plano. La información, el conocimiento, el talento o la buena disposición general no te armarán suficientemente para que puedas avanzar. La valentía y la fe que tu mejor trabajo inspira son tus únicas armas y tu única armadura.

Afortunadamente, eso es todo lo que necesitas, y cuanto más las utilices, más fuerte serán.

Disciplina

El hecho de que una persona disciplinada con mucho menos talento y experiencia pueda abrirse paso hacia el éxito despierta una gran frustración en los que somos creativos. Mientras nosotros estamos trabajando en ideas e intereses que definitivamente no podemos soltar, ellos han hecho avanzar unos cuantos pasos a su «demasiado estrecho», «demasiado específico» y «demasiado poco original» (a nuestro modo de ver) trabajo. Nuestra respuesta a ello es retroceder, trabajando menos durante el día y comiendo más helado en las noches.

En lo más profundo sabemos que en realidad la causa de nuestra frustración no es que las personas disciplinadas se estén abriendo camino hacia el éxito, sino nuestra propia *disciplina*. Sabemos que prosperaríamos mucho más y seríamos mucho más felices si fuésemos disciplinados. Y sin embargo, a menudo sentimos que nuestra naturaleza es *no* ser disciplinados, al punto que incluso la palabra *disciplina* es algo que provoca una reacción visceral en muchos de nosotros. (Sospecho que sólo continúas leyendo esta sección porque tu curiosidad y tu autoconsciencia son mayores que el impulso de pasar a otro tema más agradable).

Nuestro talento, nuestra creatividad y nuestro empuje combinados con disciplina son lo que nos convierte en fuerzas de la naturaleza.

Por otro lado, sin disciplina podemos ser infelices y mezquinos, y sentirnos insatisfechos. La disciplina canaliza nuestra energía y la convierte en acción constructiva, con propósito; la falta de disciplina disipa nuestra energía convirtiéndola en descargas destructivas, y con mucha facilidad y frecuencia, lo que destruimos suele ser a nosotros mismos.

Los hábitos son disciplina que se ha vuelto automática, pero *se vuelven* automáticos al principio y se mantienen mediante la disciplina. Las rutinas matinales son un ejemplo de disciplina que se ha vuelto automática, pero las rutinas matinales efectivas no ocurren por sí solas. Uno tiene que establecer los límites que las crean y luego mantener esos límites mediante la disciplina.

Centrarse y escoger menos proyectos que terminar también requiere disciplina. Tienes demasiados proyectos en marcha porque dijiste que sí a tantos que en realidad has dicho que no a avanzar en cualquiera de ellos.

Una gran parte de nuestra resistencia a la disciplina es que solemos asociarla más al castigo o al dolor que a la libertad o la felicidad. Esta asociación es comprensible ya que, cuando éramos niños, para muchos de nosotros disciplina solía significar castigo o dolor. Sin embargo, esas experiencias no son la totalidad de la disciplina. La realidad es que los creativos más felices y más exitosos entre nosotros suelen ser los más disciplinados. Por ejemplo, la práctica casi universal entre los titanes y los mentores a los que el exitoso autor de libros de autoayuda Tim Ferriss ha entrevistado es la meditación o un régimen de ejercicios. He visto también esos mismos patrones en mis amigos, colegas y clientes más exitosos. La disciplina subyace a esas prácticas y a esos regímenes, y la mayoría de las personas cuentan que son *esas* prácticas y esos regímenes los que los preparan para realizar su mejor trabajo.

Una consecuencia adicional de la disciplina es que limita la fatiga de tomar decisiones de la que muchos de nosotros somos víctimas. Una rutina matinal constante elimina muchas de las decisiones de cada día. Los hábitos eliminan otras opciones.

Los segmentos de tiempo eliminan más opciones acerca de cuándo vas a hacer cada tipo de trabajo. Cada decisión eliminada de un día libera una energía mental y creativa que puede impulsar tu mejor trabajo.

Somos más felices cuando estamos realizando y terminando nuestro mejor trabajo, y la disciplina bien aplicada y cultivada nos permite hacer más de nuestro mejor trabajo. Por muy paradójico que suene, la disciplina crea libertad y felicidad precisamente porque es lo que sienta las bases para que hagamos las cosas que son más importantes para nosotros.

JAMES CLEAR   LA DIFERENCIA ENTRE PROFESIONALES Y AMATEURS

Hay una habilidad que es tan valiosa que te hará sobresalir en cualquier área de la vida, sin importar el tipo de competencia a la que te enfrentes: la disciplina.

La disciplina de presentarte todos los días, de seguir el programa y hacer el trabajo (especialmente cuando no te apetece hacerlo) es tan valiosa que es literalmente lo único que necesitas para ser mejor el 99 % del tiempo.

Pero ¿cómo es realmente una vida disciplinada?

Ser disciplinado significa comprometerte con lo que es importante para ti, en lugar de meramente decir que algo es importante para ti. Se trata de empezar cuando tienes ganas de detenerte, no porque quieres trabajar más, sino porque tu objetivo es lo suficientemente importante para ti como para que simplemente trabajes en él cuando es conveniente. Se trata de hacer que tus prioridades sean una realidad.

Ser disciplinado no significa que seas un adicto al trabajo. Significa que eres bueno encontrando tiempo para aquello que te importa (especialmente cuando no te apetece), en lugar de hacerte la víctima y dejar que la vida te ocurra.

Cuando empiezas un negocio, habrá días en los que no tendrás ganas de ir a trabajar. Cuando estés en el gimnasio, habrá ejercicios que no te apete-

---

cerá terminar. Cuando sea el momento de escribir, habrá días en los que no tendrás ganas de hacerlo. Pero asumir el reto cuando hacerlo te resulta molesto o doloroso o agotador es lo que marca la diferencia entre un profesional y un *amateur*.

Los profesionales tienen la disciplina para cumplir con lo programado, mientras que los *amateurs* dejan que la vida se interponga en su camino.

James Cear es un investigador de hábitos, creador de la *Habits Academy* y autor del libro *Atomic Habits*, n.º 1 en la lista de best sellers del New York Times.

Cómo usar las cinco claves para superar el emparedado de aire

En un mundo ideal, cada uno de los obstáculos en el emparedado de aire tendría una, y sólo una, clave para superarlo.

En ese mismo mundo ideal, sólo tendríamos un obstáculo a la vez delante de nosotros. Sin embargo, en *este* mundo, con frecuencia tenemos múltiples obstáculos dominantes aplicados a diferentes proyectos y debemos utilizar múltiples claves para abrirnos paso a través de ellos. Al mismo tiempo, rara vez te encontrarás en una situación en la que la falta de una clave te impida avanzar un poco cuando estés trabajando en un proyecto.

Lo que sigue a continuación es una guía aproximada de las claves prácticas para empezar cuando te enfrentes a diferentes obstáculos. No es que no vayas a utilizar otras, pero estas claves tienden a ser más efectivas para tomar un poco de impulso que te ayude a quitar las piedras de tu camino.

Alinear las prioridades que compiten

Unas prioridades que compiten entre sí suelen ser el resultado de no haber reconocido cuáles son nuestras prioridades y de no ver que nuestro objetivos y nuestros planes están en conflicto. Si sabemos esto, las claves para alinear las prioridades que compiten son bastante sencillas:

- **Conciencia.** Ten claro lo que es importante para ti, afirma esas prioridades y reconoce que, por mucho que lo intentes, siempre habrá objetivos que no podrás alcanzar.

- **Disciplina.** Lo primero siempre debe ser lo primero, incluso cuando sea fácil desviarse.

- **Límites.** Establece estructuras y expectativa que limiten la influencia de las prioridades de otras personas.

Cuando pensamos en limpiar nuestra propia basura mental, es normal que aparezcan muchos «sí, pero…». Suele ser más fácil rebatir esos «sí, pero» considerando lo que le dirías a un amigo que estuviera teniendo que lidiar con la misma basura mental con la que tú estás lidiando.

Saca tu basura mental

Aunque es cierto que la basura mental es más poderosa cuando no puedes verla como lo que es, el hecho de verla no significa que vaya a desaparecer. Sólo porque algo no sea verdad no quiere decir que tenga influencia en ti. Estas claves te ayudarán a eliminar la basura mental:

- **Conciencia.** Sé consciente de cuando las creencias y los patrones contraproducentes están presentes y discierne lo que es real y lo que son simplemente tonterías que has absorbido.

- **Valentía.** Ten el valor de desafiar esas creencias, diseña experimentos que mitiguen los patrones y acepta la realidad de que tus elecciones y tus respuestas han estado cocreando lo que estás experimentando.

- **Disciplina.** Quédate con las creencias desafiantes, experimentando y asumiendo la responsabilidad de cambiar; la valentía sin disciplina lleva a trabajar de manera intermitente, en lugar de conducir a un cambio profundo.

Elimina el no de no tener un plan realista

Antes de entrar a fondo en las claves que te ayudarán a crear planes realistas, recuerda que los planes sólo crean claridad, no certeza. Muchas personas hacen planes y se sienten insatisfechas porque saben lo que tienen que hacer pero no están seguras de que eso las conducirá al éxito, o bien crean un plan realista y tienen miedo de no ser capaces de reunir los recursos necesarios para hacer lo que hay que hacer, y entonces intentan retroceder hacia el proyecto para no tener que ver el futuro.

En el próximo capítulo veremos que no hacemos ideas, sino que hacemos proyectos. Pero a veces ya tienes un plan hecho, en cuyo caso necesitarás las siguientes claves:

- **Conciencia.** Sé consciente de dónde caes, dónde brillas y dónde es probable que abandones el proyecto. Veremos este tema en el capítulo 7.

- **Disciplina.** Continúa con el plan cuando aparezcan, inevitablemente, objetos luminosos y brillantes (OLBs). Utilizo la expresión «objetos luminosos y brillantes» para referirme a las distracciones fortuitas y aparentemente ilimitadas que podemos encontrar y que nos pueden atrapar.

- **Intención.** Ten un objetivo o destino claro, y tan específico como sea necesario. Como dijo el novelista y filósofo Lewis Carroll: «Si no sabes adónde vas, cualquier camino te conducirá hasta ahí». Nos encanta recorrer todos los caminos, en lugar de transitar por uno solo.

Supera el hecho de tener pocos recursos

Es muy poco probable que estés en una posición en la que cuentas con todos los recursos que te gustaría para realizar tu mejor trabajo. Cuanto más éxito crees, más crecerá tu mejor trabajo para estar a la altura de tus nuevas capacidades. Aprender a ser ingenioso independientemente de los recursos que tengas es una habilidad para toda la vida y estas claves te mostrarán cómo usar al máximo lo que tengas:

- **Conciencia:** Concéntrate en lo que *tienes* más que en lo que no tienes. Pregúntate: «¿Cómo puedo realizar este proyecto sin X?» y «¿Qué es lo que tengo y no estoy usando para completar este proyecto?».

- **Disciplina.** La eficiencia requiere disciplina y muchas personas no están utilizando lo que tienen de una forma eficiente. ¿Cómo podrías hacer un mejor uso de los recursos con los que ya cuentas?

- **Valentía.** Sé lo suficientemente valiente para comprometerte de una forma más plena en menos proyectos. A menudo no concentramos nuestros recursos en menos objetivos y proyectos porque no estamos seguros de que vayamos a tener éxito con ellos y, por lo tanto, queremos estar protegidos. El resultado es que invertimos demasiado poco en los proyectos como para que tengan éxito y estamos eternamente dispersos. ¿Cómo utilizarías tus recursos si no estuvieras intentando protegerte?

ISHITA GUPTA   FORTALECE EL MÚSCULO DE LA VALENTÍA

Valentía. Miedo. Fracaso. Confianza.

Nuestras vidas giran alrededor de estas palabras, pero no tenemos ni idea de lo que significan.

Tú no lo sabes. Yo no lo sé.

Ésta es una nueva definición de las cuatro palabras, una que te proporcionará mucho más alivio y esperanza y, además, un mejor futuro: *práctica*.

El problema no es *sólo* que lo que nos decimos a nosotros mismos apeste. El problema real es que practicamos el decirnos: «No soy lo suficientemente bueno», «¿Quién soy yo para hacer esto?», «No puedo hacerlo». Lo hacemos mil veces cada día.

Un día se convierte en tres. En diez. En seis semanas.

Al poco tiempo ya somos alguien que simplemente *hace eso*; pensamos que las cosas son imposibles. Nuestro cerebro lo sabe y se programa para Riesgo Cero.

Claro que no enviamos ese correo electrónico. O no hablamos en esa reunión. O no lanzamos nuestra idea. ¿Cómo íbamos a hacerlo? Lo único que *hacemos* es practicar contarnos a nosotros mismos historias *acerca de* nosotros mismos. Historias falsas que hacen que nos sintamos pequeños y muertos por dentro. Ése es el músculo que estamos *eligiendo* fortalecer cada día.

¿Y si en lugar de preguntarnos si tenemos la valentía, simplemente la practicamos?

¿Si en lugar de preocuparnos por la posibilidad de fracasar, simplemente ejercitamos nuestra mente para correr el riesgo de todos modos?

¿Y si todos los días, cada día (un día, tres días, diez días) lo único que hiciéramos fuera llevar a nuestro cerebro al gimnasio? Al gimnasio mental. Ejercitando cómo correremos riesgos. Fortaleciendo nuestros músculos de la acción, no los músculos de la vergüenza. Haciendo repeticiones de confianza y diálogo interno positivo.

Haz la propuesta. Envía el correo electrónico. Siente el miedo. Mete la pata. Vuelve a hacerlo. Una y otra vez. Hasta que *eso* se convierta en estándar para el cerebro.

¿Y si pusiéramos en forma a nuestra mente para la carrera que *queremos* correr, y no para la que estamos corriendo actualmente?

Ishita Gupta, una narradora y creadora de marcas poco convencional, que mueve mecanismos en los medios de comunicación, los negocios y el mundo editorial para conectar a profesionales de éxito con marcas y recursos. Como jefa de publicidad para Seth Godin, Ishita ayudó a lanzar cinco libros que fueron éxitos de ventas para Seth, Steven Pressfield, Derek Sivers y más personas, y vendió el primer patrocinio de Kindle para *Read This Before Our Next Meeting de Al Pittampalli*. Ishita fundó la revista Fear.less, la cual presenta a importantes autores de libros, pensadores y empresarios tratando el tema de cómo superar el miedo. Ishita da charlas en Estados Unidos acerca de correr riesgos, liderazgo, actitud, desempeño y seguridad en uno mismo.

Haz que tu equipo trabaje contigo y para ti

Un equipo armonizado marca la diferencia entre remar en círculos y tener el viento a tu favor. Dado que las personas tienen sus propios planes y no pueden leer las mentes de los demás, depende de ti lograr que trabajen contigo y para ti. Éstas son las claves que ayudarán a que eso ocurra:

- **Conciencia.** Sé consciente de lo que *realmente* quieres, necesitas y sueñas con hacer y ser. Debes ser capaz de comunicar todo esto con claridad a los demás. Hacerlo es más difícil de lo que la mayoría de la gente piensa.

- **Límites.** Determina las expectativas, las estructuras y el espacio para apoyar tus objetivos. Convierte *algún día, alguien y en algún momento* en un día, una persona y un momento *específicos*.

- **Valentía.** Sé lo suficientemente valiente para ocupar un espacio, pedir ayuda y dejar de ser el mártir para poder gustar a la gente.

¿Qué claves necesitas practicar más?

Tu crianza, tu educación, tus experiencias, tus elecciones y tus preferencias influyen enormemente en las claves que cultivas y las que podrías practicar más. Es posible que cultives muy poco o demasiado alguna clave en particular en algunas áreas más que en otras. En mi caso, por ejemplo, en muchas áreas me resulta fácil ser disciplinado, pero siempre me ha costado mantener el hábito de correr o de evitar las patatas. Asimismo, no tengo ningún problema para reunir el valor para hablar en público, o vender algo, o compartir mi trabajo con la gente, pero solamente puedo cantar y tocar la guitarra delante de las personas en las que realmente confío para que me vean cuando estoy *tan* vulnerable, a pesar de que he recibido suficientes comentarios positivos como para no sentirme avergonzado.

Sin embargo, según mi experiencia, la mayoría de la gente sabe cuáles son las claves que ha cultivado y cuáles necesita practicar más. Recuerda que las claves son sólo hábitos y prácticas en las que vamos mejorando cuanto más las usamos; no son talentos innatos que tenemos (o de los que carecemos). Decirte a ti mismo que no puedes establecer límites, por ejemplo, es elegir no practicar hacerlo.

Cuanto más practiques las claves, más fácil te resultará empezar a llevar a término tu mejor trabajo y prosperar. Las claves pueden ser el obstáculo o el camino para realizar tu mejor trabajo, dependiendo de qué eliges practicar. Y, hablando de elegir practicar, ha llegado la hora de que practiques las cinco claves y elijas una idea que sea importante para ti.

CONCLUSIONES DEL CAPÍTULO 2

- El emparedado de aire es la brecha que hay entre tu visión global y tu realidad cotidiana.

- El aire dentro del emparedado en realidad está lleno con los cinco desafíos que te impiden realizar tu mejor trabajo: prioridades que compiten, basura mental, no tener un plan realista, muy pocos recursos y una mala armonización del equipo.

- Los cinco desafíos trabajan conjuntamente y pueden presentarse de diferentes maneras en diferentes proyectos.

- Hay cinco claves para realizar tu mejor trabajo: intención, conciencia, límites, valentía y disciplina (ICLVD).

- Algunas claves son más efectivas que otras para superar desafíos específicos.

- Las cinco claves son prácticas que pueden ser cultivadas, y a menudo estamos bien cultivados en unas, pero en otras no.

3

Llegó el día en el que el riesgo de permanecer apretado en un capullo
fue más doloroso que el riesgo que había que correr para florecer.

Elizabeth Appell,
en un panfleto promocional para la Universidad John F. Kennedy, 1979

Escoge una idea que sea importante para ti

Somos criaturas paradójicas. Por un lado, todos queremos realizar nuestro mejor trabajo y, por otro lado, a menudo evitamos realizarlo.

Esta paradoja sólo tiene sentido cuando reconocemos que están ocurriendo muchas cosas en nuestro interior que están impidiéndonos decidir realizar nuestro mejor trabajo, y eso hace que nos resulte difícil escoger una idea que sea importante para nosotros. Desgraciadamente, con todas las reuniones, viajes, notificaciones y cosas que tenemos que hacer, no solemos estar al tanto de todo lo que está sucediendo en nuestros corazones y en nuestras mentes.

Lo que con frecuencia *sí* somos capaces de ver es que estamos haciendo muchas cosas en torno a nuestro mejor trabajo, pero sin llegar a ninguna parte con él. Podemos pasar horas, días y semanas investigando, reflexionando, procrastinando y tocando nuestro mejor trabajo justo lo suficiente para mantenerlo activo, pero no lo suficiente para darle impulso.

Para escoger una idea que sea importante para ti, la parte de ti que desea prosperar y realizar tu mejor trabajo tendrá que vencer a la parte de ti que quiere ir a lo seguro, estar cómoda y no molestar a nadie. Ha llegado la hora de reconocer tu intranquilidad.

Cuanto más te importa, más intranquilidad sientes

Desasosiego es el término que utilizo para hablar de esa agitación emocional y ese metatrabajo que realizamos cuando no nos comprometemos plenamente con nuestro mejor trabajo. Lo que realmente está ocurriendo es que estamos expresando nuestra basura mental: los miedos, el síndrome del impostor y (en ocasiones) las percepciones inconscientes de nuestras propias deficiencias. Cuando estamos desasosegados, somos como una mecedora que se mueve mucho pero en realidad no llega a ninguna parte.

Pero generar todo ese movimiento puede ser más agotador que realmente avanzar. Y lo peor es que, en algún nivel, *sabemos* que estamos desasosegados y no entendemos por qué.

Pero ésta es la cuestión: no sentimos desasosiego por tener que sacar la basura o lavar los platos. No tenemos una crisis existencial de diferentes grados de intensidad cuando tenemos que preparar la cena o ir a la biblioteca. (Aunque si eres como yo, tener que decidir qué libros no vas a llevarte a casa puede invocar una minicrisis).

Si estás familiarizado con la idea de resistencia de Steven Pressfield, quizás pienses que desasosiego y resistencia son la misma cosa, pero no lo son. Resistencia es la voz interior o el actor que a menudo es el portavoz de toda la basura mental que llevamos con nosotros. Desasosiego es lo que expresamos en respuesta a la resistencia.

Puede parecer que la diferencia es mínima, pero lo que encuentro útil en esta distinción es que podemos notar cuándo estamos sintiendo desasosiego y decidir que vamos a *hacer* algo distinto, incluso cuando la resistencia nos esté gritando más fuerte que nunca. Además, saber que estamos sintiendo desasosiego nos permite decir a los demás cómo nos ponemos cuando estamos desasosegados para que puedan llamarnos la atención, en lugar de dejar que ellos adivinen lo que está ocurriendo dentro de nuestra cabeza y nuestro corazón.

Sólo sentimos desasosiego respecto a las cosas que son importantes para nosotros: casarnos por primera (o tercera) vez, renunciar a un trabajo cómodo para iniciar nuestro propio negocio, escribir un libro, crear una organización sin fines de lucro, realizar un evento de micrófono abierto, mostrar nuestro arte a un público nuevo o poner en marcha un proyecto estratégico disruptivo. Cada una de esas cosas puede producir desasosiego en nosotros, y muchas personas nunca llegan a superarlo.

Cuanto más te importa una idea, más desasosiego sientes, precisamente porque su éxito o su fracaso son profundamente importantes para ti.

Aunque a muchos de nosotros no nos importa que nuestros cubos de basura estén perfectamente alineados cuando los colocamos en el borde de la acera, *sí* nos importa que nuestro mejor trabajo sea presentado a la perfección. Nuestro mejor trabajo es una representación de nuestro carácter interno, nuestra competencia y nuestra excelencia, mientras que los cubos de basura en la acera no lo son. (Al menos, ésa es la historia que nos contamos).

Cada proyecto que nos importa producirá algún desasosiego, pero en qué momento lo sentimos más suele ser bastante particular para cada uno de nosotros.

Algunos de nosotros sentimos desasosiego:

- **Antes de empezar a trabajar en una idea.** «¿Quién soy yo para realizar este proyecto?», «¿Acaso este proyecto importa?», «¿Es suficientemente original?», «¿Puedo hacerlo realmente?».

- **En medio de un proyecto.** «¿Cómo diablos voy a volver a encarrilar este proyecto?», «¿Por qué me está resultando tan difícil este proyecto?», «¿A alguien le importa si lo termino?», «¿Es esto realmente lo mejor que puedo estar haciendo en este momento?».

- **Al final del proyecto.** «¿Es suficientemente bueno?», «¿Qué va a pensar de mí la gente?», «¿Qué dirán los enemigos, los *trolls* y los detractores?», «¿Y si no he incluido algo importante?».

- **En cada etapa del proyecto.** Somos los maestros de la agitación.

Una respuesta natural al desasosiego es escoger ideas más fáciles en las que trabajar. El agotamiento extremo, la frustración y el deseo de realmente hacer algo hacen que cambiar de proyecto nos parezca una buena idea. Nadie tiene tiempo para agotarse durante la mitad del día y no tener ningún resultado que mostrar.

Es más probable que empieces a buscar un proyecto más fácil cuando tu proyecto entre en un punto muerto. Cuando tu proyecto está en un punto muerto, puede parecer que va a continuar eternamente sin llegar a ninguna parte y no hay una forma clara de sacarlo de ahí. Los proyectos del mejor trabajo son especialmente propensos a llegar a un punto muerto, o a más de uno, y ése es otro motivo por el cual son dejados de lado con tanta facilidad y reemplazados por otro proyecto más fácil.

Pero cuidado con el canto de sirenas de una idea «más fácil». Si te pasas a un proyecto más fácil que te importa, de todos modos acabarás sintiendo desasosiego y probablemente estarás en la misma situación en la que te encuentras con el proyecto actual. Pasarte a un proyecto más fácil no va a hacer que automáticamente hayas resuelto aquello que hizo que sintieras desasosiego con el proyecto anterior. Y si es un proyecto más fácil, *quizás* lo termines, pero no te sentirás tan satisfecho como si hubieras terminado el que abandonaste. Y te seguirá persiguiendo el proyecto que dejaste sin terminar.

Por lo tanto, sentir desasosiego no es señal de que no puedes terminar el proyecto o de que estás haciendo el proyecto equivocado. Es señal de que estás haciendo algo que es importante para ti y que tendrás que ponerte a ello con más fuerza para llevarlo a término. Además, es algo de lo que no puedes escapar; las ideas con las que lidiarás crecerán contigo en alcance, amplitud y dificultad.

Eludir tu mejor trabajo provoca un bloqueo creativo

Tu mejor trabajo siempre será desafiante porque es el trabajo que realmente te importa. Y puesto que te importa, vas a sentir desasosiego a lo largo del camino. El mejor trabajo empieza a parecerse sospechosamente al trabajo duro, y nuestra reacción natural es evitar realizar el trabajo duro y encontrar algo más fácil de hacer.

Cuando se trata de tu mejor trabajo, *no* hacerlo tiene dos costes importantes: (1) no podrás prosperar y (2) sufrirás un bloqueo creativo. Dado que ya he hablado de la conexión entre la prosperidad y tu mejor trabajo, ahora vamos a hablar del *bloqueo creativo* o el dolor de no realizar tu mejor trabajo.

El bloqueo creativo es exactamente como suena. Tenemos ideas e inspiración que se convierten en aspiraciones, metas y proyectos, y en algún momento, si no las estamos empujando en forma de proyectos acabados, empiezan a hacernos retroceder.

Igual que en el caso del estreñimiento físico, llega un momento en el que nos intoxicamos. Ya no queremos recibir más ideas. No queremos realizar más proyectos. No queremos establecer más objetivos o hacer más planes. Estamos llenos y hartos.

Esa toxicidad interior se convierte en el caldo que da sabor a todas nuestras historias sobre nosotros mismos y el mundo; nuestra basura mental se vuelve más pronunciada e intensa, y lo que vemos en el mundo se vuelve oscuro. El bloqueo mental provoca comportamientos en los que arremetemos contra el mundo, y en ocasiones incluso más intensamente contra nosotros mismos. Sentimos resentimiento hacia las otras personas (incluso a nuestros seres queridos) que están realizando su mejor trabajo. Nuestra capacidad de sentir picos emocionales positivos disminuye y, al mismo tiempo, nuestra capacidad de sentir puntos bajos emocionales negativos se amplifica. Sin duda, alguna vez te has encontrado con un alma torturada y deprimida que está experimentando un bloqueo creativo, y quizás tú mismo te hayas sentido así.

Hay un motivo por el cual prácticamente todas las tradiciones espirituales vinculan la creatividad con la destrucción: la misma energía que alimenta a la creación alimenta también a la destrucción. El Dios judío, cristiano y musulmán crea y destruye; la frase «convertir las espadas en arados» funciona también a la inversa. El Dios hindú Shiva es visto como un destructor que abre camino para la creatividad. En el concepto taoísta del yin y el yang, la creatividad y la destrucción son vistas como un bucle continuo.

En nuestra vida cotidiana también se presentan perspectivas espirituales como éstas. Piensa en la frecuencia con que has realizado la terapia de salir de compras (y has destruido tu tiempo y tus recursos) porque estabas insatisfecho con algo en tu vida. Piensa en la frecuencia con que has sucumbido al hambre emocional porque no estabas creando el cambio que deseabas ver en tu vida. Piensa en cuántas personas echan a perder sus vidas durante la crisis de la mediana edad porque la carrera y la vida que han creado no satisfacen sus necesidades más profundas.

Ahora piensa en las personas que conoces, o sobre las que has leído, que *sí* están realizando su mejor trabajo. Fíjate en qué medida son más sanas, más felices, (normalmente) tienen una mejor situación económica y tienen una buena relación con otras personas. Realizar su mejor trabajo les da significado y, al mismo tiempo, cocrea la persona que quieren ser en el mundo. Y saben que hacer su trabajo *en el mundo* es la rueda del cambio, el significado y el crecimiento, y no se limitan a estar atrapadas en su cabeza.

Entonces, en los niveles profundos y prácticos, podemos elegir canalizar nuestra energía para realizar nuestro mejor trabajo y prosperar, o podemos escoger dejar que se desboque y gradualmente nos destruya y destruya nuestras relaciones, nuestros recursos y el mundo que nos rodea. Es mejor hacer el trabajo duro de la creación que hacer el trabajo duro de reparar la destrucción que hemos causado.

Estamos hechos para matar dragones

Tu mejor trabajo es un trabajo duro en el cual sentirás desasosiego y, si no haces el trabajo, sentirás un tipo de dolor distinto. «Habrá dragones» en el viaje hacia el florecer y al realizar tu mejor trabajo. Puedes evitar a algunos de los dragones –especialmente a los que creaste para ti–, pero no deberías esperar evitarlos a todos.

Es mucho mejor ser escéptico acerca de hacer el trabajo fácil o agarrar siempre la fruta que cuelga más abajo. Muchos de nosotros despertamos después de haber pasado años haciendo un trabajo que no nos hace crecer o que no nos exige estar realmente presentes, y nos damos cuenta de que lo hemos estado haciendo sin ningún esfuerzo. El trabajo fácil puede ser como la comida rápida: es rápido, fácil y barato, pero no nos satisface y puede hacer que enfermemos.

Pero ésta es la cuestión: estamos hechos para matar dragones. Hemos sobrevivido cientos de miles de años usando nuestra creatividad, nuestra determinación, nuestra imaginación y nuestro espíritu de cooperación. Hemos dominado el fuego y el metal, e incluso la energía misma del universo, para modificar la realidad. Hemos sobrevivido a innumerables plagas, guerras y hambrunas. Físicamente, somos el depredador más débil y menos capaz de todos, y sin embargo somos el mayor depredador en este planeta.

> Simplemente somos los últimos en la fila de generaciones de cazadores de dragones. Somos resilientes, adaptables, ingeniosos y victoriosos.

Entonces, ¿qué importa si hay algunos dragones en este viaje? Siempre han estado ahí y probablemente siempre lo estarán. Personas de menor nivel que nosotros han peleado con ellos y han ganado, y nosotros también podemos hacerlo.

Los dragones no son una señal de que estamos en el camino equivocado, sino de que estamos en el camino *correcto*. Por lo tanto, la próxima vez que te sientas abatido o vacilante porque hay un dragón bloqueando el camino hacia delante, reconoce que está ahí precisamente porque es el camino hacia delante, y atácalo de frente. Fuiste creado para derrotar a los dragones.

El regalo del fracaso

Quizás estés hecho para matar dragones, pero eso no significa que siempre vas a poder hacerlo. El fracaso es inevitable, y si no estás fracasando y tomando ocasionalmente alguna mala decisión, entonces no estás haciendo tu mejor trabajo. Estar *realmente* presente y aceptar la incertidumbre que llega al realizar tu mejor trabajo significa que vas a subestimar y priorizar poco, y vas a estar poco preparado para un desafío que luego te va a abrumar.

Pero el fracaso no es un signo de tu carácter, sino una señal de que algo no estaba bien alineado. Quizás...

- Te apresuraste, en lugar de pedir ayuda.

- Dijiste que sí demasiado pronto, cuando ya te habías comprometido a demasiadas cosas.

- Tuviste una racha de victorias fáciles que abrieron las puertas a un nuevo nivel de desafío para el que no estabas preparado.

- Escogiste una idea que no encajaba con tus verdaderas prioridades, y los proyectos relacionados con tus prioridades acabaron ganando.

- Pusiste a las personas equivocadas en tu equipo por motivos equivocados.

- Debiste haber pasado más tiempo perfeccionando tus habilidades o reuniendo recursos.

- Tenías un plan muy bonito que la realidad destruyó de una forma maravillosa o terrible que no podías prever.

Tus fracasos del pasado se quedaron en el pasado. No son indicativos de lo que podrás hacer en el futuro. Tu mejor apuesta es hacer lo que dice este proverbio cheroqui: «No dejes que el ayer consuma demasiado del hoy».

CHELSEA DINSMORE   QUÉ HACER CUANDO LA VIDA CAMBIA TUS PLANES

Hay muchas cosas en la vida que están fuera de nuestro control, y cuando la vida cambia nuestros planes es difícil no sentirnos impotentes. Aprendí esto de la forma más dura cuando mi marido, Scott, murió en un accidente mientras nos encontrábamos haciendo senderismo en el Kilimanjaro. No sólo tuve que procesar esa pérdida repentina y trágica, sino que además tuve que hacerlo delante de la comunidad global que habíamos creado. Lo que ocurrió estaba fuera de mi control, pero mi *respuesta* a ello no.

Por eso animo a las personas a que tengan una práctica que les permita *responder* intencionadamente, en lugar de limitarse a *reaccionar* a cualquier situación dada. Primero debemos aceptar que lo que ocurre a nuestro alrededor no es lo que determina nuestros sentimientos; son nuestros *pensamientos* los que los crean. Entramos y salimos de las emociones en base a nuestros pensamientos, los cuales suelen llegar como resultado de aquello en lo que nos concentramos. Nuestras circunstancias pueden ser una realidad, pero nuestras emociones son pasajeras. Concentrarnos en lo que no podemos hacer produce desesperanza; concentrarnos en lo que podemos hacer produce motivación.

Cuando empezamos a ser conscientes de los pensamientos que crean emociones dolorosas y placenteras, descubrimos los patrones, entendemos los desencadenantes y vemos dónde podemos dirigir mejor nuestra concentración en un momento dado. Cuanto mejor podamos aprender a controlar nuestra mente en lugar de reaccionar a ella, mejor podremos manejar cualquier situación, independientemente del nivel de dificultad.

¡Éste es un poder que ninguna circunstancia puede quitarte!

Chelsea Dinsmore es propietaria de Live Your Legend, un negocio que ayuda a las personas a descubrir cómo vivir sus vidas con un sentido más profundo de propósito, significado y conciencia plena.

Pero eso no significa que la punzada del fracaso no sea real. Un corolario de «cuanto más te importa, más desasosiego sientes» es que cuanto más te importa, más intensa será la punzada si fracasas. Esta verdad es otro motivo por el cual elegimos eludir nuestro mejor trabajo.

El regalo del fracaso es que te revela lo que es importante para ti, te muestra cuándo no estás en armonía y descubre una ventaja de crecimiento.

Cada día es un nuevo día para volverlo a intentar con las lecciones de ayer como guía, no como camisa de fuerza.

El fracaso es, por lo tanto, como un amigo que te dice lo que necesitas oír y no lo que quieres oír. Pero no es el único amigo que ayuda a que las cosas te vayan bien.

El desplazamiento es tu amigo (después de haber sido tu enemigo)

Uno de los mayores dragones parece ser el tiempo. Nunca hay suficiente y nunca lo recuperamos.

Cuantos más años paso en este planeta, más me doy cuenta de que *necesitamos* la restricción del tiempo finito para la creación del significado que es más importante para nosotros. Esa restricción crea *desplazamiento*, y tomarnos en serio el desplazamiento nos permite hacer mejores elecciones. El desplazamiento simplemente es la realidad de que cada acción que decidimos hacer desplaza a muchas otras que podríamos haber hecho en ese mismo espacio y tiempo.

Ya sé que todo eso es muy general y espiritual. Para hacerlo más concreto, consideremos la idea de Stewart Brand, el creador del *Whole Earth Catalog*, de que las ideas significativas que tienen impacto requieren al menos cinco años de acción concentrada para ser llevadas a cabo.[1] Réstale tu edad actual al número 85 y divide el resultado por cinco: ésa es la cantidad de proyectos significativos que te quedan por hacer.

---

1. El fundador de la revista *Wired*, Kevin Kelly, atribuía esto a Steward Brand en *Tools of Titans: The Tactics, Routines, and Habits of Billionaires, Icons, and World-Class Performers* de Tim Ferriss (Nueva York: Houghton Mifflin Harcourt, 2016).

Cuando este libro sea publicado, yo estaré llegando a los 40 años, así que eso quiere decir que me quedan nueve proyectos significativos por hacer. Eso significa que habrá unas pocas juntas directivas de organizaciones sin fines de lucro en las que podré participar, unos pocos pilares de mi trabajo que podré construir, unas pocas maneras en las que podré servir a mi comunidad y a mi país, y unos pocos lugares a los que podría mudarme y experimentar verdaderamente. Sí, saber que sólo me quedan nueve cubos en los que verter mi energía vital hace que sienta como si el universo se estuviera sentando sobre mi pecho. Pero también me hace discernir mucho más qué proyectos significativos elegiré hacer y cómo serán mis días al avanzar hacia esos proyectos.

No importa cómo elijamos pasar nuestras horas, cada uno de nosotros obtiene veinticuatro horas en cada día. Y ese límite finito es una restricción infernal para muchos de nosotros.

Pero ese límite finito también puede ser un regalo del cielo. Piensa en cuánto más desperdiciamos cuando tenemos más cosas para desperdiciar. ¿Cuántas veces has mirado hacia atrás recordando un día o una semana que tenía *demasiado* tiempo no planificado y te has sentido frustrado por haber malgastado ese tiempo precisamente porque estaba demasiado libre? ¿O cuántas veces has entrado en Facebook porque estabas aburrido (es decir, tenías tiempo libre que no estabas aprovechando)?

Otro regalo importante del desplazamiento es que puede ayudarte a evaluar el coste de estar repartido en demasiados proyectos y demasiadas responsabilidades. Por ejemplo, a mí me gustaría escribir más de un libro cada cinco años, pero para conseguirlo tendría que hacer lo mismo que otros autores prolíficos y quitar más cosas de mi vida.

Si decido quitar o no aceptar algo que consume diez horas por semana, entonces podría dedicar esas diez horas a escribir un libro. En ese marco hipotético, podría escribir un libro al año con bastante facilidad. Ahí también hay una restricción bastante útil, porque sólo hay una cantidad limitada de energía disponible por día y es *mucho* menor de lo que mucha gente piensa.

Podríamos discutir si Brand estaba en lo cierto al afirmar que las ideas que tienen impacto tardan cinco años en llevarse a cabo o sobre lo que es un proyecto significativo, pero hacerlo no cambiaría el hecho de que tenemos una cantidad finita de tiempo y cualquier cosa que hagamos en ese tiempo desplaza a otras cosas que podríamos haber hecho.

A medida que vayas mejorando en el uso de las cinco claves y te centres en tu mejor trabajo, el desplazamiento se convertirá incluso en un mejor amigo. Cuando se presentan cosas que no son realmente importantes y en las que no vale la pena que gastes tu tiempo, lo *sentirás* inmediatamente y además sentirás el coste potencial de dejar ir tu proyecto actual. Estamos hechos para sentir el dolor de la pérdida más que el placer de la posible ganancia. *Perder* el agarre y el impulso que actualmente estás creando hará que te resulte más fácil eliminar las gotas de cosas poco significativas como si se tratara de gotas de agua sobre un chubasquero. Tu temor a perderte algo cambiará; ya no será el temor de perderte lo que otras personas están haciendo, sino el temor de perderte lo que *tú* podrías estar haciendo si utilizaras bien el tiempo.

Pero al principio pelearás contra el desplazamiento. Ésa es simplemente la parte infinita de ti que está luchando contra sus ataduras. Parte del conflicto de la condición humana es ser una conciencia ilimitada atrapada en un cuerpo limitado; parte de la belleza de la condición humana es ser una conciencia ilimitada que puede utilizar su poder en el espacio y el tiempo.

Estoy resaltando esta tensión con el desplazamiento porque nos estamos dirigiendo hacia una elección que va a catalizar esa tensión. Al final de este capítulo te pediré que escojas una idea para empezar a trabajar en ella y utilizarla como una lente para comprender las ideas futuras.

Seguramente te costará mucho escoger, y una parte importante de esa dificultad podría ser la resistencia a la premisa de que tienes que escoger o que deberías escoger.

Cuando lleguen ese momento y esa dificultad, recuerda estas tres cosas:

- Todo lo que hagas desplazará alguna otra cosa que podrías haber hecho.

- El trabajo que *realmente* te importa requerirá una cantidad de tiempo concertada para ser llevado a término.

- Cuanto más canalices tu energía hacia un proyecto, más rápido lo acabarás y, por lo tanto, podrás pasar al siguiente proyecto.

No escoger es una elección que a la larga te cuesta mucho más que escoger y terminar un proyecto significativo a la vez. No podemos huir del desplazamiento, pero _podemos_ usarlo para empezar a terminar nuestro mejor trabajo.

Para obtener algo mejor, tienes que soltar

Mientras estamos en el tema del desplazamiento, es de gran ayuda pensar en todas las ideas y proyectos que tienes, y qué es lo que están desplazando. Actualmente estás cargando con una bolsa de proyectos y responsabilidades, la mayoría de los cuales no están relacionados con tu mejor trabajo o con las actividades e ideas que más te van a ayudar a prosperar. Probablemente la minoría de las cosas que están más cerca de tu mejor trabajo está estancada, existiendo en el mismo estado de progreso que ese armario en el que metes todas las cosas que no quieres procesar en este momento, pero de las que no te puedes deshacer de inmediato.

No estoy juzgando. Como he dicho desde el principio, es muy fácil que las cosas que no te importan acaben en tu lista de tareas pendientes, mientras las cosas que _sí_ te importan languidecen mientras esperas a ese momento en el que no tendrás todas esas cosas que hacer. Todos nos decimos que ese momento ya está llegando, a pesar de la continua evidencia de que no es así.

Aunque _empezaremos_ a eliminar parte del trabajo que no es importante, tendremos que comenzar por ese armario de ideas y proyectos que realmente queremos realizar. Esto puede parecer un lugar contradictorio para empezar. ¿No nos convendría más empezar por la lista más grande de cosas que no nos importan tanto? Después de todo, si es el 80 % de donde está yendo nuestro tiempo y le quitamos un 25 %, entonces podemos aplicar ese tiempo, energía y atención a las cosas que están en el armario, ¿no es así?

Probablemente no, por dos motivos. El primero es que las cosas que actualmente están en nuestra lista están ahí por algo, y si fuera tan fácil dejarlas ir, ya lo habríamos hecho. O bien nos las impusieron, o bien las aceptamos en algún momento en el pasado. En cualquier caso, tienen _alguna_ energía e historia adherida a ellas, y va a ser necesario hacer un esfuerzo activo para disipar esa energía y reescribir la historia.

El segundo motivo por el cual es poco probable que empecemos «automágicamente» a hacer nuestro mejor trabajo es porque nuestro patrón existente es llenar el espacio con cosas que no nos importan tanto. Si eres una persona que siempre busca complacer a los demás, es más probable que llenes ese espacio con cosas que «compensen» el no haber podido complacerlos porque has estado demasiado ocupado. Si eres perfeccionista, es más probable que refuerces algo que sientes que hiciste a medias en el pasado, independientemente de si eso todavía sigue vivo o no.

Si no hacemos el esfuerzo consciente de cambiar las cosas, nuestros hábitos y patrones continuarán llenando los agujeros que hagamos. Tenemos que *empezar* a llenar esos agujeros con un trabajo que sea importante para nosotros. Así es como el desplazamiento puede ser un regalo. Podemos poner algo que es más difícil de desplazar en esas grietas y en esos agujeros y, con la práctica, podemos reemplazar la efímera malla de gallinero y cinta de embalaje con el sólido ladrillo y mortero para nuestro mejor trabajo.

Pero para avanzar un poco con tu mejor trabajo, tienes que luchar contra la inclinación natural de trabajar en *todas las cosas* que has escondido en ese armario. Ese camino termina cuando te sientes insatisfecho debido a tu falta de progreso y concentración, con una fuerte posibilidad de que simplemente acabes metiendo más cosas inacabadas al armario. Probablemente ya has transitado por este camino antes y no quieres volver a transitar por él.

En lugar de eso, debes decidir desde el inicio que simplemente vas a dejar ir algunas ideas.

La mejor manera de terminar algo suele ser simplemente dejarlo, a medio camino e inacabado, incluso cuando sientes una punzada de remordimiento, arrepentimiento y tristeza por no haberlo terminado.

Y no finjamos que la decisión de soltar algunos de esos proyectos e ideas es principalmente una actividad mental. Es una actividad emocional: tu alma, tus emociones y tu energía creativa están ligadas a esas ideas. En ocasiones hay dinero y repercusiones sociales de por medio también, y ninguno de nosotros quiere alejarse del dinero que ha invertido en algo o sentir la vergüenza de no haber llevado a cabo sus compromisos. Preferimos aferrarnos a ellos, porque podríamos volver a ellos algún día.

Esto me recuerda a mi padre, un hombre brillante y trabajador que sabía hacer de todo. Papá solía rescatar cosas de obras de construcción y lugares en los que trabajaba porque estaba «planeando» utilizarlas en algún proyecto indefinido en el que iba a trabajar. Guardaba prácticamente todos los vehículos que alguna vez había tenido porque estaba «planeando» repararlos y usarlos. Ahora está a punto de cumplir ochenta años y tiene demencia, y mis hermanos y yo nos hemos quedado con casi media hectárea de cosas que recolectó a lo largo de los últimos sesenta años, de las que nunca pudo deshacerse porque simplemente sabía que algún día todo aquello que había estado «planeando» iba a convertirse en algo que realmente haría. Incluso ahora, en los días malos, Papá piensa en todas esas cosas y en cómo va a realizar esos proyectos. ¿Cuánto de su alma está atado a cosas que nunca dejará ir?

Mi padre es un producto de su época, cuando se recolectaban cosas físicas para construir cosas reales en el mundo. En los prácticamente ochenta años que han transcurrido desde que nació, nuestra sociedad ha pasado de los átomos a los bits, usando la fraseología de Chris Anderson,[2] curador de conferencias TED y autor de varios libros. Ya somos muchos más los que trabajamos en intangibles, incluyendo servicios, en lugar de en tangibles. No tenemos una gran cantidad de cosas sin procesar, pero tenemos la misma cantidad de espacio análoga en nuestra alma ocupada con cosas que pensamos hacer.

En la siguiente sesión te pediré que escojas una idea o un proyecto en el que trabajar o usar como un ancla para aplicar las ideas de este libro. Pero en esta sección te voy a pedir que escojas algunas ideas en las que ya *no* vas a trabajar para que puedas liberar esa energía para alimentar aquello en lo que estás trabajando. Lo que te estoy pidiendo te resultará difícil ahora, pero hará que el siguiente ejercicio te resulte más fácil porque estarás trabajando con una lista más corta.

Entonces, empecemos a abrir ese armario de ideas y proyectos. Así es como te sugiero que lo hagas:

- **Programa dos horas ininterrumpidas para hacer este ejercicio.**

- **Hazlo en algún sitio que no sea el lugar donde sueles trabajar.** Los cafés y las bibliotecas son lugares particularmente buenos.

- **Usa lápiz y papel.** Utiliza un lápiz para poder borrar cuando necesites hacerlo (y necesitarás hacerlo). Usa papel para no caer en la tentación de empezar a

---

2. Ver Chris Anderson, *Free: The Past and Future of a Radical Price* (Nueva York: Hyperion, 2009).

jugar con la tecnología y de estar revisando cosas que no necesitas revisar ahora mismo. Usar mapas mentales (*mindmapping* en inglés) puede ser más útil que una lista lineal, pero éste *no* es el momento de aprender a hacer mapas mentales si no estás familiarizado con el proceso.

- **Haz una lista de todas las ideas y todos los proyectos que quieres realizar.** Piensa más allá de las ideas y los proyectos «profesionales»: los proyectos de casa y jardín, las iniciativas comunitarias, los eventos con tu comunidad, viajar a Nepal, poner orden en tus finanzas o comprar un cachorrito, todo cuenta. Pueden ser elementos de tu lista de deseos para la vida, pero no tienen por qué ser del nivel de esta lista.

Una vez que tengas esta lista, empieza a hacerte las siguientes preguntas y pon un asterisco detrás de los elementos que cumplan con los criterios de las preguntas:

1. **¿Qué elementos no te importaría en absoluto quitar de la lista?** Busca esos proyectos e ideas que alguna versión anterior de ti puso ahí y que en estos momentos ya no son relevantes. Por ejemplo, podría ser un título o un certificado para conseguir un trabajo que ya no deseas o que ya tienes. Podría ser un proyecto creativo que tu yo pasado necesitaba desesperadamente para obtener aprobación, pero que tu yo actual ya no necesita porque ya no estás buscando aprobación.

2. **¿Qué elemento te sentirías aliviado de no tener que mantener en tu lista?** Presta más atención a cómo te vas a sentir cuando ya no esté en tu lista que a lo que tendrías que hacer para dejarlo ir.

3. **¿Qué elementos son los «debería» o los que están relacionados con las POP (prioridades de otras personas), pero que tú no ves de qué manera podrían contribuir directamente a tu prosperidad?**

4. **¿Qué elementos son buenas ideas pero no están relacionados con algo que te frustra, te molesta, te enoja, te inspira, te alimenta o te llama?** No puedes crear la llama para templar tu proyecto a partir de una buena idea que no tenga una chispa emocional.

SUSAN PIVER   ¿DEBERÍAS ROMPER CON TU IDEA?

La sabiduría convencional dice que el éxito depende de tu inteligencia, tu capacidad, tu energía, tus conexiones y tu resiliencia. Si encuentras obstáculos, simplemente trabaja más duro. Cuando la situación parezca desesperada, esfuérzate más. Con el tiempo, tu idea funcionará. Pero eso, sencillamente, no es verdad. Falta algo en ese punto de vista.

Los obstáculos no son meramente piedras de tope que hay que mover; son también una fuente de sabiduría. En ocasiones la sabiduría te muestra un camino mejor, pero a veces (y esto puede ser muy difícil de aceptar) la sabiduría te está diciendo que te detengas. Que abandones. Que dejes eso atrás.

¿Cómo saber si deberías esforzarte más o abandonar? Para descubrir la respuesta resulta útil sacarte de la ecuación. Todos pensamos que nuestro trabajo trata sobre nosotros y nuestras aspiraciones. Resulta ser que eso es sólo parcialmente cierto, porque para que tu proyecto o tu idea funcione, en algún momento tiene que encender una *chispa*. Tiene que surgir una relación con el mundo (tanto si ese mundo es el mercado de consumo, un sector empresarial o un solo cliente).

Las ideas son como las citas a ciegas. Pueden parecer perfectas sobre el papel (inteligentes, interesantes y atractivas), pero si no hay química, no funcionan. Puedes tener un millón de citas, pero eso nunca cambiará. Entran en juego la historia, el momento y los misterios del destino. Lo que se ve bien en la superficie es sólo el comienzo.

Cuando el mundo se enamore de tu trabajo, lo sabrás. Entretanto, mantente fuerte y seguro de ti mismo, o de ti misma, pero desarrolla la capacidad de leer las señales claramente, responde sin miedo y mantente abierto a lo que venga a continuación. Podrías ser mejor de lo que soñaste.

Susan Piver es una maestra budista y autora de éxito de nueve libros del *New York Times*. Es fundadora del *Open Heart Project*, la comunidad virtual de mindfulness más grande del mundo.

Si realmente te implicas en las preguntas, podrás eliminar un montón de elementos de tu lista. La cantidad de elementos que elimines dependerá de cuánto tiempo has tenido cosas metidas en ese armario sin deshacerte de nada. Si eres una persona que hace limpieza con frecuencia, es posible que tengas una lista corta. Pero si has dejado pasar mucho tiempo, es posible que tengas una lista larga.

Ésta es la parte importante:

Elimina esos elementos, en lugar de _aplazarlos_ y volver a meterlos al armario más tarde.

Cuando llegue ese «más tarde», volverán a estar marcados con asteriscos por todas partes. Ya has realizado el duro trabajo de hacer una evaluación una vez; no lo vuelvas a hacer.

A algunas personas las ayuda realizar un proceso de despedida para cada elemento. Piensa en ese elemento, en cómo llegaste a él, en cómo te ha ayudado y en el hecho de que despedirte de él hará que se abra más energía para algo más relevante ahora. Un proceso más sencillo sería decir algo así como «te dejo ir» o «ya hemos terminado». El acto de quemar la lista ha sido particularmente catártico para mí y para otras personas a las que he guiado a través de un proceso similar. Cómo lo hagas es menos importante que hacer un corte limpio e intencionado.

Ahora que has dejado ir las cosas que te importan menos, puedes pasar a las que te importan más. Para prepararte para eso, vuelve a escribir la lista con la que empezaste, de tal manera que sólo incluya las ideas y los proyectos que pasaron el corte. No es necesario que vuelvas a ver los proyectos que has dejado ir.

Cinco preguntas para ayudarte a decidir qué es lo que más te importa

Si hiciste el ejercicio de arriba, es posible que te hayas sorprendido al ver que lo que inicialmente creíste que era importante para ti en realidad no lo era y que lo que hiciste a un lado por considerarlo poco importante en realidad sí lo era. Si has experimentado una montaña rusa de emociones, estupendo: eso quiere decir que has sido abierto y sincero contigo mismo.

Estás exactamente donde deberías estar.

Así como aprendemos a vivir viviendo, aprendemos a realizar nuestro mejor trabajo realizando nuestro mejor trabajo. Y la mejor manera de hacer nuestro mejor trabajo es escogiendo una idea específica en la cual trabajar, lo que significa que ha llegado el momento de elegir esa idea específica. Tu tarea será mucho más fácil si seguiste el ejercicio de arriba y dejaste ir las ideas y los proyectos que no son tan importantes. Un puñado de ideas pequeñas, menos importantes, pueden llegar a abrumarte de la misma manera en que puede hacerlo un puñado de pequeñas peticiones menos importantes.

Antes de entrar en el tema de las preguntas que te ayudarán a escoger esa idea en la que vas a trabajar, debes saber que «ahora no» no es lo mismo que «no». Al escoger una idea, estarás diciendo «ahora no» a otras ideas (éste es el desplazamiento en acción) y a menudo puede parecer que «ahora no» significa lo mismo que «no». No trabajar en una idea intencionadamente suele ser más incómodo que no trabajar en ella inadvertidamente, pero decidir no trabajar en una idea libera esa energía y esa concentración para que puedas terminar de forma intencionada y trabajar en otra. Es mejor utilizar las cinco claves (especialmente la valentía y la disciplina) para llevar a cabo intencionalmente una idea que no usarlas y no llevar a cabo inadvertidamente unas cuantas ideas.

Es posible que también evites escoger porque tienes miedo de escoger la cosa equivocada. Recuerda que si llevas a cabo la idea antes, puedes pasar a otra cosa antes sin el equipaje y la deuda de la idea actual y, por lo tanto, llevarás a término la siguiente idea con mayor rapidez.

Toma la lista corta de la sección de arriba y utiliza las siguientes cinco preguntas para escoger el proyecto más importante.

1. Imagina que estás celebrando con un amigo o una amiga, o con un ser querido, la cosa más importante que has hecho en el último año. Si pudiera elegir solamente uno de los elementos de la lista, ¿cuál elegirías?

2. ¿Cuál de los elementos te causa la mayor angustia cuando consideras eliminarlo totalmente de la lista? Si no estás seguro de lo que quise decir al utilizar el término «angustia», imagina que tu objeto más querido está siendo destruido en un incendio. ¿Qué elemento, si es eliminado, te causaría *ese* sentimiento?

3. ¿Por cuál de los elementos de la lista es más probable que te levantes dos horas más temprano, o te vayas a dormir más tarde, o que robes tiempo de algún sitio para tener dos horas para hacerlo?

4. ¿Cuál de los elementos de la lista, si ya estuviera terminado, te importaría más dentro de cinco años, en términos de haberlo hecho o de cómo ayudaría a tu yo futuro a prosperar?

5. ¿Cuál de los elementos de la lista vale la pena para reclamar como uno de los espacios de «proyectos significativos» que te quedan? Recuerda que en la sección sobre desplazamiento dijimos que tienes una serie de espacios para proyectos significativos equivalentes a 85 menos tu edad y dividido por 5 (redondeando hacia abajo).

Idealmente, una idea aparecería como la clara ganadora, pero en el mundo real una o tres podrían estar relativamente empatadas, dependiendo de qué pregunta tenga mayor peso. En el caso de este tipo de empate, escoge la idea que ganó en la pregunta 3, no porque la pregunta 3 sea la más importante, sino porque es mejor tomar impulso en una idea para la cual crearás tiempo que en otras para las que no lo harás.

Una vez que has hecho la elección, sigue los siguientes tres pasos:

1. Marca con un círculo la idea en la que has decidido trabajar.

2. Pon una fecha en la parte superior de la hoja de papel con la que has estado trabajando para que sepas cuándo hiciste esta elección.

3. Toma una foto de la hoja de papel para tener un registro digital de ella y pon la hoja física en algún lugar en el que puedas verla unas cuantas veces por semana. Podría ser en un tablero de corcho, o en una pizarra, o en tu frigorífico, o en un marco puesto sobre tu mesa de escritorio.

A la larga, los tres pasos de arriba liberarán una cantidad de energía significativa porque (a) no tendrás que volver a escoger, (b) si pierdes la lista, tienes un respaldo y (c) recordarás las ideas que *no* escogiste al tiempo que éstas estarán incubando mientras tú terminas este proyecto. Los pocos minutos que te llevará realizar los tres pasos de arriba te ahorrarán semanas y meses en el futuro.

Ha llegado la hora de empezar a llevar tu idea a término. Si «llevar una idea a término» te suena raro, estás muy adelantado, porque no hacemos ideas, hacemos *proyectos*. A continuación veremos cómo convertir tu idea en un proyecto realizable que vas a terminar.

CONCLUSIONES DEL CAPÍTULO 3

- Cuanto más te importa algo, más desasosiego sientes, precisamente porque su éxito o su fracaso son profundamente importantes para ti.

- No realizar tu mejor trabajo produce un bloqueo creativo: en un momento dado, estás demasiado intoxicado como para asimilar nuevas ideas, porque no las estás dejando salir.

- Somos los mejores en la fila de valientes solucionadores de problemas: fuimos creados para matar dragones.

- El regalo del fracaso es que te revela lo que es importante para ti, te muestra cuando estás fuera de armonía y descubre una ventaja de crecimiento.

- El desplazamiento (el hecho de que hacer algo ahora excluye la posibilidad de hacer otra cosa) puede ayudarte a centrarte en lo que es importante para ti, pero sólo después de que hayas aceptado las limitaciones de tiempo y energía.

- Tienes que dejar ir los proyectos y las ideas que no te están permitiendo prosperar para que puedas pasar a los proyectos que sí lo hagan.

- «Ahora no» no es lo mismo que «no».

PARTE 2

PLANIFICAR TU PROYECTO

La capacidad de convertir las ideas en
cosas es el secreto del éxito externo.
HENRY WARD BEECHER,
Proverbs from Plymouth Pulpit

Convierte tu idea
en un proyecto

Ahora que has escogido una idea que es importante para ti, estás *mucho* más cerca de realizar tu mejor trabajo. Quizás te resultó difícil escoger esa idea, pero al hacerlo te has dado algo suficientemente atractivo como para continuarlo hasta el final.

Ha llegado la hora de que tomes tu idea y la conviertas en un proyecto para el que puedas crear espacio y empieces a hablar con las personas que te van a ayudar a llevarlo a cabo. Dado que hacemos proyectos, y no ideas, comencemos por ver a dónde te va a llevar este proyecto.

Convierte tu idea en un objetivo *SMART*

Estar estancado con una idea que todavía no es un objetivo te mantiene nadando en el océano de posibilidades, lo cual es divertido por un rato, pero agotador a la larga. Convertir esa idea en un objetivo te proporciona una orilla segura hacia la cual nadar.

Pero resulta que algunas formulaciones de objetivos nos llevan al hecho mejor que otras.

Considera las siguientes dos formulaciones del mismo objetivo:

- Libro
- Terminar un libro sobre la historia del capuchino antes de fines de 2019.

¿Cuál de las dos es más probable que se haga? Nuestra encuesta dice que la segunda.

Esa puede parecer una comparación absurda, pero mi trabajo con miles de personas creativas me ha mostrado que muchos objetivos se parecen más a la primera formulación que a la segunda. Cuanto más lejano parece estar el objetivo, más se parece a la primera. Piensa, por ejemplo, en el objetivo de «ahorrar para la jubilación» que probablemente tienes. ¿Te proporciona los detalles que necesitas para priorizar, implementar y registrar tu progreso hacia esa meta? ¿Cuánto dinero es suficiente? Y así sucesivamente.

Una formulación del objetivo SMART[1] que funciona particularmente bien para las personas creativas es una variación de un esquema que posiblemente habrás visto en los seminarios de gestión del tiempo. Aunque el esquema estándar funciona bien en algunos contextos (especialmente en aquéllos en los que estás en el extremo receptor del objetivo), no funciona tan bien cuando se trata de proyectos creativos y personas creativas.

La variación del esquema SMART[2] que recomiendo es la siguiente:

- Simple *(Simple)*
- Significativo *(Meaningful)*
- Factible *(Actionable)*
- Realista *(Realistic)*
- Monitoreable *(Trackable)*

---

1. George T. Doran formuló por primera vez el esquema del objetivo SMART en «There's a S.M.A.R.T. Way to Write Management's Goals and Objectives», *Management Review* 70, n.º 11 (noviembre 1981): 35-36.
2. El esquema SMART habitual es ESPECÍFICO (*Specific*), MEDIBLE (*Measurable*), Alcanzable (*Attainable*), RELEVANTE (*Relevant*) y A TIEMPO (*Timely*). *(N. de la T.)*

Examinemos cada uno de los puntos por separado:

¿Tu objetivo es simple?

Un objetivo es simple cuando puedes observarlo sin preguntarte nada. No deberías tener que buscar otra cosa para entender su significado.

Simple no significa necesariamente fácil, pero los objetivos formulados de una forma simple te ayudan a saber exactamente qué tienes que hacer para avanzar con la idea. Si observas un objetivo y tienes que pensar en lo que necesitas hacer para llevarlo a cabo, entonces no es un objetivo simple.

Cuando estableces un objetivo complicado para el futuro, es posible que te resulte difícil mantener su significado con el paso del tiempo. Un objetivo complicado creado cuando estabas absorto en el tema puede ser más difícil de entender cuando no lo estás. Y lo último que quieres hacer cuando te levantas por la mañana es tener que esforzarte para descifrar qué es lo que se supone que deberías estar haciendo, y tener que desandar lo andado hace que sea más frustrante. Los objetivos simples nos ayudan a prepararnos para el éxito.

Como veremos en un momento, simple y factible suelen estar relacionados: los objetivos factibles tienden a ser simples. Dicho esto, es completamente posible y normal tener un objetivo que sea simple pero no factible, o un objetivo que sea factible pero no simple.

¿Tu objetivo es significativo?

Tu objetivo es significativo cuando puedes observarlo y comprender rápidamente la importancia de llevarlo a cabo.

Si en el capítulo anterior escogiste una idea que es importante para ti, entonces ya has hecho esto. Ahí aprendimos que es más probable que tengamos éxito con ideas que nos importan que con ideas que no conectan con nuestra mente y nuestro corazón.

Lo que suele hacer que las personas tropiecen es que equiparan significado y deseo, pero ésa es una relación innecesaria: es posible que no *quieras* hacer algo que es significativo, pero no por eso deja de ser significativo. Por ejemplo, es posible que no quieras pagar tus impuestos, o hacer las compras para la vuelta al colegio de tus hijos, o ayudar a trasladar a tu padre a una residencia para ancianos, pero esos proyectos tienen significado en el contexto más amplio de tu vida.

Aunque realizar un trabajo agradable produce placer, realizar un trabajo significativo produce satisfacción, y no hay ninguna razón por la cual un trabajo significativo no pueda ser agradable también.

¿Tu objetivo es factible?

Un objetivo es factible cuando está inmediatamente claro qué acciones se deben tomar para lograrlo.

Si no hay nada que puedas hacer para llevar a cabo tu objetivo, entonces no es un objetivo, es un deseo. Un deseo es concedido por alguien o algo que no eres tú y, por lo tanto, está fuera de tu control. No puedes planearlo o trabajar para alcanzarlo haciendo sitio en tu calendario. Me encantan las listas de deseos, pero combinar las listas de deseos con las listas de acción no me gusta tanto.

Hacer que un objetivo sea factible es quizás el criterio más sencillo de cumplir porque se trata simplemente de pensar en las acciones que harán que logres cumplir ese objetivo. La manera más sencilla de hacer que un objetivo sea factible es comenzar la frase con un verbo. Por ejemplo, en lugar de expresar el objetivo como «Capítulo 1», exprésalo como «Escribir capítulo 1».

¿Tu objetivo es realista?

Un objetivo es realista cuando el resultado es alcanzable con los recursos que tienes a tu disposición.

Las personas creativas tenemos un montón de fricción con esto, ya que tenemos la peculiar capacidad de cambiar el mundo de una forma importante. A menudo, ser creativo es ver partes de la realidad como provisionales.

Sin embargo, el mero hecho de que podamos cambiar las cosas no significa que podamos hacerlo *todo de una vez* o sin tener en cuenta las limitaciones básicas de la realidad. Por mucho que lo intentes, no puedes cambiar el hecho de que hacer las cosas bien lleva tiempo o de que necesitas dormir. Tampoco puedes cambiar la realidad social de la noche a la mañana, o, si lo haces, probablemente será accidental.

En lugar de ignorar la realidad e intentar negar la situación, preguntar si tu objetivo es realista te ayuda a encontrar maneras de hacer que sea más probable que tengas éxito. Identificar los puntos difíciles (esos lugares y elementos en los que es probable que tu objetivo se desvíe) te permite planificar maneras de superarlos. Es mejor vencer al dragón que ya sabes que está ahí que hacer como si no estuviera y después ser sorprendido por él.

Los objetivos realistas y los objetivos monitoreables suelen estar fuertemente interrelacionados, especialmente si supervisas tus objetivos basándote en el tiempo. A menudo, un objetivo poco realista puede volverse realista y factible si cambias tu expectativa de cuánto tiempo crees que te va a llevar y cuánto debería llevar.

¿Tu objetivo es monitoreable?

Un objetivo es monitoreable, cuantitativa o cualitativamente, cuando uno tiene claro lo que significa avanzar. La mayoría de los defensores del objetivo SMART utilizan la *T* para representar «tiempo», pero yo prefiero dejarlo más abierto. Algunos objetivos no encajan en un marco de tiempo tan fácilmente como otros, pero eso no significa que no podamos hacer cosas activamente para lograr esos objetivos.

Considera el amplio objetivo de ser un mejor amigo o una mejor amiga. Fijar el objetivo de ser un mejor amigo antes del 1 de junio no es significativo ni es simple. Sin embargo, puede ser un objetivo amplio recurrente que puedes monitorear de vez en cuando preguntándote qué estás haciendo para ser un mejor amigo de personas específicas. Entender un objetivo de esta manera deja mucho espacio para otros tipos de actividades humanas como la contemplación, la intuición, el *mindfulness* y el aprendizaje no estructurado que se verían limitados si establecieras marcos de tiempo rígidos.

Dicho esto,

la *mayoría* de objetivos se formulan mejor con especificidad temporal: asignar un plazo a un objetivo puede ayudarnos a identificar las acciones sencillas que podemos realizar para producir ese objetivo y, al mismo tiempo, hace que sintamos el objetivo como algo más real.

Además, si hay una medida cuantitativa específica relacionada con tu objetivo, tener la valentía y la intención de usar esa medida puede resultar muy beneficioso para crear un plan que realmente tenga éxito. Por ejemplo, muchas personas quieren cambiar el mundo para mejor, pero no han especificado el número de cosas que quieren cambiar. «Evitar que los niños pasen hambre» es un objetivo noble; «alimentar a 100 000 niños que de lo contrario pasarían hambre» es noble, simple, monitoreable y contundente. (Para aquellos que acaban de decir: «Pero ¿qué pasa con todos los demás niños?», si no puedes alimentar a 100 000, tampoco puedes alimentar a todos los demás, así que mejor empieza a trabajar en los primeros 100 000 y ve aumentando la cifra sobre la marcha).

Cómo hacer que tu objetivo sea SMART, paso a paso

Aunque crear objetivos SMART es fácil para algunas personas, muchas personas creativas tienen dificultades para hacerlo. En realidad es cuestión de práctica, y cuando lo hayas practicado, no podrás tolerar un objetivo que no sea SMART. Llevo tanto tiempo haciendo esto que ver objetivos que no son SMART crea el mismo efecto que pensar en cuadrados redondos: de hecho, detiene mi flujo de ideas a menos que los corrija o deje de observarlos. Desde un punto de vista práctico, la manera más sencilla de convertir tu idea en un objetivo SMART es añadiendo una parte cada vez; los siguientes pasos es el orden más fácil:

1. **¡Ponle un verbo!** Afirma tu objetivo con el verbo que mejor capture cómo será llevar a término el objetivo. Éstos son algunos ejemplos: «mudar a Alex a Atlanta», «publicar un libro», «revisar la estrategia de dotación de personal». Si estás estancado, en ese momento utiliza la palabra *terminar;* cuando desgloses el proyecto, utilizarás palabras más específicas.

2. **¡Asígnale un tiempo!** Piensa en lo que consideres una cantidad de tiempo razonable para completar tu objetivo y luego dobla esa cantidad. ¿Por qué doblarla? Para tener en cuenta el hecho de que crónicamente subestimamos cuánto nos llevará hacer algo. Doblar el tiempo te ayudará a establecer un objetivo realista.

3. **Compáralo con la realidad.** Sé que piensas que podrás hacerlo más rápido que el tiempo que has calculado al doblarlo, pero recuerda que estarás haciendo este proyecto *junto con otros proyectos*, y prácticamente todas las personas creativas subestimamos cuánto tiempo nos llevará algo y sobreestimamos cuánta prioridad le daremos a un objetivo dado.

4. **Relee el objetivo para ver si sigue siendo simple.** Probablemente el objetivo tendrá una redacción previsible como «(Verbo) (idea) antes de (fecha)»; por ejemplo, «Mudar a Alex a Atlanta antes del 1 de junio». Y eso es muy, muy bueno. Utiliza tu creatividad y tu potencia mental para determinar cómo realizar el trabajo, no para determinar cuál es el trabajo que debes realizar.

Puesto que ya comenzamos con una idea que es importante para nosotros, ya sabemos que es significativa.

Hay tres poderosas consecuencias de decidir usar con regularidad el esquema SMART para tus objetivos:

- Tendrás un estándar que acelerará tu capacidad de convertir las ideas en objetivos y llevarlas a la línea de meta.

- Podrás revisar una lista de objetivos con un formato similar y ver cómo se relacionan. Si hay demasiados objetivos que deben ser llevados a cabo en el mismo marco de tiempo, podrás ver que tendrás que despejar algunos conflictos y establecer una secuencia con antelación. Tienes que evitar el patrón de la olla a presión, en el que todo tiene que estar listo al mismo tiempo y luego hay un período de recuperación del agotamiento, pero luego todo tiene que estar listo simultáneamente otra vez. La creatividad de cocción lenta conduce a un mejor trabajo y una mejor vida que la creatividad de olla a presión.

- Serás capaz de comunicar mejor a otras personas cuáles son tus objetivos, ya que serán más fáciles de descifrar y comentar.

Una consecuencia no tan maravillosa es que también experimentarás fallos mentales cuando veas un objetivo que no sea SMART. De nada.

Observa la idea que escogiste en el capítulo anterior. ¿Cómo podrías reescribir ese objetivo para que sea SMART?

Advertencia: Cuando conviertas esa idea en un objetivo SMART, es posible que experimentes un poco de tensión y ansiedad. Quizás te cuestiones si tu objetivo es realista o quizás estés ansioso por llevarlo a cabo pero estés tropezando con algunos elementos del emparedado de aire. La excitación, la tensión, la frustración y otras emociones difíciles de discernir son señales normales y seguras de que estás lidiando con algo que es importante para ti.

Los tres niveles de éxito

Un desafío importante al convertir una idea en un objetivo SMART es determinar qué aspecto tendrá el éxito. Tendemos a bifurcar nuestros resultados en éxito o fracaso, pero ésa es una visión excesivamente simplista. Hay *niveles* de éxito, y el nivel de éxito que elijas tener debería suponer un peso importante en el plan que desarrolles para alcanzar ese objetivo.

Antes de entrar en el tema de los niveles de éxito, una de las mejores cosas que puedes hacer cuando empieces a planificar es dar por sentado que tendrás éxito, en lugar de dar por sentado que fracasarás. Aunque todos *queremos* tener éxito, muchas personas empiezan a planificar como si fueran a fracasar. Gastan un montón de energía y tiempo imaginando cómo sería el fracaso, tanto así que crean un plan que se centra en prevenir el fracaso, en vez de crear el éxito. El resultado es que escogen metas más pequeñas y proyectos menos ambiciosos que al final no los satisfacen porque no requieren que canalicen la valentía y la disciplina para hacer lo que son más capaces de hacer. Piensa en el proyecto de tu mejor trabajo que vas a realizar y en el hecho de que planificar para evitar el fracaso es muy distinto a planificar para tener éxito.

Dado que nos estamos centrando en el éxito, no comentaré mucho de los niveles de fracaso. Consideremos tres diferentes niveles de éxito:

- **Éxito pequeño.** Dado que los tests son la analogía más fácil, considera que un pequeño éxito es como obtener la puntuación mínima requerida para aprobar. Lo que tienen los éxitos pequeños es que nunca estamos realmente orgullosos de acumularlos, pero una serie de pequeños éxitos realizados con coherencia e intención puede llevarnos a un éxito mucho mayor en el futuro. De manera que, aunque es posible que no estemos orgullosos de ellos, siguen siendo éxitos y vale la pena celebrarlos.

- **Éxito moderado.** Un éxito moderado supera los requerimientos mínimos para el éxito. Aunque quizás no anuncies a los cuatro vientos un éxito moderado, probablemente estarás orgulloso del resultado. El éxito moderado es el nivel de éxito más alto que puedes alcanzar sólo con tu propio esfuerzo, recursos y ventajas.

- **Éxito épico.** Si no eres *millenial* o más joven, puedes sustituir la palabra *máximo* con la palabra épico. Un éxito épico supera con creces los requerimientos mínimos para el éxito y es un momento «como para contárselo a tu madre». Es tu versión de lograr ir como invitado a un programa de televisión importante o ganar la *Super Bowl*. Para lograr un éxito épico debes crear un equipo que te ayude a llegar ahí.

Tener en cuenta los niveles de éxito mientras fijas tus objetivos te ayuda a alinear tus expectativas y tus recursos. Los éxitos pequeños no requieren tanto esfuerzo y concentración como los éxitos épicos, pero muchos de nosotros queremos tener éxitos épicos con los niveles de esfuerzo y concentración de los éxitos pequeños. Además, para lograr éxitos épicos en todas las dimensiones de nuestras vidas es necesario tener intención, conciencia, límites, valentía y disciplina a unos niveles de maestría que la mayoría de la gente todavía no ha alcanzado.

Aplicar los niveles de éxito también nos protege de la locura, la ansiedad y el agobio de bajo nivel con los que muchos de nosotros lidiamos a diario porque esperamos niveles de éxito más altos en todas las dimensiones de nuestras vidas sin tener que hacer el trabajo necesario para llegar a esos niveles de éxito. Si aspiras a tener un éxito pequeño desde el principio, puedes sentirte satisfecho cuando lo alcances. Si aspiras a tener un éxito épico desde el principio, cuando las cosas se pongan difíciles (y en este nivel, se pondrán difíciles) puedes acordarte de que no es difícil porque hay algo malo en ti, sino simplemente porque elegiste jugar a un nivel que realmente te exige estar al pie del cañón.

Hagamos esto un poco menos abstracto para que se pueda entender. Piensa en el vago objetivo de correr una maratón. Un éxito pequeño puede ser terminar la maratón, lo cual podría incluir caminar en algunos tramos y terminar antes de que acabe el evento. Un éxito moderado podría ser correr durante todo el trayecto. Un éxito épico podría ser ganar en tu categoría. Es bastante obvio en este ejemplo que hay una gran diferencia en los requerimientos para tener éxito en los distintos niveles; dependiendo de tu nivel de forma física y de habilidad, quizás sólo puedas presentarte un sábado cualquiera y alcanzar el nivel de un éxito pequeño, ya que eso ocurre con la frecuencia suficiente para que sea posible. Para lograr un nivel de éxito épico, vas a tener que correr y entrenar *mucho*, y recuperarte y hacer cambios en tu vida para que eso ocurra.

El ejemplo de la maratón también ilustra la naturaleza contextual de los niveles de éxito. Un corredor competitivo probablemente consideraría que el éxito moderado mencionado es apenas un éxito pequeño para él. Alguien que nunca antes había corrido o que tiene una discapacidad o una lesión que hace que le cueste correr podría considerar que el éxito pequeño mencionado antes es un éxito épico para él.

Una conclusión de esto es que lo que suele ser un nivel de éxito para ti podría ser un nivel de éxito distinto más adelante en tu vida. Por ejemplo, en un momento de mi vida, hacer veinticinco flexiones era un pequeño éxito para mí; veinte años y casi la misma cantidad de kilos más tarde, veinticinco flexiones es más que un éxito moderado para mí. En la misma línea, hace una década, publicar un libro hubiese sido un éxito moderado para mí, pero ahora es un pequeño éxito. Llegar a estar en la lista de libros más vendidos en el *New York Times* es una meta épica (por cierto, gracias por ayudarme a llegar ahí).

Hay otro ejemplo personal que podría ayudar aquí. Antes de que yo comprendiera los diferentes niveles de éxito, me sentía completamente intimidado ante la perspectiva de terminar mi tesis doctoral. El éxito significaba escribir una tesis innovadora que argumentara un punto interesante, original y convincente que estructurara mi programa de investigación posterior y me ayudara a conseguir un puesto en una gran universidad. ¿Mucha presión? Pero cuando más adelante consideré que podía investigar y producir un trabajo académico y que ya no necesitaba que eso me ayudara a conseguir un empleo o a estructurar un programa de investigación posterior, se me hizo mucho más fácil ver cómo podía llevarlo a cabo. Inconscientemente, había escogido un éxito épico como mi objetivo, pero mi situación de vida en ese momento no me permitía dedicar un esfuerzo épico a ese proyecto.

Nuestra basura mental (en este caso la «comparisitis») suele nublar nuestro juicio sobre los niveles de éxito, especialmente cuando se trata de elegir intencionadamente pequeños éxitos como nuestro objetivo. Es increíblemente fácil caer en la trampa de utilizar los éxitos de los demás como referentes para nosotros, independientemente de nuestro deseo de hacer lo que hacen otras personas para alcanzar su nivel de éxito. Por lo general, no vemos el trabajo que hacen o que han hecho las otras personas para llegar a ese nivel de éxito, e incluso cuando lo vemos, pensamos que podemos ser capaces de alcanzarlas o de tomar un atajo para llegar ahí, y que deberíamos hacerlo. Y cuando no estamos comparándonos con los demás, estamos comparándonos con una versión idealizada de nosotros mismos que lo tiene todo resuelto. *Esa* persona puede alcanzar y alcanzaría mayores niveles de éxito que nuestro yo actual, y usamos el éxito ficticio de *esa* persona como un baremo para machacarnos.

Ésta es la cuestión: lo que otras personas logren es irrelevante con respecto a dónde te encuentras y qué nivel de éxito es más adecuado para ti. La versión idealizada de ti no existe y lo que podría lograr también es irrelevante. Dónde estás y dónde quieres llegar es lo único que importa, y nadie puede decidir qué nivel de éxito es el adecuado, excepto tú.

La gracia de los niveles de éxito es que puedes elegir los niveles de objetivos que están alineados con lo que es más importante para ti. Es posible que algunas dimensiones de tu vida sean más importantes para ti que otras, y en aquellas dimensiones que te importen menos, tiene sentido escoger éxitos pequeños. Incluso dentro de una dimensión, algunos proyectos y responsabilidades pueden ser menos importantes, de manera que puedes restarles énfasis con éxitos pequeños, o lo que mi amigo y escritor Michael Bungay Stanier llama «una mediocridad aceptable».[3]

Incluso cuando se trata de la idea que escogiste en el capítulo anterior, quizás quieras considerar escoger unos éxitos pequeños como tu objetivo. ¿Por qué? Es

---

3. Michael Bungay Stanier, *Do More Great Work: Stop the Busywork, and Start the Work That Matters* (Nueva York: Workman, 2010).

posible que la situación en que te encuentras en este momento en tu vida y profesionalmente sea tal que sabes que no puedes comprometerte con un éxito épico o moderado, y es más importante tomar un poco de impulso y tener alguna victorias que dejar tu mejor trabajo de lado hasta que llegue el día en que las cosas se calmen.

Lo que más quiero inculcar aquí es que el nivel de éxito al que aspires debe estar de acuerdo con tu nivel de esfuerzo y compromiso.

Cuanto más alto sea el nivel de éxito, más tendrás que hacer para alcanzarlo.

Sí, sé que suena obvio cuando lo expreso de esa manera, pero nos resulta demasiado fácil visualizar y esperar un nivel alto de éxito sin comprometernos también con un nivel alto de esfuerzo y compromiso. Ligar el éxito al compromiso también nos ayuda retroactivamente; si conseguimos un resultado inferior al esperado, pero nos esforzamos mucho menos de lo que habíamos planeado, es más fácil detener la basura mental sobre nuestra competencia, ya que en realidad se trata de nuestro esfuerzo.

Piensa en la idea que escogiste en el capítulo anterior. ¿Cómo sería cada nivel de éxito para esa idea? Teniendo en cuenta esos diferentes niveles de éxito y las otras cosas que estás haciendo en estos momentos, ¿qué nivel de éxito resuena más contigo?

Si no hay fecha, no hay final

Un tema recurrente en este capítulo ha sido la importancia de asignar fechas a los objetivos, proyectos y pasos de acción. Dicho de una manera sencilla: si no se asigna una fecha a un objetivo, un proyecto o un paso de acción, probablemente no se llevará a cabo. Los elementos no fechados son un boleto gratuito a *la Tierra de Algún día/Quizás*, incluso cuando son importantes para ti.

Hay dos motivos para esto: (1) un elemento no fechado no tiene ningún compromiso real y (2) naturalmente seleccionamos los elementos en base a los requerimientos de tiempo. Estas dos verdades son especialmente importantes cuando se trata de trabajar con las personas que nos ayudarán a tener éxito; el motivo por el cual tenemos el concepto de fechas y tiempos es porque necesitamos una manera de comunicar tiempos específicos en los cuales las cosas pueden y deberían ocurrir.

Como un ejemplo muy simple, piensa en cuántas declaraciones de «¡tenemos que quedar!» se convierten en realidad si a continuación no ponemos rápidamente fechas específicas para quedar. Piensa en cuánto más probable es que quedéis si la frase siguiente es: «¿Te gustaría quedar para tomar una copa el viernes en la noche?». Incluso si el viernes por la noche no os va bien, la fecha específica convierte a la idea en un compromiso que debe ser aceptado o rechazado, o se debe ofrecer una alternativa.

El mismo principio se aplica a tus objetivos, proyectos y puntos de acción. También se aplica cuando pides algo a otras personas. Los elementos que no tienen fecha son como cheques sin firma que no puedes cobrar.

Poner una fecha a algo lo convierte en un compromiso, y ésa es la razón por la cual a algunos de nosotros nos cuesta poner fechas a las cosas. Si no podemos cumplir con la fecha, entonces nos decepcionamos a nosotros mismos y decepcionamos a los demás. Y subconscientemente sabemos que ponerle fecha a algo probablemente significa que tendremos que tomar la decisión de terminar o dejar ir un proyecto existente, ya que es probable que estamos a tope con proyectos ya existentes. En el momento es más fácil ponerlo en la pila de «algún día/quizás», pero cuando *realmente* vemos la pila nos damos cuenta de que nos abruma.

El lado positivo de poner fecha a las cosas es que nos ayuda a ser realistas con respecto al desplazamiento, y el desplazamiento canaliza nuestra energía y nuestra atención.

El desplazamiento y el compromiso son nuestros enemigos únicamente cuando elegimos ignorarlos o restarles importancia. Cuando los honramos y los aceptamos, podemos ponernos a trabajar haciendo lo que más nos importa.

Cuando la mayoría de nosotros pensamos en poner fecha a las cosas, normalmente sólo pensamos en las fechas límite o de término. Al hacer eso, pasamos por alto la gracia y el poder de las *fechas de inicio*. Sí, es lógico y obvio que cada proyecto tenga una fecha de inicio específica, pero también es cierto que muchos de nosotros intencionadamente no escogemos fechas de inicio para nuestros proyectos: si las fechas de término son escurridizas, las fechas de inicio lo son más.

Cuando se trata de comprometernos, las fechas de inicio suelen ser tan poderosas como las fechas de término. Las fechas de inicio son análogas a la diferencia entre estar en una relación de largo plazo y estar comprometidos; independientemente de cuánto tiempo llevéis juntos, el compromiso cambia la relación y requiere una nueva manera de canalizar el tiempo, la energía y la atención. Las fechas de inicio y de término le ponen un anillo de compromiso a tu idea, y sí, voy a invocar a Beyoncé:

Si te gusta el proyecto (y realmente quieres que se haga) tienes que ponerle un anillo de compromiso.

Tómate unos segundos para pensar en lo diferente que se siente comprometerte intencionadamente con que hoy sea la fecha de inicio para tu proyecto, en lugar de simplemente dejar que permanezca en «la Tierra de Algún día/Quizás». Si estás siguiendo el juego sinceramente, es probable que hayas sentido dos cosas a la vez: potencial movimiento y ansiedad, como si tu torre de Jenga, cuidadosamente apilada y equilibrada, estuviera a punto de derrumbarse. La sensación de un potencial movimiento es el futuro tirando de ti hacia la creación de significado, y la ansiedad es el presente y el pasado queriendo que nada cambie.

Pero ¿recuerdas que te dije que las fechas de inicio tienen algo de gracia? Piensa en lo que se siente al escoger intencionadamente una fecha de inicio para, por ejemplo, dentro de tres semanas, cuando hayas terminado el proyecto que actualmente está sobre tu mesa. La mayoría de la gente siente menos ansiedad, pero todavía percibe esa sensación de movimiento. Para evitar que tu fecha de inicio sea un sustituto de la procrastinación, es importante que esté basada en alguna razón real para el retraso. No estar emocionalmente preparado no es una buena razón; esperar hasta después de tu cirugía, viaje de trabajo o mudanza son realmente buenas razones, porque esos eventos cuentan como proyectos.

Al escoger una fecha de inicio, estás escogiendo empezar a dirigir, redirigir y crear tiempo, energía y atención para tu proyecto. No te estás comprometiendo a poner bloques específicos de tu proyecto en tu programación todavía, pero te estás comprometiendo a que *lo harás*.

Todo se reduce a esto: ¿estás empezando tu proyecto hoy? Si no es hoy, ¿cuándo lo harás?

Si realmente quieres llevarlo a cabo, ponle un anillo de compromiso (una fecha) al inicio.

Crea tu equipo del éxito

Si has convertido tu idea en un objetivo SMART, has escogido el nivel de éxito que quieres y le has puesto una fecha de inicio a tu proyecto, probablemente estarás empezando a sentir parte del peso de lo que tienes por delante y preguntándote cómo vas a hacerlo. Lo que *no* vas a hacer es hacerlo completamente solo. Ése es el camino más difícil, y si escoges un objetivo épico, no podrás hacerlo solo.

Si ya tienes tu objetivo, tu nivel de éxito y tu fecha de inicio real, tienes suficiente para empezar a crear tu *equipo del éxito*. Tu equipo del éxito es el grupo de personas que van a participar de una forma decisiva en ayudarte a hacer que lleves a cabo el proyecto de tu mejor trabajo. Piensa en este grupo de personas como si fuera el resto de los *Avengers*, la Comunidad del Anillo, la hermandad de Uno para todas o la tripulación del *Enterprise* (sin las camisetas rojas).

Debes incluir cuatro tipos de personas en tu equipo del éxito:

- Guías
- Compañeros
- Colaboradores
- Beneficiarios

Lo mejor es incluir entre tres y cinco personas de cada grupo en los proyectos que crees que van a llevar un trimestre o más tiempo, pero es posible que necesites crear un equipo del éxito para proyectos más pequeños si éstos requieren grandes cambios en tus hábitos, tu vida profesional o tu estilo de vida. Si tienes más gente que eso, lo más probable es que acabes en un barco sin timón debido al exceso de aportación y abrumado por tener a demasiadas personas a las que mantener al tanto de todo. Si tienes menos que eso en cada grupo, no tendrás suficientes personas o perspectivas diversas que discutan la tuya. Reunir entre tres y cinco personas por grupo significa que tendrás entre doce y veinte personas que te apoyan, pero ten en cuenta que una persona puede estar en varios grupos (sobre todo los colaboradores y los beneficiarios).

Crear un equipo de colaboradores activos no sólo te proporciona aptitudes adicionales para que tu proyecto se lleve a cabo, sino que además aporta algunas voces positivas para contrarrestar la atención excesiva que todos prestamos a los detractores. Puesto que somos imperfectos, es mucho más probable que imaginemos a una multitud de detractores o veamos al puñado (como mucho) de detractores que hay en nuestra vida y los convirtamos en los pilares principales de nuestros miedos e inseguridades. Nos fijamos en la persona que tiene los brazos cruzados mientras estamos hablando, o en el único comentario negativo sobre nuestro trabajo entre un centenar, y caemos en picado durante días.

En lugar de concentrarnos en los detractores, vamos a llenar nuestro equipo del éxito de partidarios. Nuestros partidarios son las personas que han visto quiénes somos desde el comienzo, han estado en nuestra esquina, y quieren y necesitan que tengamos éxito. En lugar de tratar de demostrar a los detractores que están equivocados, vamos a demostrar que nuestros partidarios tienen razón. (Para muchas personas, esta nueva manera de enfocarse es, al mismo tiempo, liberadora y aterradora).

Vamos a analizar a cada tipo de persona por separado.

Los guías

Tus guías son personas a las que admiras y que tienen un poco más de experiencia que tú. No sólo han logrado el nivel de éxito al que tú aspiras, sino que además lo han hecho de una forma que resuena contigo en términos de carácter y enfoque. Tus guías sirven como brújulas y asesores a distancia, y te ayudan a cambiar el paradigma cuando estás estancado viendo las cosas de una forma que no te está sirviendo.

Idealmente, tus guías están vivos y puedes contactarlos, pero también podrías tener algunos guías históricos y grandiosos que son importantes para ti. Pero asegúrate de humanizar a este último tipo de guía para que no crees un modelo que sea imposible de igualar. «¿Qué haría Jesús?» es un planteamiento estupendo desde un punto de vista ético, pero «caminar sobre el agua» no es tan maravilloso cuando te estás ahogando en un mar de proyectos.

En cuanto a las interacciones, tus guías son como Yoda, Dumbledore o Gandalf. No estarán en el trabajo contigo, a menudo te darán consejos enigmáticos que te costará entender, y aparecerán y desaparecerán al azar, y en muchas ocasiones, cuando estés estancado, la forma en que aparecerán será con tu versión de «Utiliza la fuerza, Luke». Al escoger a tus guías, no tengas tanto en cuenta las interacciones *externas* que tendrás con ellos, sino ten en cuenta más bien su visión del mundo. En ocasiones preguntarte, literalmente, cómo discutirían sobre tu desafío o tu pregunta es lo que más te puede ayudar.

Por ejemplo, Seth Godin es uno de mis guías por su carácter más que por su genialidad para el marketing. Aunque hemos tenido varias conversaciones, en esta etapa de mi carrera expreso mi desacuerdo y discuto con él en mis conversaciones imaginarias varias veces por semana. Nuestras conversaciones imaginarias son mucho más volátiles que mis conversaciones imaginarias con Peter Drucker, Lao Tzu, Aristóteles, Teddy Roosevelt y Maya Angelou.

Aunque no debemos descartar a los guías históricos, es sumamente útil tener algunos guías vivos en tu equipo del éxito. Sin embargo, conseguir a un guía vivo puede resultar difícil, ya que es probable que muchas otras personas quieran su atención al mismo tiempo, de manera que es posible que no tengan ni idea de quién eres. Dejaré que Pam trate este tema en un recuadro, porque ése es uno de sus ámbitos de genialidad (ver la siguiente página).

Los compañeros

Tus compañeros son personas que están aproximadamente en tu mismo nivel de éxito o habilidad, que pueden aportar algo a tu proyecto y lo harán con regularidad. Lo más probable es que tengáis una relación recíproca en la que tú los ayudas a ellos con sus proyectos y tengáis una comunicación habitual de ida y vuelta. Si tus guías están delante de ti, tus compañeros están a tu lado.

Cuando consideres a tus compañeros, es importante que no confundas animadores con partidarios. Algunos de tus compañeros deberían desafiar tu forma de pensar y tu enfoque, y también señalarte lo que tú no logras ver. Son como esos amigos que te dicen que tienes un trocito de lechuga en el diente cuando estás en una fiesta. La gran diferencia entre un crítico que no te ayuda y un compañero crítico que te ayuda es que el último saca lo mejor de ti, en lugar de sólo querer lucirse.

PAMELA SLIM   LOS PRINCIPIOS PARA RECLUTAR A UN GUÍA

La parte más estresante de crear un equipo del éxito es reclutar a un guía. ¿Cuál es la mejor manera de acercarte a una persona muy ocupada a la que le piden favores constantemente? ¿Por qué ibas a ser tú una de todas las personas en el mundo a las que este guía podría estar ayudando? Tu mayor preocupación es cuáles son las preguntas correctas que hacer y que responder. Éstos son algunos principios rectores para reclutar a un guía:

- **Igualdad.** Un verdadero guía es simplemente alguien igual que tú pero con más experiencia. El conjunto de la obra de tu guía está profundamente interrelacionado con tu trabajo. ¿Qué tipo de cambio en el mundo promueve? ¿De qué forma su misión es profundamente dependiente de la tuya? Aborda el reclutamiento de tu guía centrándote en la pasión por la misión que compartís.

- **Naturaleza.** Ningún conjunto de criterios ideales para elegir a tu guía reemplaza a la química natural. Tu guía y tú tenéis que gustaros realmente. Escoge guías que no sólo tengan dones extraordinarios, sino que también compartan intereses y valores que hagan que estar juntos sea divertido e interesante.

- **Compromiso.** Cuando solicites la ayuda de personas muy ocupadas, debes cumplir con tus compromisos. Sé proactivo para ver qué tipo de ayuda necesitan de ti. Haz tu trabajo a tiempo.

- **Liberación.** Mi mejor amiga, Desireé Adawaw, describe la cualidad de las grandes relaciones como «liberadoras». De ti depende mantener tu relación con tu guía libre de expectativas. Ahí donde existe la libertad, crece la conexión.

Pamela Slim es una autora, creadora de comunidades y coach de negocios. Su primera década la centró en la consultoría empresarial con grandes empresas como HP, Charles Schwab y Chevron. La segunda década ha estado centrada en ayudar a los emprendedores a prosperar en el nuevo mundo laboral a través de su coaching y sus libros *Escape from Cubicle Nation: From Corporate Prisoner to Thriving Entrepreneur* y *Body of Work: Finding the Thread That Ties Your Story Together*.

También es importante que te asegures de tener algunos compañeros que estén fuera de tu disciplina, campo, o caja de resonancia. Pocas cosas impulsarán tu trabajo más que tener un compañero exitoso que no esté profundamente familiarizado con tu disciplina, tu campo o tu trabajo, porque te hará las preguntas que tú has olvidado que son preguntas, y no las ignorarás por considerar que no son dignas de tener en cuenta o por venir de un crítico. La otra consecuencia importante de tener a un compañero que está fuera de tu campo, disciplina o sector es que tendrá montones de ideas y analogías provenientes de *su* disciplina y campo, lo cual enriquecerá tu trabajo.

Los colaboradores

Tus colaboradores son las personas que están trabajando contigo y para ti para ayudarte a llevar a cabo tu proyecto. Más que estatus o nivel de éxito, lo que les puedes pedir a las personas en esta categoría es apoyo y esperar que cumplan con plazos razonables; los guías y los compañeros están mucho más alejados de este aspecto.

Tus colaboradores más importantes suelen estar fuera de la oficina. Por ejemplo, tu mujer, tu marido o tu pareja pueden ser colaboradores clave, o lo serían si los reclutaras activamente para que apoyen tu proyecto. De manera similar, podrían ser los niños de tu barrio que te cortan el césped los sábados y cuidan a tus hijos en las noches para que puedas dedicar más tiempo a tu proyecto. O quizás sea la persona que comparte la vivienda contigo y que te ayuda haciendo las compras, cocinando y lavando los platos cuando tú estás en una fecha límite de entrega.

Construir y organizar un equipo de apoyo es la cosa más importante que puedes hacer para asegurarte de que vas a llevar a término tu mejor trabajo. Tu equipo de apoyo es tu multiplicador de fuerzas; no importa cuán competente seas, siempre estarás limitado por la cantidad de horas funcionales de las que dispones en el día.

Además, pocas alegrías son tan sublimes como ganar como un equipo; en el fondo, somos animales cooperativos que son recompensados bioquímicamente por el éxito cooperativo. Fuimos creados para matar dragones *juntos*.

En teoría, construir un buen equipo de apoyo no es tan difícil. En la práctica, es mucho más difícil porque la mayoría de la gente tiene que abrirse paso entre un montón de basura mental para poder pedir ayuda y declarar que su trabajo es suficientemente importante como para darle prioridad. Las mujeres, especialmente, tienen dificultades con estos desafíos porque se las educa para ser colaboradoras y atender a peticiones, pero es poco frecuente que alguien te pida que hagas tu mejor trabajo y que se apunte para apoyar *tu* mejor trabajo. Los hombres tienen más dificultades debido al mito del hombre hecho a sí mismo y a la mentalidad de que pedir ayuda y apoyo los convierte en personas débiles.

Soy consciente de que he yuxtapuesto la realidad de que somos criaturas cooperadoras por naturaleza y de que tenemos un montón de basura mental que nos impide colaborar. No hay ninguna tensión lógica ahí, pero es una tensión experiencial que se manifiesta todos los días. Además, la tensión entre cooperación e independencia se manifiesta en todas las dimensiones de nuestras vidas, desde nuestras relaciones hasta la política, y por lo tanto, ¿por qué habríamos de pensar que no se iba a manifestar también en nuestro mejor trabajo?

Los beneficiarios

Tus beneficiarios son las personas específicas que se beneficiarán de la realización de tu trabajo. Tanto si se trata de barrigas llenas, o mentes llenas, o corazones llenos, las vidas de tus beneficiarios mejorarán gracias al trabajo que has realizado.

Hay una conclusión importante aquí: si *no* terminas tu mejor trabajo, tus beneficiarios estarán peor que antes. El dolor que tu trabajo pueda sanar o el deleite que pueda dar no ocurrirá si tú no realizas tu trabajo, y no hay nada que pueda sustituir a tu mejor trabajo, porque ninguna otra persona creará lo que tú creas de la manera en que tú lo creas.

Expreso esta conclusión porque, de acuerdo a mi experiencia, puede resultarte útil cuando tu proyecto se ponga difícil o cuando estés estancado en el vacío. Una cosa es cuando tu mejor trabajo sólo tiene que ver contigo y con lo que quieres hacer, pero otra cosa muy distinta es cuando piensas en las personas que acabarán estando en una peor situación si no resistes, si cedes al nerviosismo y si no terminas tu proyecto.

Es ahí donde la parte «específica» de la definición de beneficiarios entra en juego, porque hay una gran diferencia entre que una persona imaginaria acabe peor que antes y que una persona que conoces lo haga. Puedes tirar la toalla si se trata sólo de ti, pero muy pocas personas tirarán la toalla cuando hay otras personas que se pueden ver afectadas.

Un motivo adicional por el cual los beneficiarios deben ser personas específicas que conoces es para que puedas pedirles su opinión sobre lo que estás construyendo. Tu basura mental, tu ignorancia y tu arrogancia pueden mantenerte estancado y hacer que te desvíes enormemente de tu camino, pero tener el valor de mostrar tu trabajo y preguntar a tus beneficiarios cómo está quedando puede mantenerte en el camino e inspirarte para terminarlo.

No te limites a crear tu equipo del éxito - úsalo

Aunque pensar en quién podría formar parte de tu equipo del éxito puede ser divertido, la verdadera magia ocurre cuando creas un plan de cómo usarlo activamente. Puedes tener a tus compañeros de mayor confianza en tu equipo del éxito, pero ¿cómo vas a hacer tu mejor trabajo con ellos? ¿Con cuánta frecuencia estarás en contacto con ellos? ¿Acerca de qué? ¿Y qué es lo que tendrás que mostrarles para que puedan proporcionarte su mejor *feedback*?

Éstos son los pasos para ir de la idea a la acción en esta estrategia:

- **Enumera a las personas (de tres a cinco) que forman parte de cada grupo.** Recuerda que estás buscando personas *específicas* (las «madres solteras de Idaho» no cuentan como beneficiarias, por ejemplo). En este paso, estás creando tu lista de personas a las que puedes llamar por teléfono.

- **Para cada persona, piensa en al menos tres maneras específicas en que puede ayudarte o en que tú puedes ayudarla.** Si no se te ocurren al menos tres cosas, probablemente ésa no sea la persona correcta, o no la conoces lo suficiente. Para tus guías, quizás podrías hacer una lista del tipo de preguntas que te gustaría hacerles o de qué personas te podrían presentar. Para los compañeros, enumera las habilidades, conexiones o perspectivas que aportan. Para los colaboradores, haz una lista del trabajo que podrían hacer para ayudarte a hacer el tuyo. Para los beneficiarios, haz una lista de preguntas que revelarían si lo que estás haciendo realmente está mejorando su mundo. Ahora sabes de qué hablarás cuando llames a tus amigos.

- **Determina la frecuencia de comunicación que sería de mayor apoyo para ti y para el proyecto.** De manera predeterminada, considera un pulso mensual para tus compañeros y beneficiarios, y un pulso al menos semanal para tus colaboradores. Los guías son más para cuando los necesites, y a menudo ellos te encontrarán.

- **Hazle saber a cada persona que forma parte de tu equipo del éxito.** Dado que es poco probable que ellas sepan lo que es un equipo del éxito, simplemente hazles saber que estás trabajando en algo y que te encantaría recibir su ayuda. Basándote en tus respuestas a las preguntas 2 y 3, comunícales cómo pueden ayudarte y aproximadamente cuánto vas a estar en contacto con ellas, para que sepan qué es lo que están aceptando y qué pueden esperar de ti. Los guías son más difíciles porque es posible que no puedas reclutarlos por estar fuera de tu alcance, o porque ya no viven, e incluso si están vivos, lo máximo que podrías hacer es enviarles un correo electrónico y hacerles saber que son una inspiración para el proyecto en el que estás trabajando. Si tienes una relación de mentor con tu guía, entonces puedes reclutarlo como si fuera un compañero.

- **Comunícate de forma proactiva con ellos y muéstrales tu trabajo al ritmo establecido anteriormente.** A tus guías, tus compañeros y tus beneficiarios no les corresponde hacerte un seguimiento y preguntarte cómo te está yendo; te corresponde a ti mantenerlos informados e interesados. La excepción aquí es si tus guías y tus compañeros están de acuerdo en ayudarte a que sigas siendo responsable, en cuyo caso su tarea podría ser hacerte un seguimiento si no te comunicas con ellos al ritmo que acordasteis conjuntamente.

El cuarto paso es el que aterra a la gente, porque construir tu equipo del éxito hace que las cosas se vuelvan *reales* con mucha rapidez. Súbitamente, hay entre doce y veinte personas que se preocupan por ti, que pueden ayudarte y que esperan algo de ti. Súbitamente, estás metido en el juego, tienes fechas de entrega y compañeros de responsabilidad. Súbitamente, tus excusas, tu procrastinación y tus vacilaciones se convierten en un simple «¿lo vas a hacer o no?».

Es cierto que en ese mismo paso te lo has montado de tal manera que la realización es prácticamente inevitable, siempre y cuando hagas las cosas que tienes que hacer. Entonces, si estás preparado para que la realización de tu proyecto sea prácticamente inevitable, sigue todos los pasos.

Si estás preparado para empezar a terminar tu mejor trabajo, toma tu idea del capítulo anterior y trabaja con ella a través de los pasos de este capítulo. Probablemente necesitarás de dos horas de trabajo para convertir tu idea en un objetivo SMART, escoger tu nivel de éxito, fijar una fecha para el proyecto y hacer una lluvia de ideas para decidir quién estará en tu equipo del éxito. Probablemente necesitarás otras dos horas para contactar a la mayor parte de las personas de tu equipo, dependiendo de cuánto tiempo les dediques.

Llegado este punto, se trata de si estás dispuesto a ponerle un anillo de compromiso a este proyecto y crear tu equipo. Tu inclinación natural será prepararte y luego comprometerte, pero te voy a pedir que hagas lo contrario: comprométete *para que puedas* prepararte. Sin un compromiso, es poco probable que hagas sitio en tu mundo para hacer tu proyecto, y de eso hablaremos a continuación.

CONCLUSIONES DEL CAPÍTULO 4

- Un objetivo SMART es simple, significativo, factible, realista y monitoreable.

- Los tres niveles de éxito (pequeño, moderado y épico) requieren una cantidad correspondiente de esfuerzo y concentración, y no puedes hacerlo todo en el nivel épico.

- Si un proyecto no tiene fechas de inicio y de término, es poco probable que lo lleves a cabo.

- Tu equipo del éxito está conformado por cuatro tipos de personas: los guías, los compañeros, los colaboradores y los beneficiarios.

- Activar tu equipo del éxito hace que tu proyecto sea real, porque los demás se implicarán en tu objetivo y tú habrás adquirido tu primer compromiso real.

5

Nunca encontrarás tiempo para hacer nada.
Si quieres tener tiempo, debes tomarlo.
CHARLES BUXTON, *Notes of Thought*

Haz espacio para tu proyecto

Hasta ahora has estado creando espacio en tu mente y en tu corazón para empezar a realizar tu mejor trabajo. Aunque es normal pensar que el siguiente paso es lanzarte al proyecto –o si eres del tipo de persona que «mira antes de saltar», empezar a planificarlo–, vas a enfrentarte muy rápidamente a la realidad de que no hay sitio en tu agenda para el proyecto. Sólo estarías añadiendo más cosas a un plato que ya está lleno y eso no haría más que contribuir a tu bloqueo creativo.

Primero vas a tener que hacer espacio para tu proyecto. El principio aquí es que si creas espacio para un proyecto de tu mejor trabajo, tendrás la satisfacción y el impulso para volver a utilizar ese espacio para el próximo proyecto y probablemente podrás crear un espacio adicional para otro proyecto. Con el tiempo, descubrirás que pasas la mayor parte de tus días realizando tu mejor trabajo. O al menos podrás ver que en medio de todo el trabajo que no te llama, eres capaz de avanzar en los temas que más te importan.

El desafío es que nos resulta sorprendentemente difícil pensar en el tiempo y, por lo general, cuando *sí* pensamos en el tiempo lo hacemos en una forma que no nos beneficia. Mientras repensamos el trabajo, también necesitaremos repensar el tiempo. A lo largo de este capítulo, utilizaré el tiempo y el espacio de una forma intercambiable, porque es más fácil entender las metáforas espaciales, y usar esas metáforas nos ayuda a priorizar mejor el trabajo que vamos a realizar. Siguiendo esa misma tónica, voy a ligar el trabajo al tiempo/espacio, porque el trabajo sólo tiene lugar a través del tiempo.

Dado que pensar en el tiempo nos resulta tan difícil, vamos a hacerlo por partes.

Dividir, enlazar y secuenciar: las tres habilidades esenciales para curvar el tiempo

Pensar en el tiempo en términos generales puede ser interesante, pero no es muy útil o práctico, a menos que seas un filósofo o un físico. Para hacer que el tiempo sea relevante, normalmente es mejor vincularlo a un contexto particular. Dado que nuestro contexto es el trabajo, usaremos eso como nuestra ancla para evitar ser arrastrados en el multiverso.

Recuerda que no trabajamos en las ideas; trabajamos en los proyectos. Más específicamente, no trabajamos en los proyectos; trabajamos en los bloques de los proyectos, unidos en la secuencia correcta. *Dividir* y *secuenciar*, por lo tanto, son los sencillos conceptos que serán la navaja suiza de este capítulo.

Aunque son fáciles de entender, vamos a definir estos conceptos clave:

- **Dividir.** Fraccionar los proyectos en bloques coherentes y realizables.

- **Enlazar.** Juntar los bloques para se mantengan unidos.

- **Secuenciar.** Vincular los bloques en un orden lógico en el espacio y el tiempo.

La expresión más simple de un bloque es una estructura verbo-sustantivo porque te dice qué acción se está tomando. Entonces, *libro, armario* y *Juan* no son bloques porque son sólo sustantivos, pero *leer libro, limpiar armario* y *escribir a Juan* son bloques. De la misma manera en que un objetivo que no es SMART puede convertirse en algo que no soportas ver, quiero que los sustantivos sin verbos en tus listas de acción sean algo que ya no podrás tolerar sin corregirlo.

Utilicemos ladrillos tipo LEGO como una manera de ilustrar la construcción de un proyecto. Cada ladrillo es un bloque de un proyecto. Las partes superiores e inferiores de los ladrillos estándar son la forma en que unimos los bloques. El orden en que colocamos y unimos los bloques es la secuencia.

Para continuar con este ejemplo, en algún momento en tu vida (y no te voy a juzgar si fue esta mañana) empezaste a unir ladrillos al azar sin tener una idea clara de lo que estabas construyendo. Eso es análogo a no tener un objetivo SMART. Quizás tenías una idea de lo que querías construir, pero no pensaste bien cómo ibas a realizarla: no tenías un plan.

Si alguna vez has jugado con un sistema de bloques tipo Lego, ya sabes cómo dividir, enlazar y secuenciar el tiempo y los proyectos. Ahora sería un momento especialmente propicio para darles las gracias a tus padres y a tus maestros. (Está bien, espera a que termines esta sección).

Pero el tiempo es un concepto escurridizo; podríamos dividir el tiempo en la cantidad de segmentos que quisiéramos porque el infinito fluir del tiempo no tienen ninguna división natural. Esta cualidad escurridiza es el motivo por el cual la humanidad ha creado convenciones como los segundos, los minutos y los meses; sin estas convenciones, el tiempo es relativo al uso particular que le dé la persona en ese momento. Podemos vincular los tamaños de nuestros bloques a las divisiones estándar del tiempo que ya utilizamos. De este modo, acabamos teniendo bloques de años (anuales), de trimestres, de meses, de semanas, de días, de horas, de minutos y de segundos.

La realidad es que (para la mayoría de la gente) algunos de estos bloques *lógicos* son pésimos para ser usados para planificar, porque no encajan con nuestra experiencia y nuestra realidad. Irónicamente, los bloques de tiempo *más* pequeños son los más escurridizos para nosotros.

No podemos marcar muy bien los segundos, los minutos, las horas y los días, aunque ésas son las porciones de tiempo que la mayoría de los sistemas de gestión del tiempo y muchas de nuestras prácticas intentan hacer que utilicemos. Pero eso es comprensible, ya que sólo hemos estado midiendo en segundos, minutos y horas desde hace cientos de años. Sólo porque coloques un ser orgánico en una fábrica no significa que se vaya a convertir en una máquina.

Entonces, en lugar de intentar utilizar todos los bloques lógicos, vamos a centrarnos en bloques de un año, un trimestre, un mes, una semana, dos horas y quince minutos. Antes de pasar a utilizar los bloques de tiempo más grandes, hagamos una pausa para hablar de los bloques de dos horas y de quince minutos, ya que son las que más vamos a usar.

Después de haber trabajado con miles de personas, he experimentado que la mayoría tiene una idea de cuántos bloques de quince minutos o de dos horas va a necesitar para llevar a cabo un proyecto si les pido que piensen en términos de esos bloques. Pero si les pregunto cuántos minutos o cuántas horas les tomará hacer algo, no tienen ni idea de qué responder. Por lo tanto, los bloques de dos horas y de quince minutos son pilares poderosos porque nos permiten monitorear mejor nuestros ciclos naturales de atención y de hábito. Por un tema práctico, llamaré *tarea* a un bloque de trabajo que puede hacerse en quince minutos y *segmento* a un bloque que puede hacerse en dos horas.

Pruébalo. Piensa en algún elemento de tu lista de cosas que debes hacer. ¿Te parece que va a ser una tarea de quince minutos (o dos tareas), o un segmento de una hora?

Una suposición que voy a incluir en mis bloques es el costo del cambio mental y de contexto que no suele tenerse en cuenta. Muchas personas se resisten cuando les sugiero que asignen un bloque de quince minutos a redactar cada respuesta a un correo electrónico, pero es que no están teniendo en cuenta el reinicio cognitivo de tres minutos que tiene lugar entre cada correo electrónico. Diez minutos no es un tiempo suficiente para procesar adecuadamente el mensaje de correo electrónico, pero más de veinte minutos es demasiado. (Esto explica por qué tanta gente se sumerge en sus correos electrónicos y por qué eso les quita tanto tiempo cada día. Leer, pensar, responder o redactar doce correos electrónicos importantes tomaría la mayor parte de una mañana o una tarde de trabajo). Quince minutos es, por lo tanto, la asignación de tiempo ideal para cada correo electrónico.

De manera similar, treinta minutos o una hora rara vez parece ser el tiempo suficiente para entrar en un trabajo analítico, sintético o creativo, lidiar con él, completarlo y salir de él. Un bloque de dos horas es mejor, ya que nos permite hacer todo lo mencionado, caminar un poco, ir al baño, servirnos un café, etc., al tiempo que nos mantenemos manifiestamente concentrados.

Aunque la discusión anterior ha sido sobre el tamaño mínimo de un umbral para empezar a trabajar, las convenciones de tarea y segmento también nos ayudan con la cantidad *máxima* de tiempo que podemos estar trabajando de una forma productiva. Piensa en tu experiencia emocional y en tu implicación activa al responder a un correo electrónico o a una llamada administrativa en los que pasaste más de quince minutos. Piensa en lo que ocurrió con tu atención, tu concentración, tu energía y tu impulso después de dos horas realizando un trabajo de alto nivel. En ambos casos, hay un límite superior respecto a cuánto tiempo podemos mantenernos inmersos de una forma fructífera antes de experimentar un deterioro emocional o cognitivo. Es una cruel ironía que la mayoría de la gente quiera hacer *más* trabajo de alto nivel *durante más tiempo* y hacer lo menos posible de trabajo administrativo, cuando el trabajo que tenemos pendiente es en mayor medida administrativo y aparentemente hay muy poco que sea de alto nivel.

Una reflexión más profunda arrojaría un período de participación mínimo-máximo similar también para los demás tamaños de bloques. Aunque tendemos a subestimar cuánto tiempo nos llevará algo, también sabemos cuándo un bloque de tamaño trimestral se ha convertido en demasiados trimestres y años. Y también sabemos cuándo un bloque de una semana se ha convertido en demasiadas semanas y meses.

La pirámide de proyectos

La *pirámide de proyectos* se basa en dividir, enlazar y secuenciar porque muestra que los proyectos más grandes contienen proyectos más pequeños y que los bloques más pequeños se unen para generar impulso. Nos permite ver, simultáneamente, el muro (el mejor trabajo) *y* los ladrillos (bloques más pequeños) de los que está compuesto. Vamos a sacar mucho provecho de la pirámide de proyectos, pero voy a dejar claro desde el inicio que puede ser difícil de entender de forma conceptual y de aceptar emocionalmente. A todos nos cuesta cambiar los cronogramas, pero es más fácil hacerlo que aceptar la realidad de todas las cosas que nos hemos comprometido a hacer.

Algunos proyectos son realmente grandes y requerirán mucho tiempo y muchos subproyectos (bloques) para ser completados. Publicar un libro, emprender un nuevo negocio, llevar a cabo una importante iniciativa laboral, obtener un título y mudarnos a otra parte del país son ejemplos de proyectos grandes que tomarán muchos años o trimestres para ser completados.

Otros proyectos pueden realizarse en un día o una semana. Ser voluntarios en un mercadillo con fines benéficos, organizar a tus hijos para la primera semana de clases, terminar el informe semanal de garantía de calidad y ordenar el armario son ejemplos de proyectos más pequeños que pueden realizarse en un día o en una semana.

Son cosas sencillas, lo sé. El desafío es que a menudo nos ponemos metas que se convierten en grandes proyectos que a su vez contienen subproyectos, sin ver el peso colectivo de esos, especialmente cuando vamos avanzando en el cronograma.

Tomemos como ejemplo un modelo muy simple (pero muy poco realista) en el que un proyecto de un año de duración tiene cuatro bloques trimestrales (para el año), cada bloque trimestral tiene tres bloques de un mes, cada mes tiene cuatro bloques de una semana y cada semana tiene cinco bloques de dos horas (para ese proyecto), y cada segmento de trabajo contiene ocho tareas de quince minutos. Un objetivo anual engendraría 1 920 tareas. Esas 1 920 tareas se convertirían en tres meses completos de trabajo (suponiendo que son cuarenta horas por semana y cuatro semanas por mes) si una persona trabajara únicamente en ese proyecto sin tiempos de espera y sin interrupciones.

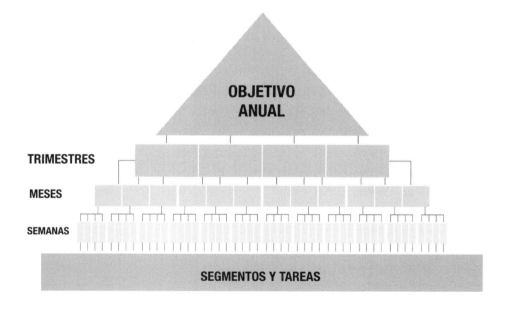

Ahora puedes ver por qué la llamo la *pirámide* de proyectos. Un gran proyecto genera muchos subproyectos en niveles inferiores.

El aspecto poco realista de este modelo es que es demasiado uniforme *y* esos bloques de nivel superior normalmente contienen más bloques de nivel inferior simultáneos que los que se muestran aquí. El estimado de tres meses de trabajo es, por lo tanto, un poco bajo.

Tómate unos minutos para asimilar eso. El modelo simple que convirtió un proyecto de un año de duración en tres meses de trabajo a tope es una *subestimación* de lo que se tardaría en llevar a cabo un proyecto de un año.

Entonces, la persona que entra en el año con siete objetivos que requerirán proyectos de un año de duración ha iniciado un juego en el que es *muy* poco probable que gane.

Sin duda habrás oído alguna versión de la máxima de que uno no debe tener más de un objetivo ambicioso (o tres, o cinco, dependiendo de quién lo diga) si realmente quiere llevarlo a cabo; la pirámide de proyectos demuestra por qué hacer menos proyectos no es una máxima agradable para considerar, pero es una práctica necesaria si de verdad quieres realizar tu mejor trabajo.

Cuando las personas realmente ven que un objetivo anual, dividido en bloques, lleva a esa cantidad de trabajo del nivel inferior, puede ser el equivalente emocional del «desafío del cubo de hielo». Eso explica la lista excesivamente extensa de cosas para hacer y los sentimientos de agobio y bloqueo creativo que tanta gente experimenta. Algunas personas me han dicho que durante años dieron por sentado que no eran productivas, o que no eran capaces de hacer las cosas bien.

La realidad es que han estado intentando poner veintidós unidades de cosas dentro de una bolsa para diez unidades. El tiempo es actualmente la máxima restricción: no podemos doblarlo, expandirlo, controlarlo o modificarlo. Sólo podemos tenerlo en cuenta y trabajar dentro de la restricción.

Si ahora estás sintiendo el peso de la gran carga de proyectos, haz una pausa y respira. Ahora que lo ves, puedes empezar a retirar todo el exceso de peso que está haciendo que te resulte más difícil prosperar y realizar tu mejor trabajo. Además, eso te ayudará a tomar mejores decisiones en adelante. Éste es otro de esos lugares en los que el desplazamiento es tu amigo.

Cómo se enlazan las palabras de los proyectos comunes

Hace quince años tuve un orgasmo cerebral cuando sinteticé dos simples observaciones: (1) los verbos suelen darnos una idea de cuán grande es un bloque de trabajo y (2) ciertos verbos siguen y contienen a otros. Suena exagerado, pero mi mundo de planificación subió de nivel para siempre a partir de ese día y, sinceramente, espero que al tuyo le ocurra lo mismo si ésta es la primera vez que oyes hablar de esta síntesis. (Este orgasmo cerebral es lo que me condujo a la pirámide después de haber pasado años viendo cómo articularla).

Algunos bloques irán naturalmente *con* otros y algunos irán *dentro* de otros. Cuando articulamos los bloques como construcciones de verbo-sustantivo, vemos que el verbo nos da una idea de las dimensiones del trabajo y el sustantivo se mantiene constante a lo largo del proyecto.

Tomemos «contratar a Skyler» como un proyecto. A lo largo del proyecto, la secuencia podría ser: Investigar – Escribir correo electrónico (para programar) – Entrevistar – Evaluar – Decidir – Contratar. Hay puntos adicionales si ves que esa secuencia de verbos es una secuencia repetible y, por lo tanto, un proceso de trabajo estándar.

Pero espera, hay más. Utilizamos algunos verbos comunes en todo el mundo laboral porque, como especie, hemos necesitado algunas convenciones por los mismos motivos que hemos necesitado convenciones de tiempo.

Éstos son algunos verbos convencionales y con qué tamaño de bloque se relacionan:

- Verbos de proyectos de dimensiones trimestrales o mensuales (para el trabajo que necesita unos cuantos proyectos de una semana o un mes para ser completado):
  - Revisar
  - Desarrollar
  - Proyectar
  - Ejecutar/Expedir
  - Construir
  - Publicar (libros, artículos)
  - Iniciar
  - Mudar/Trasladar
- Verbos de proyectos de dimensiones semanales (para el trabajo que necesita al menos un segmento, pero probablemente no más de cinco para cada segmento de trabajo coherente):
  - Investigar
  - Decidir

- – Colaborar con
- – Crear
- – Planificar
- – Diseñar
- – Analizar/Evaluar
- – Coordinar
- – Promocionar
- – Editar
- – Aplicar

- Verbos de tareas (para un trabajo que puede hacerse en quince minutos):
  - – Escribir correos electrónicos
  - – Llamar por teléfono
  - – Clasificar
  - – Leer
  - – Enviar
  - – Revisar
  - – Encontrar
  - – Redactar
  - – Programar
  - – Hacer
  - – Mensajear
  - – Enviar fax
  - – Enviar por correo
  - – Imprimir

La lista de arriba no pretende ser exhaustiva, pero proporciona una lista universal que se aplica a una amplia gama de industrias, profesiones y contextos y, por lo tanto, sirve como piedra Rosetta para dividir en bloques y planificar. Si lo deseas, también puedes añadir verbos que sean específicos y comunes en tu contexto. (Es curioso que la jerga normalmente sean sustantivos y no verbos).

Para que puedas ver cómo funciona esto, éstas son cinco secuencias de bloques comunes simplificadas para algunos de los proyectos más grandes de los que hablé en la última sección:

- **Mudarte a una nueva ciudad.** Investiga sitios, decide lugares, planifica la agenda de la mudanza, vende cosas o deshazte de ellas, embala cosas, traslada cosas, desembala cosas.

- **Emprender un nuevo negocio.** Investiga ideas de negocios, decídete por un modelo, haz un plan de negocio, diseña un producto, crea un producto, promociona un producto, entrega un producto.

- **Publicar un libro.** Piensa en ideas para un libro, decídete por una idea, crea un esquema, haz borrador de manuscrito, edita manuscrito, crea plan de comercialización, promociona el libro.

- **Obtener un título.** Evalúa las opciones de titulación, decide opción de titulación, investiga sobre universidades, decide a qué universidades postular, postula a universidades, evalúa ofertas de universidades, planifica mudanza a la universidad, múdate a la universidad, colabora con asesor sobre horarios de asignaturas, decídete por asignaturas y tómalas. Repite los tres últimos bloques durante unos cuantos años.

- **Organizar una recaudación de fondos.** Evalúa necesidades de recaudación de fondos, decide una estrategia, planifica una campaña de recaudación de fondos, coordina con recaudadores, promociona la campaña.

¿Te das cuenta de que podríamos hacer esto con prácticamente cualquier proyecto? No es que los estrategas y los planificadores seamos inteligentísimos, sino que hemos interiorizado un pequeño grupo de verbos y cómo se relacionan.

Fíjate también en que cada una de los bloques que he nombrado tiene partes que no he especificado; alguien familiarizado con ese tipo de proyecto sabría cómo hacer la división en bloques. Una vez más, esto resalta el poder de los equipos de éxito. Cuando estés creándolo, puedes escoger personas que han realizado proyectos similares al que tú estás planeando hacer y podrían ayudarte a dividirlo en bloques.

Una gran pieza que falta es, sin duda, cuánto tiempo tomará cada bloque. En el siguiente capítulo, entraremos en más detalles acerca de cómo determinar eso, cuando hablemos de cómo planificar un proyecto específico. Nuestro propósito aquí es ayudarte a ver cuánto espacio necesitará un proyecto y cómo crear espacio para él.

La regla de los cinco proyectos

Acabo de proporcionarte una buena solución y, o bien te diste cuenta, o bien te sientes frustrado porque sientes que hay algo que falta. Lo que hace que este truco funcione es que reduje las escalas de tiempo, lo cual me permitió no preocuparme demasiado acerca de los detalles y los datos específicos que son relevantes en los plazos inferiores.

Cuando consideramos plazos mayores, es importante modificar el nivel de especificidad si se trata de acciones. Cuando estás pensando en el bosque (el tiempo), concentrarte en las hojas (las acciones) produce un cortocircuito en tu capacidad de pensar en el bosque o en las hojas. Cada cambio de escala de tiempo es, por lo tanto, un cambio de perspectiva.

A menudo, a la gente le cuesta visualizar, planificar y revisar porque se desliza entre perspectivas con demasiada fluidez. Por ejemplo, cuando estás en la perspectiva mensual, la perspectiva trimestral te informa sobre el *porqué* del mes y la perspectiva semanal te informa sobre el *cómo* del mes. Esta regla general se aplica a todas las escalas de tiempo:

Cuando necesites claridad acerca del propósito, desplázate hacia arriba.
Cuando necesites claridad acerca de los pasos que debes dar, desplázate hacia abajo.

Restringir la escala de tiempo es la única manera en que podemos entender todo lo que estamos cargando, porque no podemos procesar más de una perspectiva de tiempo a la vez. Éste es el equivalente cognitivo de intentar mirar simultáneamente una hoja de papel que está a 15 centímetros de distancia y algo que está a una milla de distancia.

Así entra en juego la «regla de no más de cinco proyectos activos por escala de tiempo», la cual abreviaremos como la *regla de los cinco proyectos*, porque la primera forma de llamarla es demasiado larga. Analicemos «no más de cinco» y «proyectos activos» por separado.

En lo concerniente a «no más de cinco», décadas de investigación, observación y experimentación me han mostrado que la mayoría de las personas no terminan más de cinco proyectos en total por escala de tiempo. Dado que la cantidad de proyectos que *terminamos* es más importante que la cantidad de proyectos que *empezamos*, no nos hacemos ningún favor comprometiéndonos con más proyectos de los que seremos capaces de realizar. En realidad, tres proyectos es un límite más adecuado para los proyectos creativos y/o profesionales porque deja espacio para que lo utilicemos para proyectos de vida o personales y para tener en cuenta el trabajo que estamos haciendo pero no contando.

«Proyectos activos» hace que te comprometas con los proyectos que estás sacando adelante activamente, y no con aquellos proyectos sobre los que sólo estás pensando, que están en cola para el futuro, o a los que te aferras pero con los que en realidad no estás haciendo nada. Tus proyectos activos son aquellos que están en tu escritorio metafórico.

La *regla de los cinco proyectos* es fácil de entender, aunque puede ser increíblemente difícil de poner en práctica, en especial si te limitas a tres proyectos para tener en cuenta el trabajo personal y no contabilizado. Pero recuerda la pirámide de proyectos: tus tres o cinco proyectos pueden contener subproyectos, dependiendo de la perspectiva del tiempo.

Lo que la regla de los cinco proyectos nos permite hacer es monitorear nuestros compromisos y hacer la planificación de rutina rápidamente. Por ejemplo, si estás haciendo tu planificación semanal, no necesitas entrar en los detalles de cada día, puedes limitarte a concentrarte en los cinco proyectos que vas a realizar esa semana. Si has realizado tu planificación mensual y escogiste tus cinco proyectos para el mes, los proyectos de la semana deberían ser bloques de uno de esos proyectos mensuales, o de más de uno.

Como dije antes, restringir la escala de tiempo y utilizar la pirámide de proyectos te facilita enormemente el trabajo.

Para dar un ejemplo de cómo funciona esto, compartiré una instantánea de mis cinco proyectos para el mes, la semana y el día.

Agosto 2018

1. Redactar capítulos para *Empezar a terminar*

2. Crear los planificadores para 2019

3. Presentar en Camp GLP (*Good Life Project*)

Esta semana

1. Redactar el capítulo 6 de *Empieza a Terminar*

2. Preparar seminario para Camp GLP

3. Asistir a Camp GLP

4. Terminar propuesta para evento de marzo de 2019

Hoy

1. Redactar capítulo 6 de *Empieza a terminar*

2. Terminar propuesta para evento de marzo de 2019

3. Encontrarme con cliente a las 13:00 h.

Puesto que la fecha límite de entrega para este libro es en octubre y dada la cantidad de segmentos disponibles que estoy teniendo que usar (lo cual no es una queja, porque me encanta escribir), sé que no debo agregar nada más que lo que ya está activo. Además, intencionadamente, no voy a hacer muchos proyectos de un mes o una semana de duración en el ámbito personal.

En el nivel semanal, no tengo que especificar más que lo anotado arriba. Horarios fijos para eventos como vuelos y reuniones están en mi calendario y sé cuándo tendrán lugar, de manera que no necesito incluirlos en mi planificación semanal. Pero prepararme para mi seminario y asistir al Camp GLP son dos proyectos distintos, y el último me impide hacer cualquier otra cosa a partir del miércoles (no trabajo bien en los aviones, y cuando estoy en un evento, intento no hacer otra cosa que no sea estar completamente presente y conectar con la gente).

En el nivel diario, no necesito especificar cuándo voy a hacer el trabajo porque eso está determinado por mi programación semanal de segmentos. Sé que voy a escribir por la mañana, voy a reunirme con mi cliente en mi despacho y, después de eso, voy a terminar la propuesta para el evento desde mi despacho. También debo hacer algunas tareas administrativas que están incluidas en ese segmento administrativo que no necesito especificar porque están capturadas en mi software de gestión del trabajo.

Cuando me siento a hacer la planificación de la siguiente semana, sólo necesito actualizar mi plan semanal y continuar desde ahí. Probablemente adivinarás cómo será la próxima semana, dada la forma en que los proyectos están vinculados.

Lo que no está incluido en el cuadro de arriba es el hecho de que, además del trabajo creativo que realizo, tengo una lista completa de clientes. He aprendido a no darme cinco espacios de proyectos en el nivel mensual cuando mi agenda está llena de reuniones con clientes porque, aunque es poco probable que pueda crear en esos ratos, sostener todos esos mundos, asistir a las reuniones y hacer el trabajo de preparación desplaza mi capacidad de realizar otro proyecto de nivel mensual. Bien podría escribir «servir a los clientes» como un espacio mensual, pero a estas alturas no necesito hacerlo porque sé que está ahí. Es más simple eliminar ese espacio y no escribirlo, y mientras continúe limitando el número de proyectos con los que me comprometa en el futuro, eso funciona. (Me llevó unos cuantos años aprender a dar por sentado que tendré muchos compromisos en el futuro también).

Mi trabajo de servicio en realidad entra en la categoría de proyectos habituales. Al igual que ocurre con los proyectos personales, a menudo no los contamos. Si estás siendo sincero acerca de cómo son tus días, tus semanas y tus meses, es posible que veas que entre un 50 y un 60 % del tiempo, la energía y la atención de los que dispones ya están comprometidos con cosas habituales. Si ése es el caso, es posible que sólo puedas asignarte uno o dos espacios de proyectos con los que comprometerte, y eso también podría significar que necesitas comunicarte con tu jefe y negociar respecto a la interminable sucesión de proyectos que quiere darte cada día. Los proyectos y las tareas habituales son unas de las primeras cosas que hay que empezar a delegar a otras personas. Como regla general, si puedes enumerar los pasos que hay que dar para hacer algo, puedes delegar todo el trabajo, o las partes principales, a otra persona.

Un beneficio importante de la regla de los cinco proyectos es que te permite trabajar a partir de una lista de cosas que hacer más pequeña y más limitada, en lugar de intentar descifrar y analizar la «maldita lista de cosas que hacer» que tantas personas crean para sí mismas.

Registrar y desechar cosas que hacer es una actividad que tiene su propio espacio; la regla de los cinco proyectos es el producto de haber procesado esa lista. Tratar de tomar impulso desde tu vertedero es como tener que rebuscar en varias canastas de ropa cada vez que tienes que vestirte, sin saber qué canastas contienen ropa limpia y cuáles ropa sucia. Sin duda, podrías hacerlo, pero acabarías volviéndote loco y encontrando sorpresas no deseadas.

Aparte de ilustrar la magia de restringir la escala de tiempo, quería mostrarte cómo funciona la pirámide de proyectos con proyectos trimestrales porque

dominar los proyectos trimestrales es el secreto para realizar tu mejor trabajo.

Volviendo al emparedado de aire, enlazar proyectos trimestrales acabados es lo que llena positivamente la brecha entre lo grande y lo cotidiano. La regla de los cinco proyectos nos ayuda a superar los desafíos de no tener un plan realista y contar con muy pocos recursos, porque una vez que aceptamos la restricción, podemos utilizar lo que tenemos para crear un plan que realmente funcione.

Convierte tu programación semanal en segmentos coherentes

El último punto importante en la creación de espacio antes de lanzarte a planificar tu proyecto de tu mejor trabajo es reducir y limitar tu atención a la perspectiva semanal. Dado que el trabajo se lleva a cabo en segmentos, si no hay segmentos libres en los que puedas colocar tu proyecto, o si no usas los segmentos una vez que has colocado tu proyecto en ellos, tu proyecto no va a tomar impulso. Cuando *uses* esos segmentos, tendrás la satisfacción de ver cómo tu mejor trabajo va avanzando. Esta perspectiva semanal es también el nivel de perspectiva más largo con el que la gente se siente cómoda dando forma al proyecto y planificando.

Otro motivo por el cual la perspectiva semanal resulta tan poderosa es porque ése es el nivel en el que las personas realmente pueden ver las restricciones que ya existen en su programación. Entre desplazamientos, reuniones de trabajo, lugares a los que los niños tienen que ir, reuniones y eventos comunitarios recurrentes, días de recogida de basura y diversas logísticas de la vida cotidiana, la mayoría de nosotros puede ver claramente que no estamos empezando un nuevo día desde cero. Todo eso desaparece en la perspectiva mensual, y la perspectiva diaria no nos muestra el patrón lo suficientemente bien como para que podamos invalidar el pensamiento mágico de que las cosas que hay en la programación de hoy no se repetirán.

La perspectiva semanal es, por lo tanto, el nivel perfecto para empezar a rehacer nuestras agendas de manera que dejen de parecer un queso suizo con agujeros y pedazos al azar, y empiecen a ser segmentos intencionados que nos apoyan cuando realizamos nuestro mejor trabajo.

En la perspectiva semanal hay cuatro segmentos básicos que podemos incorporar a nuestros días:

- **Segmentos de concentración.** Segmentos de 90 a 120 minutos cuando estamos especialmente creativos e inspirados y somos capaces de realizar un trabajo de alto nivel que requiere concentración.

- **Segmentos sociales.** Segmentos de 90 a 120 minutos cuando estamos en condiciones y energéticamente en el estado de ánimo adecuado para encontrarnos con otras personas.

- **Segmentos administrativos.** Segmentos de 30 a 60 minutos de menor energía cuando no estamos en el estado mental para hacer un trabajo que requiere un gran esfuerzo, pero podemos hacer otro tipo de trabajos eficazmente.

- **Segmentos de recuperación.** Segmentos de duración variable que utilizamos para realizar actividades que nos recargan, como ejercicio físico, meditación, cuidado personal o reposo intencional.

Los rangos de tiempo mencionados incluyen tránsito, pausas para ir al baño, para servirnos una bebida, etc.

Un segmento de enfoque único puede contener algunas pausas para estirarnos, caminar, pensar, ir al baño, servirnos café, etc., siempre y cuando no llevemos nuestra atención y el contexto hacia otra cosa. También puede incluir cualquier revisión del proyecto, perfilado y resumen del trabajo que realicemos mientras estamos trabajando en ese proyecto.

Examinemos cada uno de estos segmentos con más detalle para que puedas ver dónde encajan en tu programación semanal.

Segmentos de concentración

Tengo una buena noticia y otra mala respecto de los segmentos de concentración. La mala noticia es que a la mayoría de la gente les cuesta crear segmentos de concentración y utilizar más de tres al día debido a las distracciones, las interrupciones, las rutinas diarias y la falta de intención. La buena noticia es que puedes avanzar mucho con tres segmentos de concentración por día, y aceptar esta limitación hará que tu vida sea mucho más fácil y feliz.

Bueno, hay otra mala noticia: mi experiencia con miles de personas, trabajando con ellas y enseñándolas, me ha mostrado que la mayoría de la gente no tiene un segmento de concentración disponible para trabajar en los proyectos que más les interesan. Sus agendas se parecen más a un queso suizo, y las personas tratan de hacer su trabajo creativo *después* de haber hecho otro tipo de trabajo durante todo el día, o a primera hora de la mañana. Esto es lo que provoca la cruel ironía que mencioné antes, en la que la gente no consigue trabajar todo lo que quisiera en lo que le interesa porque tiene mucho trabajo que hacer en lo que no le interesa.

Los segmentos de concentración estimulan tu mejor trabajo. No tener ningún segmento de concentración, o demasiado pocos, equivale a no terminar tu mejor trabajo. Realmente es así de simple.

Los segmentos de concentración son períodos de entre 90 y 120 minutos en los que podemos sacar partido de la forma en que originalmente entendemos los segmentos de tiempo como dijimos antes. Se convierten en una unidad atómica que puedes utilizar también para tus proyectos. Cualquier cosa que supere las diez horas empieza a resultarnos difícil porque se vuelve amorfa y difícil de visualizar; es más fácil de entender cinco segmentos de concentración porque podemos visualizar los bloques de los proyectos que podemos hacer en ese lapso de tiempo.

Si alguna vez has descartado realizar un proyecto creativo «más grande» porque simplemente no sabías cómo empezar o cuánto tiempo te iba a tomar, ya sabes de lo que estoy hablando. Pasar veinte horas creativas en un proyecto durante el transcurso de un mes parece abrumador, pero trabajar en ese proyecto durante un segmento creativo no lo es. Matemáticamente, es posible que sea la misma cantidad de tiempo, pero para muchas personas, se siente diferente en lo que respecta a la motivación.

Aunque la mayoría llega a un máximo de tres segmentos de concentración por día, es bastante común que algunas personas realicen esprints, retiros o esfuerzos creativos en los que superan ese límite. El resultado habitual suele ser que se sienten agotadas y aletargadas en los días siguientes y se preguntan qué les está ocurriendo. Esto sería como hacer ejercicio durante cuatro horas cuando normalmente lo haces durante una hora. Sería de esperar que te sintieras dolorido y/o fatigado al día siguiente, incluso si realmente disfrutaste haciéndolo. Lo mismo se aplica cuando haces un esprint de segmentos de concentración. Un progreso constante es mejor que ir a trompicones.

El número de segmentos de concentración de los que dispones es el factor limitante de con cuánta rapidez y regularidad podrás avanzar en tus proyectos de tu mejor trabajo. Muchas personas confunden sus dificultades para llevar a cabo su mejor trabajo con procrastinación, falta de capacidad o falta de creatividad, cuando la verdadera causa es que simplemente no tiene ningún segmento de concentración en su agenda (o demasiado pocos) como para empezar y continuar. No es falta de disciplina, sino falta de delimitación y de intención.

Segmentos sociales

Para muchas personas, los segmentos de concentración y los segmentos de administración pueden resumirse como «el trabajo que quiero hacer» y «el trabajo que no quiero hacer» respectivamente. Un segmento social es simplemente un segmento de tiempo que se utiliza para interactuar con otras personas en tiempo real. Tendemos a favorecer a los segmentos sociales por encima de los segmentos administrativos, incluso si somos introvertidos, pero el propósito que tienen es distinto al de los segmentos de concentración. Los segmentos de concentración se centran en *crear* algo, mientras que los segmentos sociales se concentran en *conectar con* alguien.

Colaborar, intercambiar ideas y compartir pensamientos en tiempo real con otra persona crea un segmento híbrido y requiere una energía creativa y social individual, así como una energía cocreadora. Pero la mayoría de las personas prefieren agruparlas como un segmento social, porque la mayor parte de los proyectos requieren segmentos de concentración individuales para ser llevados a cabo, y a menudo los segmentos sociales colaborativos generan un trabajo que debe realizarse durante un segmento de concentración individual.

Es importante hablar de los distintos propósitos de los segmentos sociales porque la gente suele ignorar su valor diciendo que «no hicieron nada» con ellos. El tiempo que pasas con tus amigos, tu familia, tus colegas, tu equipo del éxito y tu tribu es valioso. Claro que desplaza otros tipos de trabajo, pero eso no quiere decir que sea menos valioso que otro trabajo, especialmente cuando tienes en cuenta lo solas y desconectadas que están las personas creativas (en conjunto).

Si hay una parte de tu trabajo que requiere que pases tiempo real con otras personas, esa parte de tu trabajo va dentro de los segmentos sociales. Por ese motivo, en ocasiones uso los segmentos sociales y los segmentos de servicio indistintamente para recordarle a la gente que las horas de servicio de tiempo real son segmentos sociales.

Aparte del valor intrínseco de los segmentos sociales, son excelentes sujetalibros para otros segmentos porque la mayoría de nosotros honramos los compromisos con otras personas más de lo que honramos los compromisos con nosotros mismos. Cuando estamos fluyendo, es fácil para nosotros continuar un segmento de concentración uniéndolo con el siguiente segmento de tiempo, en ocasiones para nuestro propio perjuicio en los días siguientes, cuando estamos agotados. Asimismo, colocar un segmento administrativo entre dos segmentos sociales crea un fluir coherente para ambos, ya que suele haber algún tipo de trabajo administrativo después de los segmentos sociales.

Segmentos administrativos

Tu contexto particular determinará qué es lo que cuenta como trabajo administrativo, pero, en general, los correos electrónicos, las llamadas telefónicas, la creación de archivos digitales o de papel, la edición de bajo nivel, la contabilidad, la organización de los proyectos (ya sea limpiar pinceles, eliminar errores, revisar y elaborar listas de cosas que hacer, formatear documentos o actualizar tu sistema de gestión de tareas) y cualquier cosa que ayude a tu mejor trabajo pero que no sea tu mejor trabajo en sí cuentan como un segmento administrativo.

Esa amplia lista de trabajo puede ser exactamente el tipo de cosa que no quieres hacer —lo que yo llamo sapos, por una ocurrencia de Mark Twain, y sí, volveremos a hablar de los sapos más adelante—, pero que tienes que hacer. No realizar el trabajo administrativo te pasará factura en algún momento.

Dicho esto, muchas personas encuentran que una vez que empiezan a utilizar bien sus segmentos de concentración, los segmentos administrativos son mucho más tolerables, y a veces incluso son agradables, por diversos motivos:

- Los segmentos administrativos te proporcionan tiempo para reflexionar sobre tu trabajo y crean un espacio y un contexto para que las cosas tomen forma.

- Saber que habrá segmentos administrativos te permite estresarte menos por todo el trabajo administrativo del que te tienes que ocupar. Hay un tiempo y un espacio para todo.

- Los segmentos administrativos bien posicionados hacen que sea más fácil realizar las tareas porque están confinadas en períodos de tiempo más pequeños.

Imagina que ya has tenido un día en el que «lo has dado todo en la cancha» en lo que respecta a la forma en que utilizaste tus segmentos de concentración y te sientes satisfecho. Y *entonces* puedes dedicarte a hacer el otro trabajo importante que se ha estado acumulando. Es una doble victoria.

Pero, con demasiada frecuencia, lo que ocurre es lo opuesto a una doble victoria, porque iniciamos y pasamos los días yendo de un segmento administrativo a otro hasta que ya no nos queda energía o tiempo para dedicarnos a un segmento de concentración. En ocasiones sentimos que tenemos que ocuparnos del trabajo administrativo que viene en un paquete que pone «urgente», y cuando hayamos terminado con eso, podremos realizar nuestro mejor trabajo. Pero las tareas administrativas empiezan a llegar con la misma rapidez con las que podemos terminarlas y, por lo tanto, rara vez hacemos las suficientes como para poder dedicarnos a hacer nuestro mejor trabajo.

Si estás avanzando con tus tareas administrativas pero te estás quedando atrás con tu mejor trabajo, entonces una de dos: o estás yendo en la dirección equivocada, o no estás aceptando que el trabajo administrativo está ligado a valores y objetivos profundos que son más importantes para ti que tu mejor trabajo.

Quizás te preguntes por qué los segmentos administrativos tienen entre 30 y 60 minutos de duración cuando anteriormente he dicho que 15 minutos es un bloque de tiempo coherente. Esto se reduce a motivación, umbrales de dedicación y planificación. A la mayoría de las personas las motiva más haber terminado varias tareas que sólo una. En cuanto a los umbrales de dedicación, una vez que has cambiado el contexto al trabajo administrativo, tiene sentido permanecer ahí durante un rato, en lugar de pasar a un contexto distinto. Y en cuanto a la planificación, es demasiado complicado planificar para lapsos de tiempo de quince minutos.

Por lo tanto, en los segmentos administrativos, *agrupas* varias tareas administrativas. El trabajo de agrupar es simplemente juntar el mismo tipo de tareas (por ejemplo, hacer todas tus llamadas administrativas en un segmento o procesar el mismo tipo de correos electrónicos) para permanecer en ese contexto y fluir. Más adelante volveremos a hablar de agrupar, porque es una de las maneras más sencillas de mantener siempre el impulso y utilizar tu tiempo eficientemente.

Segmentos de recuperación

Los segmentos de concentración, sociales y administrativos son segmentos de *salida* de energía, y al igual que una batería que produce energía, deben ser recargados. Aunque podría parecer que no necesitamos ser intencionados respecto a nuestros segmentos de recuperación, he aprendido de la manera más dura que en realidad tenemos que ser *más* intencionados respecto a ellos que con cualquier otro segmento, precisamente porque estamos excesivamente centrados en producir. La mayoría de nosotros pone a los otros tres segmentos en el cajón de lo «productivo y valioso», pero son los segmentos de recuperación los que nos permiten realizar ese trabajo.

Los segmentos de recuperación no sólo nos permiten ser conscientes mientras hacemos nuestro trabajo. Si hay algo que nos impide realizar nuestro mejor trabajo es la mala salud, la enfermedad y el dolor. Los segmentos de recuperación mantienen todo eso a raya. Cualquiera que haya superado problemas de salud, enfermedades, lesiones y dolor ha lidiado con la frustrante realidad de que los segmentos de recuperación desplazan a todo lo demás. En mi caso, he pasado cinco de los diez meses de los que disponía para escribir este libro lidiando con una afección dolorosa que al final requirió de una operación; cinco meses perdiendo al menos un segmento de concentración al día no ayudan a un escritor a cumplir con su calendario.

Cada uno de nosotros tiene actividades distintas que lo ayudan a recuperarse y recargarse. Es posible que a los extrovertidos les guste ir a una fiesta, mientras que los introvertidos quizás quieran acurrucarse con su mascota y leer un libro. El yoga puede ser una solución para algunos, mientras que otro podría preferir el *CrossFit*. Más importante que el tipo de actividad es lo que esa actividad hace por ti.

Reconocer y utilizar los segmentos de recuperación te permite encontrar las zonas muertas en tu día que puedes aprovechar para recuperarte. Por ejemplo, normalmente me dedico a los frentes creativos, administrativos y sociales a eso de las 16:30 y rara vez vuelvo a tomar impulso hasta las 18:30. Hacer cualquier cosa que requiera utilizar el cerebro durante ese tiempo equivale a hacer muchos clics y estar frente a la pantalla sin hacer nada productivo, de manera que me conviene mucho más designar ese tiempo como un segmento de recuperación.

Aunque los segmentos sociales son unos sujetalibros estupendos para los segmentos de concentración, los segmentos de recuperación también pueden venir muy bien después de un segmento de concentración, que suele ser agotador. Mientras tu mente se está recargando y reciclando, tú puedes estar haciendo otra cosa.

Como regla general, haz un segmento de recuperación por cada dos segmentos de concentración o sociales.

¿Necesitas cambiar el nombre de algunos segmentos?

Los cuatro segmentos de los que he hablado son patrones universales que se aplican a prácticamente todo. Por ejemplo, dormir es un segmento de recuperación, al igual que comer, bañarte, etc. A menos que necesites ser más intencional en lo que respecta a dormir, no es particularmente útil poner «dormir» en tu programación semanal.

Sin embargo, muchas personas se preguntan dónde deben colocar cosas como el cuidado de los niños, la cocina, las labores del hogar, los desplazamientos, etc. Dado que estas actividades se acercan más al trabajo administrativo o al tiempo social, diría que son adecuadas para los segmentos administrativos o sociales.

Quizás no te convenza colocar las labores del hogar en los segmentos administrativos y quizás te resistas a la idea de *sólo* conectar con tus hijos, en lugar de hacer eso *y* las labores domésticas al mismo tiempo. Entonces quizás te gustaría tener algo así como un segmento de labores del hogar o un segmento de familia.

Aunque intentar incluir demasiados tipos de actividades en un segmento de tiempo puede tener algunas desventajas, mirar la tele con tu compañera de piso mientras lavas la ropa y hablas con tu madre quizás funcione para ti. Lo que no funciona para muchas personas es tener demasiados tipos de segmentos, ya que eso significa tener que hacer malabares con demasiadas cosas otra vez y eso es precisamente lo que estamos tratando de evitar.

También soy consciente de que aplicar estructuras centradas en el trabajo en nuestra vida personal es una idea extraña u odiosa. Hay mucho valor y mucha claridad en «hacer que todo funcione», en el sentido de que no hay una diferencia real en la forma en que valoramos, priorizamos, planificamos y pasamos nuestro tiempo personal y nuestro tiempo laboral, especialmente porque con mucha frecuencia la gente da poca prioridad a su vida personal y demasiada prioridad a su vida laboral. Pero si usar categorías de segmentos en tu vida personal es tan disonante que vas a rechazar toda la estructura, entonces no utilices los principios de segmentos en tu hogar. En ese caso, probablemente no vas a necesitar más que los cuatro segmentos de los que he hablado antes. (¡Pero vas a necesitar segmentos de recuperación en tu trabajo!).

Tres segmentos de concentración por semana evitan un colapso

Aunque cada uno de los segmentos que van en la perspectiva semanal es importante y debe ser tenido en cuenta, en este libro nos vamos a concentrar principalmente en tus segmentos de concentración, porque son el combustible para tu mejor trabajo y los pilares de tu agenda. Una vez que empieces a construir tu programación semanal en torno a tus segmentos de concentración y hagas valer los límites, la valentía y la disciplina para respetarlos, lo pasarás mejor viendo dónde puedes (y no puedes) colocar los segmentos de dos horas de tus proyectos.

Además, estar atento a los segmentos de concentración te ayuda a ver con mayor claridad cómo van tus proyectos, ya que cada proyecto que realizas se basa en una reserva limitada de segmentos de concentración. El mero hecho de haber manipulado tu programación para reducir los agujeros del queso no significa que no vayas a poder colocar el proyecto de tu mejor trabajo en esos espacios; probablemente tendrás otros proyectos en los que vas retrasado que reclamarán esos huecos. Como pauta general, te conviene asegurarte de tener tres segmentos de concentración libres que puedes asignar al proyecto de tu mejor trabajo, ya que eso es suficiente para obtener y mantener el impulso sin tener que arrancar en frío el proyecto cada vez que lo tocas.

Si no puedes encontrar o crear tres segmentos de concentración por semana para trabajar en el proyecto de tu mejor trabajo (incluso después de haber abandonado algunos proyectos y renegociado las líneas de tiempo de otros), considera si vale la pena suspenderlo temporalmente mientras terminas otro proyecto que está reclamando tus segmentos de concentración. Quizás sea mejor posponerlo por un mes y acabar uno o dos proyectos, de manera que puedas crear un impulso consistente con tu proyecto de tu mejor trabajo, en lugar de arriesgarte a que el vaivén te desmotive. Me doy cuenta de que ésta es una sugerencia peligrosa, ya que fácilmente puede convertirse en una manera de evitar hacer el trabajo que te da miedo. Pero ver el progreso constante es suficientemente motivador como para que valga la pena arriesgarse. El truco es evitar llenar los segmentos de concentración recién encontrados con otro proyecto que te distraiga. En lugar de comprometerte con algo nuevo, utiliza el método multiplicador si tienes múltiples proyectos que están comiéndose los segmentos de concentración que quieres utilizar en otra parte.

Cuando utilices la regla de los cinco proyectos y los segmentos semanales, podrás crear incluso más espacio si usas el método multiplicador. El método multiplicador es un proceso de terminar un proyecto para liberar segmentos que luego aplicas al siguiente proyecto. De manera que si tienes tres proyectos y cada uno de ellos requiere un segmento de concentración por semana para mantenerse, termina el proyecto que puedas acabar más rápido y luego aplica su segmento de concentración al siguiente proyecto que puedas acabar más rápido. El segundo proyecto tendrá entonces dos segmentos de concentración por semana, lo cual significa que lo terminarás al menos con el doble de rapidez una vez que hayas acabado el primer proyecto.

Digo «al menos con el doble» porque cuanto más lentamente se mueva un proyecto en el presente, más lentamente tenderá a moverse en el futuro. Cuando hayas terminado el segundo proyecto, aplica sus dos segmentos de concentración al tercer proyecto, con el mismo efecto. Cuando hayas acabado con este proceso multiplicador, tendrás tres segmentos de concentración para aplicar en tu proyecto elegido.

La pauta de «tres segmentos de concentración por semana» se vuelve especialmente importante durante la etapa de vacío del proyecto en la que estarás agitado y frustrado. Con menos segmentos que eso, te desmotivarás con mayor facilidad debido a la muy consciente falta de progreso real por el poco esfuerzo que estás haciendo para hacer que el proyecto avance. Tener una mala semana con tu proyecto es tolerable; tener lo que parece ser un mal mes con tu proyecto puede provocar un colapso que acabe con el proyecto y con tu disposición a revivirlo o impulsarlo adecuadamente.

Si aun así no logras liberar tres segmentos de concentración para trabajar en tu proyecto de tu mejor trabajo, no está todo perdido. Al igual que el proverbio mexicano que dice que «una hormiga en movimiento hace más que un buey dormido», un gusano que se mantiene en el camino avanza más que un colibrí que va de flor en flor. Probablemente tendrás que lidiar con más basura mental si comparas tu ritmo de progreso con el de otras personas que tienen más segmentos de concentración para utilizar en sus proyectos, y probablemente sentirás que tardas una eternidad en acabar todo lo que haces. Desde cierta perspectiva, *sí* tardarás mucho más en terminar tu proyecto, pero no porque seas deficiente o porque estés haciendo algo mal, simplemente tienes otras prioridades y restricciones de las que ocuparte. Sigue adelante y deja muchos rastros de migas (esto lo explicaremos más a fondo más adelante) para ayudarte a sacar el mayor provecho de tu tiempo.

Es hora de hacer tiempo

La reacción de muchas personas la primera vez que oyen hablar de la regla de los cinco proyectos y de la planificación de segmentos semanales es decir: «Es maravilloso, pero no tengo tiempo para pensar en todo eso». Sin embargo, a estas alturas ya sabes que no vas a *encontrar* el tiempo para tu mejor trabajo, sino que tendrás que hacer tiempo para tu mejor trabajo.

Cuando utilizas la regla de los cinco proyectos y la planificación de los segmentos semanales, acabas teniendo valores predeterminados y restricciones que te ayudan a planificar y priorizar. En lugar de volver a inventar la rueda para cada proyecto, cada día y cada semana, puedes utilizar un proceso que se asemeja a los clasificadores de formas que probablemente empezaste a usar en preescolar o en la guardería. Tienes un número reducido de formas (la regla de los cinco proyectos) y cada una de ellas tiene partes que encajan en unos cuantos espacios en tu semana (planificación de segmentos).

No permitas que la simplicidad del esquema no te deje ver su poder y recuerda que simple no equivale a fácil. Pero es mejor que sea simple y difícil que complejo y difícil.

Dos hojas de papel y un lápiz es lo único que necesitas para determinar cuáles son tus cinco proyectos (para este trimestre, este mes y esta semana) y cómo vas a construir la programación de tus segmentos semanales, pero tengo algunos planificadores y recursos preparados para ti en la página de recursos del libro.[1] No es necesario que vuelvas a crear algo que millones de personas ya han utilizado.

Aunque no hagas nada más, al menos decide cuáles serán tus cinco proyectos para el próximo trimestre, mes y semana. En el siguiente capítulo aprenderás a trazar una hoja de ruta para un proyecto y ese proyecto podría ser el proyecto de tu mejor trabajo (si tienes un espacio libre) o un proyecto que debe ser terminado para crear espacio para el proyecto de tu mejor trabajo. En cualquiera de los dos casos, sales ganando.

CONCLUSIONES DEL CAPÍTULO 5

- Para empezar a hacer tu mejor trabajo, crea espacio para un proyecto específico y empieza a trabajar a partir de ahí.

- Dividir, enlazar y secuenciar son las habilidades clave que te ayudarán a hacer espacio y construir planes que funcionen. La pirámide de proyectos muestra cómo los proyectos más grandes contienen proyectos más pequeños y cómo esos proyectos más pequeños generan impulso.

- Las treinta y cuatro palabras comunes de proyectos muestran claramente cómo los proyectos están divididos, enlazados y secuenciados.

- La regla de los cinco proyectos es una abreviación de «no más que cinco proyectos activos por escala de tiempo», y ayuda a priorizar y planificar proyectos.

---

1. Puedes encontrar estos planificadores en www.startfinishingbook.com/resources

- Utiliza los siguientes tipos de segmentos para la planificación por segmentos: segmentos de concentración, segmentos sociales, segmentos administrativos y segmentos de recuperación.

- Tres segmentos de concentración por semana en cada proyecto de tu mejor trabajo te ayudan a mantener el impulso, la eficiencia y la concentración.

Nada es particularmente difícil
si lo divides en pequeñas tareas.
Henry Ford

Crea la hoja de ruta de tu proyecto

Ahora que has hecho sitio para tu proyecto utilizando la regla de los cinco proyectos y creando una programación semanal de segmentos, es hora de que dividas tu proyecto en los bloques que llevarás a cabo durante esos segmentos. La pirámide de proyectos entrará en juego aquí también, pero además veremos los ingredientes que conforman tu proyecto.

El objetivo aquí es crear una hoja de ruta para el proyecto, la cual es un tipo específico de plan de proyecto que divide, enlaza y secuencia el proyecto a lo largo del tiempo. La hoja de ruta nos ayuda a convertir la lista vertical de cosas que hacer en un plan horizontal, basado en el tiempo.

Con la lista vertical, tienes que hacer el trabajo de secuenciar cada vez que la ves. Pensar en el tiempo ya es suficientemente difícil, pero si a eso le sumas múltiples bloques de múltiples proyectos, pasas de la aritmética al cálculo en términos de complejidad y dificultad.

La hoja de ruta de tu proyecto te mostrará qué bloques del proyecto de tu mejor trabajo puedes hacer *hoy* o *esta semana*, en lugar de dejar tu trabajo estancado en la Tierra de Algún Día/Quizás. Pero hablando de dificultad, empecemos con cómo asegurarte de que no estás haciendo que el proyecto sea más difícil de lo que necesita ser desde un inicio.

Haz que tu proyecto fluya construyendo desde tus *GATES*

Hace unos años recibí un correo electrónico de un lector (lo llamaremos Arnie) que me pedía consejos sobre cómo hacer que su blog creciera. En su correo mencionaba que escribir no se le daba muy bien y que no lo disfrutaba. Una o dos frases más adelante, hablaba de cuánto le gustaba hablar y crear vídeos. Al estar suficientemente distanciado de sus historias, para mí estaba claro (y probablemente para ti también) que Arnie estaba haciendo la pregunta equivocada y fundamentalmente estaba persiguiendo sus objetivos de una forma errónea. No necesitaba hacer crecer su blog escrito; lo que tenía que hacer era crear un *podcast* o un videoblog.

Lo que más me llamó la atención de su correo electrónico fue que la respuesta estaba justo delante de él, pero él simplemente no era capaz de verla. Aunque ésta puede ser una anécdota extrema, no es un caso aislado del patrón contraproducente común de escoger maneras innecesariamente difíciles de alcanzar los objetivos. Si eres sincero contigo mismo, seguro que puedes pensar en algo que hayas hecho en las últimas semanas que podrías haber hecho de una manera mucho más fácil si te hubieras basado en tus ventajas.

En lugar de iniciar tu proyecto de la manera más difícil, ¿por qué no empezar desde una posición de ventaja aprovechando tus fortalezas? Aprovechar tus fortalezas hace que el proyecto te resulte fácil de hacer y que encuentres una fluidez con mayor frecuencia. Los días de los gigantes creativos que prosperan son distintos precisamente porque fluyen mientras realizan su mejor trabajo.

Pero las fortalezas vienen en diferentes variedades y el acrónimo GATES es una forma práctica de considerar en qué deberías basar tus proyectos. El acrónimo GATES (en inglés) significa:

- **Ingenio** (*Genius*). Lo que parece ser una expresión de fuerza creativa interior.
- **Afinidades** (*Affinities*). Aquello hacia lo que te sientes atraído.
- **Talentos** (*Talents*). Las que aparentemente son tus habilidades o capacidades innatas.
- **Conocimientos** (*Expertise*). Lo que has aprendido a través de la experiencia y la práctica.
- **Fortalezas** (*Strengths*). Aquello para lo que tienes facilidad.

Para este análisis no es necesario profundizar en cómo adquirimos y perfeccionamos cada elemento de nuestros GATES, ya que las respuestas positivas y la práctica continua los fomentan todos. Una vez que tus GATES entran en juego, puedes empezar a pensar en cómo superar tu tendencia a hacer que los proyectos sean más difíciles de lo que necesitan ser. Detente por un momento y haz una lista de algunos de tus GATES, y no te detengas hasta tener aproximadamente unos quince. Yo te espero.

Si te ha costado pensar en quince, probablemente es porque has seguido el patrón común de poner sólo habilidades profesionales reconocidas en la lista, pero ésas son sólo un pequeño subconjunto de GATES. Considera lo siguiente como GATES:

- Seleccionar y organizar obras de música o de arte
- Decorar
- Organizar datos en hojas de cálculo
- Interactuar con niños o animales domésticos
- Tener conocimientos de mitología griega
- Hacer trabajos de carpintería
- Preparar tartas de frutas
- Inventar nombres pegadizos
- Hacer improvisaciones
- Orientar
- Organizar fiestas
- Crear flujos de trabajo
- Lectura profunda

Podría continuar, pero creo que ya has entendido lo esencial. Tu lista de GATES es única, y aunque es cierto que no todos son relevantes para tu proyecto, preguntarte «¿Cuáles de mis GATES puedo potenciar para llevar a cabo este proyecto?» es un gran lugar para comenzar.

Observa el gráfico que aparece a continuación, que tiene una columna para los GATES, una para métodos y una para objetivos. *Métodos* es la única categoría nueva aquí, y quiero que sea lo suficientemente amplia como para abarcar acciones, estrategias, tácticas o técnicas, ya que todas ellas tienen relación con la forma en que vas a alcanzar un determinado objetivo.

GATES	MÉTODOS	OBJETIVOS

La mayoría de las personas encuentran que es más fácil trabajar desde el objetivo y luego yendo hacia atrás, pero nosotros no vamos a ir directamente a la lista de métodos, ya que hacerlo separa los métodos de tu GATES. En lugar de eso, empezaremos con los GATES en el lado izquierdo y *después* llenaremos la columna central de métodos.

Pero volvamos a Arnie. Supongamos que sus objetivos eran crear una audiencia y aumentar los ingresos de su negocio. Eso iría en la columna de la derecha. Sin embargo, lo que hizo Arnie fue poner «escribir» en su columna de métodos. Confundió el método con el objetivo.

Aunque considera cómo sería si Arnie hubiera *empezado* con sus GATES y luego hubiera puesto el método.

En la columna de la izquierda, habría puesto «hablar» y «crear vídeos». Entonces hubiera quedado claro que el camino entre sus GATES y sus objetivos sería hacer *podcasts* y un blog en vídeos, y *solamente* escribir cuando tuviera que hacerlo.

JONATHAN FIELDS   TUS GATES APUNTAN A UNA CHISPA MÁS INTENSA

Tus GATES pueden ser algo más que simplemente una señal de cómo llevar a cabo un proyecto: pueden estar apuntando a una identidad o a una «marca de propósito» más profundas.

Todos nacemos con una marca de trabajo que hace que cobremos vida. Un trabajo que nos permite despertarnos en la mañana y saber, en lo más profundo de nuestro ser, que estamos haciendo aquello que vinimos a hacer a este mundo. Un trabajo que nos enciende con un propósito y, cuando es expresado plenamente de una forma sana, se convierte en el camino principal que conduce al significado, el propósito, la expresión y el fluir.

A esta marca o identidad la llamo tu Sparketype.[1] No se trata de empleos, títulos, industrias o campos específicos. Sí, a menudo vislumbramos fugazmente empleos, proyectos, equipos, negocios, industrias, causas, actividades, aventuras, emprendimientos o momentos que nos dan ideas pasajeras de «¡Sí, por favor, quiero un poco de eso!». Pero no sabemos *por qué* nos sentimos así, no entendemos por qué fue algo tan poderoso para nosotros, y nunca duran mucho tiempo.

Lo cierto es que tu Sparketype opera más en el nivel de «código de fuente». Imagina que es como un conductor al nivel del ADN que hace que cobres vida. Descubrir esta marca única te ayuda a responder a la pregunta de «¿Qué debo hacer en esta vida?».

En mis investigaciones he identificado diez tipos de Sparketype: Hacedor/a, Experto/a, Científico/a, Esencialista, Sabio/a, Intérprete, Guerrero/a, Consejero/a, Defensor/a y Cuidador/a. ¿Cómo los descubres? Curiosamente, tus GATES pueden servir como potenciales postes indicadores de descubrimiento, ya que a menudo sirven como caminos de expresión para tu Sparketype.

Cuanto más integres tus GATES y tu Sparketype en el trabajo que hagas en el mundo, más profundamente sustanciosos, llenos de propósito, plenamente expresados y fluidos serán tu vida y tu trabajo.

---

1. Sparketype es un sistema de evaluación creado por Jonathan Fields que te ayuda a determinar lo que quieres hacer en la vida. *(N. de la T.)*

Jonathan Fields es autor de tres libros que fueron éxitos de ventas (el último fue *How to Live a Good Life: Soulful Stories, Surprising Science, and Practical Wisdom*), es el productor ejecutivo del famoso podcast *Good Life Project* y es el creador de la evaluación Sparketype. Entra en *www.sparketype.com* si quieres hacer la prueba gratuita y ver hacia qué Sparketype apuntan tus GATES.

Es cierto que, con el tiempo, Arnie podría haber alcanzado el éxito con mucho esfuerzo, pero ése hubiese sido el camino más difícil. Piensa en cuánta disciplina y valentía hubiese tenido que reunir para continuar mejorando su forma de escribir y cuánta basura mental hubiese tenido que atravesar para llegar hasta ahí. Una fracción de esa energía dedicada a usar aquello en lo que ya era bueno lo hubiera llevado mucho, mucho más lejos.

Te habrás fijado en que Arnie no dio importancia a sus GATES. Ése también es un patrón muy común. Aquí es donde entra en juego tu equipo del éxito, pues con frecuencia sus miembros pueden hacerte ver tus GATES, y lo harán. Y si lo siembras, es posible que también te ayuden a ver cómo incorporar tus GATES a los métodos que debes usar para alcanzar tus objetivos.

Aunque hemos hablado del esquema GATES en el contexto de un proyecto, el uso constante de tus GATES en todos los ámbitos de tu vida y en tu trabajo te ayuda a superar la basura mental y el hecho de tener muy pocos recursos del emparedado de aire.

Si estás jugando a partir de tus puntos débiles, es mucho más fácil que se impongan las historias de vergüenza y dificultades, y que los recursos que tengas no te rindan tanto. Es más fácil identificar tus GATES cuando los aplicas a un proyecto específico.

Crea un presupuesto para tu proyecto

Aunque algunos proyectos pueden llevarse a cabo solamente con tiempo, energía y atención, la mayor parte de ellos requieren también algo de dinero para poder realizarse. E incluso cuando no se *requiere* dinero para llevar a cabo un proyecto, suele ayudar a que pueda hacerse con mayor facilidad o rapidez.

Muy pocas personas tienen dinero que les sobre para financiar proyectos discrecionales. Incluso cuando tenemos los hábitos de ahorrar e invertir, ese dinero suele estar amarrado o trabajando para nosotros de diferentes maneras. He pasado por muchos períodos en los que no he tenido dinero para artículos de primera necesidad, y mucho menos para proyectos discrecionales. De modo que lo entiendo.

Pero siempre hay maneras de volver a priorizar la forma en que utilizamos lo que tenemos, y muchas personas gastan dinero para llenar los espacios vacíos en los que deberían estar el significado y la realización. Con frecuencia, compramos automóviles, viajes, almuerzos y cenas, entretenimiento y estatus que no necesitamos como una forma de evitar el aburrimiento, la frustración y la alienación que sentimos en nuestras vidas y en nuestro trabajo. Es una paradoja cruel:

Cuanto menos tenemos, más probable es que compensemos gastando el poco dinero que tenemos para adquirir cosas que no necesitamos; pero cuanto más dinero tenemos, más probable es que continuemos aumentando nuestros gastos y sintiendo que seguimos sin tener suficiente.

Dado que las personas inteligentes y creativas son más propensas a terminar con estreñimiento creativo agudo y crónico cuando no están haciendo lo que más les importa, es incluso más importante que deriven su dinero a alimentar ese trabajo. Recuerda: las personas creativas, o bien están creando activamente, o bien están destruyendo algo activamente, y el objeto de su destrucción es el blanco más fácil: ellas mismas.

Considera también que hacer un presupuesto para tu proyecto crea un límite positivo para tu trabajo, en lugar de crear un límite negativo (restrictivo). La diferencia entre ser capaz de gastar una cierta cantidad de dinero en tu proyecto y no ser capaz de gastar más que esa cantidad es sutil, pero es importante. Cuando pensamos en ellos de una forma positiva, el objetivo no es concentrarnos en ahorrar la mayor cantidad de dinero posible, sino encontrar la mejor manera de utilizar el espacio que hemos creado para llevar a cabo el proyecto. Precisamente por ese motivo he estado hablando de presupuestos como una forma de alimentar el proyecto.

Elaborar presupuestos es como hacer planes en el sentido de que es un proceso que genera consciencia, especialmente cuando repasa la lista de costos que prácticamente cualquier proyecto puede tener. Es posible que decidas que no vas a financiar algo, o que no puedes hacerlo, pero considerarlo te permite determinar cómo vas a solucionar eso o encontrar oportunidades para crear, encontrar, o volver a priorizar gastos para financiarlo. Saber que llevar a tu hijo a la guardería te ayudaría a hacer que tu proyecto avance hace que te resulte más fácil saltarte el postre en la cena o dejar esa camisa en el perchero de la tienda y, en lugar de eso, ahorrar ese dinero para tu proyecto.

Antes de revisar la lista, empieza por considerar cuánto dinero necesitarás para terminar tu proyecto. Para poder verlo como algo concreto y real, a menudo lo más sencillo suele ser considerar el presupuesto de tu proyecto como una fracción o un múltiplo de tus gastos discrecionales el mes pasado. Por ejemplo, si el mes pasado gastaste 500 dólares entre comer fuera y tus compras (discrecionales), haz que tu presupuesto sea una fracción o un múltiplo de eso. Cuanto más grande sea el proyecto, más probable será que tenga que ser un múltiplo, pero eso funciona porque quizás puedas reasignar *cada mes* lo que gastas *mensualmente* en esas cosas a tu proyecto mientras lo desarrollas. Si éste es un proyecto que quieres que tu empleador financie, usa una fracción o un múltiplo de tu salario mensual, ya que probablemente tus argumentos tendrán que ser cuánto tiempo ahorrarás (lo cual disminuye el gasto de lo que te pagará) o cuánto beneficiará este proyecto a la empresa (ya que para eso te pagan).[2]

Comenzamos con este paso porque nos da una base para trabajar, pues de lo contrario es posible que analicemos en exceso cada ítem de la lista. A partir de aquí, repasaremos la lista y luego ajustaremos nuestro presupuesto partiendo de ahí.

Éstos son los ítems comunes que pueden ser parte del proyecto:

- **Apoyo profesional.** Editores, redactores, ingenieros de medios, auxiliares administrativos, fotógrafos, abogados o consultores son tipos de apoyo profesional comunes que pueden hacer una gran diferencia en la calidad del producto

---

2. Elaborar un presupuesto para un proyecto financiado por una empresa es considerablemente más complejo que hacerlo para un proyecto financiado por uno mismo. Un problema habitual en los presupuestos empresariales es que se centran únicamente en factores de gastos, en lugar de centrarse en los factores de ganancias, a pesar de que las empresas pueden generar ingresos con mucha mayor facilidad que las personas. Para ganar tiempo, pídele a la persona que hace los presupuestos para tu empresa que te explique cómo los hace y sigue sus consejos.

final o el proceso de llevarlo a cabo. Tanto si le estás pagando a alguien para que aporte competencias que tú no tienes, o pagando para no tener esas sorpresas que se pueden evitar, o simplemente pagándole a alguien para que haga algo que tú podrías hacer pero no tienes que hacer, estás ahorrando tiempo para completar el proyecto o para que los resultados sean mejores.

- **Herramientas y apps.** Quizás puedas pedir a alguien sus herramientas prestadas y/o usar software de código abierto, pero es posible que te convenga más comprar o alquilar las herramientas y apps que necesitas para hacer el trabajo. Es mejor gastar 50 dólares y tener lo que necesitas que pasar horas cada mes obteniendo y devolviendo herramientas prestadas y pirateando software gratuito.

- **Cuidadores y auxiliares de enfermería.** Las guarderías, los centros para la tercera edad y los cuidadores de mascotas pueden garantizarte que tus seres queridos están seguros y cómodos, y que no se sentirán solos mientras estás trabajando en tu proyecto, pero también podrías considerar los servicios de jardinería y limpieza del hogar, y la entrega a domicilio de comestibles. Además, es mucho más barato contratar cuidadores y auxiliares de enfermería que contratar apoyo profesional: con 25 dólares podrías pagar una hora de apoyo profesional, pero con ese dinero puedes pagar medio día, o más, de trabajo de un cuidador o auxiliar de enfermería. Las personas suelen subestimar cuánto les perjudican las interrupciones y las distracciones hasta que experimentan lo que significa que nadie los interrumpa o los distraiga.

- **Alojamiento, oficinas y cafés.** Estoy agrupando estas tres cosas porque es posible que necesites diferentes ambientes para realizar tu trabajo, especialmente durante las partes más difíciles. Hay un motivo por el cual las personas se esconden en cabañas, hoteles y B&Bs para poder realizar sus proyectos. Pero pagar por un café y un té a menudo es pagar por un entorno laboral propicio, como lo es pagar por una oficina o un hotel. Starbucks está en lo cierto cuando dice que no se trata del café, se trata de pagar para trabajar en un lugar que te ayuda a realizar tu trabajo.

- **Comida.** Dedicamos mucho tiempo y energía a preparar las comidas y recoger la mesa, y quizás descubras que vale la pena comer fuera o pedir que te lleven la comida. O tal vez te encanta el desayuno pero detestas tener que prepararlo; entonces entre no prepararlo y no comerlo o pagar 6 dólares para empezar bien el día, claramente lo segundo tiene más sentido.

Una vez que hayas agregado todos los gastos mencionados, compara eso con la base con la que empezaste.

El apoyo profesional es lo que suele acabar con el presupuesto, pero necesitarás sopesar ese costo con el costo real de no tener apoyo. Y quizás necesites considerar si necesitas tener otro proyecto delante de éste para crear los fondos para impulsar este proyecto.

Hablar de tu presupuesto con tu pareja y con miembros de tu familia a menudo genera grandes conversaciones acerca de quién puede ayudar. Por ejemplo, es posible que tu pareja prefiera hacerse cargo del cuidado de una persona mayor antes que pagarle a otra persona para que lo haga, pero también es posible que prefiera pagar por ese servicio para poder realizar también *su* proyecto de su mejor trabajo. O tu amiga que es editora podría intercambiar sus conocimientos si le cuidas a su perro durante una semana mientras ella está de viaje.

Ver qué es lo que podría impulsar tu proyecto y cómo vas a conseguirlo con antelación te ayuda a evitar quedarte estancado o dudar sobre si vas a conseguir lo que necesitas cuando está claro que lo necesitas. Pero tienes que empezar por reconocer que tu trabajo y tú valen la pena. Al menos recuerda lo que te está costando *no realizar* tu mejor trabajo.

Los plazos guían tu proyecto; la capacidad impulsa tu proyecto

Imagínate que durante una semana normal estableces unos objetivos y unos plazos que dan por sentado que podrás hacer diez unidades de trabajo. Aunque, en realidad, durante una semana normal logras hacer cuatro unidades de trabajo.

Imagina que durante las semanas livianas estableces unos objetivos y unos plazos según los cuales podrás hacer seis unidades de trabajo creativo. Pero durante esas semanas livianas, realmente logras hacer sólo cuatro unidades de trabajo creativo.

En este marco hipotético, es fácil ver que los objetivos y las fechas límite lo único que van a conseguir es estresarte.

Establece todos los plazos y los objetivos que quieres, pero lo que importa son las cuatro unidades de trabajo creativo.

JACQUETTE M. TIMMONS   TU DINERO NECESITA QUE LE DES DIRECCIÓN

Si tienes una relación reactiva con el dinero, probablemente tiendes a financiar tus proyectos de una forma reactiva también. Esta correlación no es accidental.

La mayoría de la gente ha sido condicionada a administrar el dinero de manera predeterminada, lo cual significa que decides cómo ahorrarlo, invertirlo y gastarlo en base a lo que ganas. Una forma alternativa de administrar tu dinero es por diseño, lo cual significa que primero decides cuánto quieres ahorrar, invertir y gastar, y luego te preguntas: «¿Cuánto tengo que ganar para hacer todas esas cosas con mi dinero?».

Cambiar tu mentalidad sobre el dinero, dejando de «usar lo que queda» (de manera predeterminada) y empezando a «determinar lo que necesito» (por diseño), afectará profundamente a tu actitud hacia el dinero. Además, te ayudará a crear presupuestos para tus proyectos porque desarrollarás el hábito de tener en cuenta el rol del dinero desde el principio (proactivo), en lugar de en el último momento (reactivo).

Para que el dinero cumpla con su tarea en tu vida, es necesario que le des dirección, incluso cuando sea escaso. Crear un presupuesto para tus proyectos es una forma de decirle al dinero lo que quieres que haga por ti en relación a tu proyecto.

Y no dejes que el deseo de hacer que los números sean «perfectos» te frene. A medida que vayas avanzando con tu proyecto, recibirás información que te ayudará a ajustar tu presupuesto según sea necesario; el dinero siempre te proporcionará información sobre la calidad de tus decisiones y te señalará cuándo estás siendo proactivo… y cuándo no.

Jacquette M. Timmons trabaja estudiando el comportamiento financiero y se centra en el lado humano del dinero. Es autora del libro *Financial Intimacy: How to Create a Healthy Relationship with Your Money and Your Mate* y es la creadora de la serie de cenas *The Comfort Circle*.

Esas cuatro unidades de trabajo creativo son tu verdadera capacidad. Cuando se trata de hacer que tus proyectos avancen, eso es lo único que importa. Los objetivos y las fechas límite son sólo herramientas que usas para crear compromisos y expectativas que son imposibles de cumplir.

Desgraciadamente, es posible que tengas el hábito de usar un proceso de planificación que empieza con la fecha límite y luego avanza hacia atrás, hacia los hitos y objetivos que debes alcanzar para cumplir con ese plazo establecido.

El proceso de planificación hacia atrás es un método estupendo para los proyectos que tienen fechas límite difíciles y para ayudarte a ver los principales elementos del proyecto, pero no funciona tan bien para nuestros propósitos por dos importantes motivos:

- Es fácil crear un plan que no encaja en la realidad porque a menudo no tenemos en cuenta los *otros* proyectos que tenemos en marcha en ese momento, los cuales tienen sus propias fechas límite; entonces, a menudo el plan está condenado antes de que termines de llevarlo a cabo.

- Con frecuencia, los proyectos que más te importan no tienen plazos difíciles. Normalmente no son urgentes, hay poca presión social para llevarlos a cabo y sus resultados generalmente son más imprecisos que otros. Para hacer frente a la falta de plazos difíciles, muchas personas tratan de crear fechas límite aspiracionales, pero con demasiada frecuencia son plazos «fáciles de cumplir».

Cuando avanzamos de acuerdo con nuestra capacidad y no con una fecha límite, nos acercamos más a la posibilidad de tomar la cantidad de proyectos que realmente podemos terminar. Hacer esto significa planificar menos y ajustar los planes, menos choques de proyectos y menos frustración por las cosas que no hicimos esta semana. Y aunque pareciera que estamos renunciando a algo al concentrarnos en menos proyectos, la idea de la línea roja es que de todos modos eso es lo que realmente somos capaces de hacer.

El beneficio añadido de basar tus planes en tu capacidad es que eso ayuda a que dejes de concentrarte en los resultados y empieces a concentrarte en el proceso. Si lo que está impulsando a esas unidades de trabajo es crear y poner un cortafuegos a tus segmentos de concentración, entonces puedes rehacer tu cronograma de manera tal que tengas más segmentos de concentración. Si los resultados se producen por un cambio en el entorno o en las herramientas, entonces puedes explorar más eso. O quizás sean los tipos de proyectos o cómo estás utilizando tus GATES.

Pero no descartemos la planificación hacia atrás, ya que puede ser increíblemente útil como una herramienta para limitar la extensión de tu proyecto o para seleccionar tus proyectos.

El proceso de planificación hacia atrás es útil para:

- Limitar el tamaño de tu proyecto porque sólo dispones de unos pocos segmentos de concentración, y eso probablemente modifica cuánto puedes trabajar en otros proyectos.

- Hacerte ver hitos y fechas límite que de otra manera quizás podrías haber pasado por alto al elaborar la hoja de ruta.

- Cumplir con los plazos de los proyectos que están inherentemente sujetos a fechas, como pagos de impuestos, vacaciones y fechas límite recurrentes.

De manera que si la planificación hacia atrás te funciona bien, úsala, pero luego ajusta tus plazos en base a lo que realmente puedes hacer, lo cual podría significar que tienes que dejar otros proyectos para liberar los segmentos de concentración para poder realizarlo en la línea de tiempo disponible. Abandonar proyectos de una forma intencionada y proactiva para poder terminar un proyecto que es importante para ti es mucho mejor que *no* hacer eso y continuar llevando demasiados proyectos.

No olvides tener en cuenta el tiempo de relevo

Otra consideración en la que debes pensar antes de crear tu hoja de ruta es el tiempo de relevo que necesitarás para los proyectos en los que participan otras personas. El tiempo de relevo es el tiempo de espera que tiene lugar cada vez que un proyecto cambia de manos. A veces olvidamos incluir el tiempo de relevo en nuestra planificación porque no es un tiempo activo.

¿Por qué *tiempo de relevo*? Los proyectos pueden ser como carreras de relevos en las que cada persona corre lo más rápido que puede para pasar el testigo a la siguiente persona. Pero la realidad es que sólo hace falta un mal pase o que una persona deje caer el testigo para que *todo* se ralentice.

Supongamos, por ejemplo, que le envías tu trabajo a un colega para que lo revise al final del día. Dependiendo de la cantidad de trabajo que tenga, es poco probable que pueda echarle una ojeada antes de media mañana del día siguiente. Pero si tiene reuniones o está trabajando con plazos muy ajustados, es posible que tarde días o semanas en devolvértelo. Si tienes un proyecto secuencial (uno que requiere que termines el paso A antes de que puedas pasar al B) o si necesitas conocer el punto de vista de la persona para poder trabajar en cualquier otra parte del proyecto, el tiempo está corriendo pero tu proyecto no está avanzando.

Anteriormente mencioné que hay dos condiciones que crean tiempo de relevo adicional: (1) un mal pase y (2) una persona que está ralentizando la carrera (típicamente, porque tiene una sobrecarga de trabajo y está embotellando involuntariamente la carrera).

Los malos pases ocurren por tres motivos:

- No tienes claro qué es lo que necesitas.

- Estás comunicándote por canales, o de maneras, que hacen que la otra persona no reciba el testigo.

- No estás indicando que *es* una tarea de relevo y quién es la siguiente persona que va a correr.

Veamos, por ejemplo, el proceso sumamente común de enviar un correo electrónico a varios colaboradores con la pregunta «¿Opiniones?» o «¿Qué te parece?». En este caso, los tres motivos entran en juego. «¿Opiniones?» es una pregunta demasiado amplia y en la mayoría de los casos no está claro cuáles son los puntos de tensión, de modo que los colaboradores tienen que trabajar mucho para responder. El resultado habitual es que tu petición va a parar a la caja de «cosas en las que pensar», que ya está demasiado llena. Si es a través del correo electrónico, no es un canal que favorezca que haya una verdadera conversación, de manera que es un mal pase. Y como se envía a varios colaboradores, no está claro que se trata de una tarea de relevo y quién va a continuación. (Si pudiera, prohibiría las preguntas «¿Opiniones?» y «¿Qué te parece?» de *todas* las comunicaciones en los equipos, ya que *siempre* hay mejores preguntas que formular para hacer que las cosas avancen y para fomentar la colaboración).

Abordar el problema de los pases mal hechos suele ser útil si es que hay alguien que está ralentizando el relevo, ya que hacerlo reducirá la cantidad de trabajo que la siguiente persona tendrá que hacer. Pero también hay colaboradores que ralentizan el relevo a causa de su calendario, su capacidad y sus preferencias. En cada caso, es necesario tener en cuenta cuándo y cómo le vas a pasar el testigo a cada persona. Por ejemplo, si estás trabajando con un colaborador que se encuentra en una zona horaria donde es más temprano y necesitas que te entreguen algo hoy, tendrás que enviarles el trabajo con más antelación o esperar al día siguiente. Si tu jefe es propenso a hacer veinte preguntas o el mismo tipo de preguntas cada vez que le hablas de un plan o una idea, entonces no responder esas preguntas antes de pasarle el testigo va a ralentizar el relevo. Dado que *va a hacerte* esas preguntas, más te vale estar preparado, para que pueda atender el tema de lo que necesitas.

En este libro, en lugar de hablar de todas las estrategias para mitigar el tiempo de relevo, mi principal objetivo es añadir el tiempo de relevo como algo que hay que tener en cuenta cuando diseñes tu hoja de ruta. La sección «Amplía tus grupos» en la página 144 te proporciona una forma rápida de solucionar el tema del tiempo de relevo, pero si sabes que tus proyectos se están atrasando injustificadamente debido al tiempo de relevo, entonces quizás deberías enfocarte más en unos pases más fáciles y más estratégicos con tus colaboradores.

Cómo diseñar la hoja de ruta de tu proyecto

Con los ingredientes de tu proyecto de los que hemos hablado, podemos empezar a diseñar la hoja de ruta de un proyecto. Antes de empezar a trazar la hoja de ruta de tu proyecto, hay cuatro reglas que te resultarán muy útiles:

(Si vas a escribir (a mano), escribe con un lápiz o algo que se pueda borrar.

- **Repásala varias veces.**

- **Ten espacio suficiente para que haya un área desordenada y un área despejada.** *Espacio* podría significar varias hojas de papel o diferentes partes de una pizarra; en un contexto digital, podrían ser diferentes secciones de un documento, con un área que sea la zona para «borrar».

- **Incorpora tus estilos de planificación «de arriba hacia abajo» o de abajo hacia arriba».** Algunas personas tienen la habilidad de reducir los bloques más grandes a bloques más pequeños en los proyectos, pero se abruman con todas las partes más pequeñas. Otras encuentran que construir a partir de bloques más pequeños tiene más sentido, pero tienen problemas con la magnitud de los proyectos de alto nivel una vez que los han armado. Ningún estilo es mejor que el otro; tanto la regla de los cinco proyectos como la planificación por segmentos semanales y el proceso de crear una hoja de ruta abordan estos desafíos.

Te animo a que cometas estos errores: hacer que los tamaños de los bloques sean demasiado grandes, olvidar algunos bloques, no ver cómo se enlazan y ponerlos en la secuencia equivocada. Piensa en este ejercicio como si tuvieras que unir ladrillos sin tener todas las páginas de las instrucciones y sin poder ver algunas de las piezas porque están ocultas detrás de otras. Si estás planificando de una forma eficaz, vas a reelaborar tu plan varias veces. (Lo sé, es una paradoja).

Es hora de empezar a jugar con los juguetes conceptuales que hemos estado desentrañando en este capítulo.

1. Empieza a elaborar tu lista de bloques

Tu lista de bloques es, lógicamente, una lista de todos los bloques más importantes del proyecto. Durante esta fase, no te preocupes por el tamaño de los bloques. No es necesario que pienses en las tareas de quince minutos del proyecto, pero si se te vienen a la mente, no luches contra ellas. Utiliza las palabras de acción universales de la página 104.

El objetivo de este paso no es tener todos los bloques en el primer intento, sino simplemente empezar con lo que tienes delante de ti.

Quizás te resulte más fácil hacer un diagrama de tu proyecto, en lugar de simplemente enumerar los puntos de acción. Cualquiera que sea la técnica que utilices, usa uno de tus espacios desordenados para esta parte del proyecto. Y luego sal de la habitación, porque añadirás más bloques la próxima vez.

2. Ordena y enlaza tus bloques

Si tu proyecto empieza con una gran palabra objetiva como *desarrollar*, entonces contiene bloques que empezarán con palabras como *investigar, planificar, diseñar* y *crear*, y probablemente están vinculadas a otros bloques del proyecto de un tamaño similar que comienzan con palabras como *publicar* o *iniciar*.

Al conocer estos patrones, puedes ordenar y enlazar tus bloques formando la disposición correcta. Las personas que son buenas para el pensamiento espacial suelen descubrir que es de gran utilidad dividir los bloques en una jerarquía que va de bloques de un trimestre de duración a bloques de una semana de duración, ya que eso hace que el siguiente paso sea más fácil, aunque algunas personas se desorientan. Si eres de éstas últimas, no te preocupes por crear una jerarquía: tienes otros GATES que puedes usar para ayudarte aquí.

3. Secuencia tus bloques

Para secuenciar tus bloques, no tienes que hacer nada, excepto ver cómo se relacionan entre sí los verbos que están delante de los bloques. Si el verbo es *publicar*, no puedes publicar sin antes crear y editar algo, pero normalmente tampoco puedes crear algo sin antes planificar e investigar. Tanto si se trata de Investigar – Planificar – Crear – Editar – Publicar o Planificar – Investigar – Crear – Editar – Publicar, en lo que a la secuencia de verbos se refiere, normalmente eso está bastante claro. También podría ser Investigar – Planificar – Investigar – Crear – Editar – Publicar, entendiendo que la primera ronda de investigación es investigación *por encuesta* y la segunda ronda es investigación *profunda*. La investigación por encuesta te ayuda a determinar si el proyecto vale la pena y a crear un plan, y la investigación profunda te ayuda a hacer el trabajo.

Una vez que se inicia la secuenciación, es bastante normal que la gente se dé cuenta de que le faltan algunos bloques, de manera que es posible que tengas que añadir algunos bloques para tener la secuencia adecuada. Eso es estupendo, y es exactamente la razón por la cual estás haciendo esto ahora.

A menudo resulta útil hacer un ligero cambio en el nombre de los bloques, tal como lo hice arriba y en el capítulo anterior, para dar más especificidad y significado (recuerda el acrónimo SMART). Entonces, una vez que hayas empezado a secuenciar los bloques, quizás necesites cambiar *investigar* por *realizar investigación inicial* o *sondear*, para diferenciarlo de la otra investigación que harás después de haberte comprometido con el proyecto. En esta etapa, puede ser útil mantener el verbo original para poder recordar el tamaño del bloque –por ejemplo, «Investigar (Sondear)»–, ya que es sumamente fácil perder ese contexto y olvidar cómo se enlaza o cómo está contenido en otros bloques.

Dado que la secuenciación se centra en organizar los bloques en el orden en que deben ejecutarse, es natural que empieces a pensar en *cuándo* tienen que llevarse a cabo esos bloques. Pero secuenciar no es programar, y todavía no estamos en esa etapa. Si te molesta no escribir cuándo debe hacerse algo, siempre puedes escribir la fecha límite: por ejemplo, «Investigar (sondear) antes del 31 de marzo» o «Desarrollar informe de SPT (31 de marzo)».

4. Agrupa tus bloques

Agrupar es lo opuesto a dividir en bloques en el sentido de que es el proceso de organizar los bloques más pequeños en bloques más grandes que los contengan. Continuando con nuestra metáfora de los ladrillos tipo Lego, agrupar es unir piezas formando unidades más grandes, enlazadas, como unas ruedas y unos ejes construidos por separado que se unen para formar el chasis de un camión de ladrillos.

La pirámide de proyectos nos da una forma predeterminada de agrupar nuestros bloques, y los bloques secuenciados antes mencionados se agrupan en bloques más grandes y más coherentes. Entonces la secuencia Investigar – Planificar – Crear – Editar se agrupa en un proyecto más grande: Publicar. Si calculamos que cada uno de los bloques en la secuencia de nivel inferior llevará un día para realizarse, vemos que el proyecto Publicar es un proyecto de una semana, pero si calculamos que cada bloque de nivel inferior tomará una semana, ese proyecto específico de Publicar será un proyecto de un mes de duración.

Agrupar nos ayuda a crear nuestra hoja de ruta al permitirnos pasar a una perspectiva de tiempo de nivel superior para poder dar mejor forma a esa perspectiva. La mayoría de proyectos que nos importan tienen una duración de meses y trimestres, y tenemos que ser capaces de dar forma a nuestro tiempo en esos niveles, pero no es necesario que veamos los bloques de nivel inferior en esos niveles superiores. Si, por ejemplo, agrupamos nuestro proyecto en bloques de cuatro meses y planeamos hacer uno de esos bloques de un mes de duración durante los próximos cuatro meses, entonces cuando decidamos nuestros objetivos mensuales y hagamos nuestra planificación para el mes siguiente, no tendremos que pensar en las partes del proyecto que van en el mes siguiente. Podemos pensar en ellas cuando hayamos terminado los proyectos del mes que viene y la siguiente etapa del proyecto esté sobre nosotros.

5. Amplía tus grupos

Después de haber creado grupos más grandes, es hora de comprobar si necesitas *ampliar* alguno de esos grupos para que tengan un tamaño mayor dentro de la perspectiva del tiempo. Cuando digo *comprobar* me refiero a que casi siempre es necesario realizar alguna ampliación en base a los desencadenantes que veremos a continuación.

Hay cinco desencadenantes que sugieren que deberías ampliar el grupo en cuestión al siguiente tamaño de bloque:

- No tienes ni idea de cuánto tiempo tardaras en realizar un grupo.

- No eres competente en el trabajo involucrado para culminar el grupo.

- El grupo depende de que otra persona termine un bloque de trabajo del tamaño de ese bloque, es decir, si tienes un grupo de bloques de una semana y otra persona tiene que realizar uno de esos bloques, entonces tienes que ampliar el grupo.

- El grupo contiene más de cinco bloques.

- Uno de los bloques del grupo necesita un tiempo mayor que la duración de ese bloque para ser completado. Por ejemplo, si el grupo contiene proyectos cuya duración es un mes, normalmente ése sería un grupo del tamaño de un trimestre, pero si uno de esos bloques de nivel mensual en realidad lleva varios meses en ser completado, debes ampliarlo para que sea un grupo del tamaño de un año.

Si las cinco condiciones están presentes, no es necesario que amplíes algo cinco veces para que pueda llevarse a cabo. Normalmente es mejor añadir una unidad de tiempo adicional al proyecto. Por ejemplo, si tienes un grupo del tamaño de un mes después de haberlo ampliado una vez y ves que hay otro desencadenante en juego, añade otro mes al cronograma del proyecto. Y si hay otro en juego, añade otro mes (lo cual es esencialmente una ampliación al siguiente tamaño de bloque).

Estos factores de planificación tienen en cuenta el desplazamiento, las demoras, la agitación, los problemas imprevisibles de la vida y la sobrevaloración, que son cosas que ocurrirán con los proyectos que te importan. Aunque no *explican* por qué tardamos tanto en terminar los proyectos, al menos nos proporcionan algunas guías que nos ayudan a crear hojas de ruta más realistas.

Continuando con nuestro ejemplo de agrupación (Investigar – Planificar – Crear – Editar) que decidimos que sería un proyecto de un mes de duración, si nos parece que el bloque Crear tardará tres semanas en llevarse a cabo, lo más prudente sería ampliarlo a un proyecto de un trimestre. Recuerda: no es que un proyecto de un trimestre de duración vaya a llevar todo el trimestre para realizarse, pero requerirá priorización en esa perspectiva de tiempo y por debajo. Darte cuenta de que tiene que estar situado en ese nivel garantiza que no amontonarás demasiados proyectos de un trimestre de duración que no podrías terminar.

A medida que vayas mejorando en la práctica de las cinco claves y en la realización de los proyectos, es posible que decidas que no necesitas ampliar los proyectos de acuerdo con las sugerencias que te he dado, o tal vez decidas modificar la forma en que los amplías. Por ejemplo, podrías decidir que es mejor doblar el tiempo que crees que algo va a llevar, en lugar de pasarlo a la siguiente perspectiva de tiempo más alta. Pero normalmente te comprometes a hacer demasiadas cosas y no sueles terminar lo que empiezas; prueba a usar las directrices para ver si eso te ayuda. Es cierto que te comprometerás con menos proyectos, pero también terminarás más cosas que te importan y tendrás menos proyectos estancados y muertos.

6. Dispón tus bloques en la línea de tiempo

El último paso de la ampliación es verificar que la secuencia de los grupos sigue siendo coherente y lógica. Como dijimos antes, para hacerlo es posible que tengas que realizar unos ligeros cambios en los nombres de los bloques, pero en esta etapa del proceso hay una menor preocupación por olvidar el tamaño del bloque, ya que estarás poniendo nuevos nombres, enlazando y secuenciando en una perspectiva de tiempo fija.

El método de la hoja de ruta construye el cronograma a partir de cuánto tiempo creemos que tardaremos en llevar a cabo los bloques del proyecto. Ampliar y volver a secuenciar significa que simplemente podemos ver el proyecto en detalle.

Para empezar a disponer tus bloques en un cronograma, tienes que empezar con una perspectiva de tiempo que corresponda a la perspectiva de tu proyecto. Esto parece obvio, pero disponer un proyecto de un mes en un cronograma de un año no es útil, porque no podrías ver los bloques de una semana y los segmentos diarios que necesitas para ese nivel de detalle y contexto. En un cronograma de un año de duración, lo *más bajo* que generalmente te conviene ir es dos medidas por debajo de ese tamaño, de manera que puedas colocar eficazmente proyectos de un mes de duración en esa línea de tiempo.

Esta regla se aplica a todas las perspectivas de tiempo: por ejemplo, si tienes una línea de tiempo de un mes (o sea, un calendario), entrar en los pequeños detalles de lo que va a ocurrir en las horas y en los minutos de tus días no sería relevante. Como mucho, podrías poner eventos fijos y citas en los días, lo cual probablemente ya estás haciendo.

Como regla general, utiliza una línea de tiempo que sea un tamaño mayor que tu bloque más grande para que puedas ver cómo se relaciona ese bloque con otros proyectos. La excepción aquí son los proyectos de un año de duración, a menos que te sientas cómodo con una perspectiva de tres años. Los cronogramas de tres años de duración están fuera de la mayor parte de la perspectiva mental y la seguridad de planificación de la mayoría de las personas y, por lo tanto, pueden causar más ansiedad que claridad. La gente suele tener una idea intuitiva de cómo será el proyecto de un año de duración del año siguiente, el cual será la continuación de su actual proyecto de un año de duración.

Lo inverso también es útil: si quieres construir un cronograma que trace un mapa de tus cuatro segmentos, deberías usar una línea de tiempo que no sea mayor de un mes. La ventaja añadida de usar esta regla es que te ayudará a evitar el pensamiento excesivamente optimista de que puedes establecer exactamente cómo vas a utilizar tus segmentos de concentración dentro de cinco semanas. Si quieres tener una idea de a dónde te van a llevar tus segmentos de concentración dentro de cinco semanas, debes idear dos perspectivas de tiempo en el nivel mensual. (Te dije que era fácil deslizarse entre perspectivas de tiempo).

Supongamos que el bloque Crear del proyecto trimestral Publicar que hemos estado alentando fue ampliado a un proyecto de un mes de duración debido a la cantidad de trabajo que se estaba creando. Supongamos que cuando hicimos las agrupaciones añadimos un bloque Lanzar porque previmos que necesitaríamos hacer algunas cosas para que el trabajo editado estuviera listo para ser mostrado. Por lo tanto, nuestra hoja de ruta podría verse como el siguiente diagrama.

Puedes ver por qué no es una buena idea incluir el nivel del segmento de concentración: la hoja de ruta estaría tan recargada que dejaría de ser útil. Además, no *necesitamos* ir a ese nivel en esta etapa, ya que cuando estamos a punto de hacer el siguiente bloque del proyecto, podemos elegir el horizonte de la línea de tiempo que sea apropiado para el trabajo.

Trazar la hoja de ruta de esta manera hace que sea más fácil adaptar los bloques más grandes (o todo) si es necesario. Por ejemplo, supongamos que en el proyecto de arriba, algo ocurre a finales de enero que desplaza tu capacidad de realizar la etapa de Crear del proyecto. En lugar de cambiar las fechas de un montón de tareas o segmentos, simplemente puedes pasar la etapa de Crear (y las partes del proyecto que le siguen) al mes que te parezca más conveniente. Hazte un favor y añade un bloque de Revisar a la parte delantera de la etapa de Crear para que planifiques realistamente que vas a gatear en lugar de galopar mientras vuelves al proyecto.

Cuando construyes las hojas de ruta de esta forma, puedes trasponer otros proyectos a la misma línea de tiempo para ver cómo van las cosas, ya que has determinado el horizonte de la línea de tiempo y la perspectiva de tiempo. Dicho esto, trazar hojas de ruta para un puñado de proyectos de este modo es un poco exagerado (a menos que te guste jugar al Tetris), pero ésa es la belleza de la pirámide de proyectos: no tienes que conocer de antemano todas las piezas en movimiento. Sólo tienes que saber cuántos proyectos de esas dimensiones podrían estar apilándose, y cuando sea el momento de ponerte a trabajar en esos proyectos, puedes «activar» los bloques que sean relevantes en esa perspectiva de tiempo o trazar hojas de ruta sobre la marcha para ver cómo vas a hacer ese trabajo en ese período.

7. Programa tus bloques

Con frecuencia, confundimos poner algo en una línea de tiempo con programar, pero no es lo mismo. Comprometerte a hacer algo «la semana que viene» (es decir, ponerlo en una línea de tiempo) es poco efectivo; comprometerte a hacerlo el miércoles en la mañana a las 10:00 o, mejor aún, durante el segmento de concentración del miércoles, ayuda un poco más a que se haga.

La forma en que programes dependerá, obviamente, de qué herramientas uses, pero también dependerá de cuál es el tamaño del proyecto del que estás hablando. Programar un proyecto de un mes de duración significa que primero revisarás tu agenda y tus otros compromisos para asegurarte de que tienes suficiente sitio para él ese mes, y *luego* programarás sus bloques y segmentos de una semana de duración para llevarlo a cabo. Si estás utilizando un calendario digital o estándar, quizás te resulte más difícil determinar dónde mostrar que te has comprometido con un proyecto de un mes de duración. Los segmentos son más fáciles de programar, ya que la mayoría de los calendarios digitales y muchos calendarios impresos están diseñados con la idea de programar citas, de manera que puedes convertir los espacios para citas en segmentos.

Muchas personas tropiezan porque intentan programar bloques con demasiada antelación y luego se sienten frustradas cuando la realidad no se parece a lo que planearon. Una vez más, regresamos a la pirámide de proyectos. Si estás haciendo tu planificación mensual, sólo deberías estar programando y priorizando en esa perspectiva, lo cual significa mirar al trimestre para tener un contexto y programar bloques de una semana. Si estás haciendo tu planificación semanal, es lo mismo: mira el mes como contexto y programa segmentos para la semana.

Ten presente que cuanto más lejos programes los proyectos creativos, más probable es que necesites hacer ajustes en esa programación. Por otro lado, cuanto menos planifiques por adelantado, menos probable será que termines el proyecto. Es una cuestión de equilibrio, pero recuerda que la finalidad de un plan no es ponerte una camisa de fuerza, sino ayudarte a impulsar tu proyecto para que llegue a término.

Si has estado leyendo sin hacer los pasos que he mencionado antes, te animo a que tomes una hoja de papel y realmente apliques los pasos para uno o dos segmentos de concentración. Si tuvo sentido cuando lo leíste, estupendo; puedes aplicarlo inmediatamente a tu proyecto de tu mejor trabajo. Si no tuvo sentido, estupendo también; puedes entenderlo aplicándolo.

Manteniendo la analogía de las matemáticas con la que inicié este capítulo, hacer esto es muy similar a hacer las tablas de multiplicar; con la repetición, verás los patrones, pero sin ella quizás no los veas.

Cuando hayas terminado, ¡celébralo! El trabajo que has hecho forma parte de tu mejor trabajo y probablemente ha sido difícil. Pero has dejado claro cuáles son los siguientes pasos que debes dar con tu proyecto, lo cual significa que estás un paso más cerca de sentirte orgulloso del mejor trabajo que has lanzado al mundo.

CONCLUSIONES DEL CAPÍTULO 6

- Una hoja de ruta de un proyecto es el plan de un proyecto que coloca bloques del proyecto en una línea de tiempo.

- Crea proyectos a partir de tus GATES (ingenio, afinidades, talentos, conocimientos y fortalezas) desde el principio para que te resulte más fácil llevarlos a cabo.

- Crear un presupuesto para tu proyecto te ayuda a evitar inconvenientes y atascos, e incluso cuando un proyecto no requiere dinero, financiar un proyecto puede mejorarlo.

- Utiliza plazos para guiar tu proyecto, pero recuerda que lo que lo impulsa es tu capacidad, sin importar cuál sea la fecha límite.

- Cuando estás trabajando con colaboradores (y casi todos los proyectos del mejor trabajo tienen colaboradores), asegúrate de incluir el tiempo de relevo en tu hoja de ruta.

- Mientras trabajas en la creación de tu hoja de ruta, escribe con lápiz y acepta los errores que vas a cometer.

7

No temo a las tormentas,
porque estoy aprendiendo a navegar mi barco.
Louisa May Alcott, *Mujercitas*

Sigue avanzando teniendo en cuenta los puntos de fricción

Los ingenieros tienen que lidiar con una tensión fascinante: cuanto más rápido ha de ir el vehículo que están diseñando, más tendrán que explicar las diferentes formas en que la fricción le va a afectar. En cierto modo, la fricción es la realidad oponiendo resistencia a sus diseños.

De igual manera, la realidad opondrá resistencia al diseño de la hoja de ruta de tu proyecto. En lugar de que las fuerzas dominantes que creen la resistencia sean la gravedad y el viento, en el caso de tu proyecto las fuentes dominantes tenderán a ser las personas. Sin embargo, la persona que más probablemente opondrá resistencia al impulso de tu proyecto eres tú, así que empecemos por ahí.

Tus escenarios sin salida te están impidiendo prosperar

Cuanto más hagas tu mejor trabajo y empieces a florecer, más podrás empezar a poner freno. Muchas personas llevan en su interior una historia que dice que para tener éxito en el trabajo o en la vida hay que renunciar a algo importante.

Aunque los detalles de los escenarios sin salida que creamos para nosotros mismos varían, tienden a parecerse a alguna de estas tres historias generales:

- La historia de que «el éxito destruirá mis relaciones»

- El mito de «éxito versus virtud»

- La trampa de «¿y si no logro hacerlo otra vez?»

Si no abordas los escenarios «sin salida» que te estás contando a ti mismo, van a ser el resultado que obtendrás continuamente porque siempre le pondrás un límite al nivel de felicidad, éxito o prosperidad que te permites tener. Afortunadamente, una vez que ves el escenario sin salida que has creado o aceptado, quitarle todo su poder es sencillo. (Recuerda: sencillo no es lo mismo que fácil).

La historia de que el éxito destruirá tus relaciones

Todos conocemos a alguien que se distanció de su familia, sus amigos y sus seres queridos debido (aparentemente) a su resuelta búsqueda del éxito. También hemos visto situaciones en las que alguien destacaba y otras personas se sentían dolidas, amargadas o envidiosas a causa de eso, tanto si se trataba de una hermana inteligente cuyo éxito fue utilizado como una referencia para juzgar a sus otros hermanos, o de un amigo que consiguió a la chica guapa a la que todos deseaban, o de un ascenso que creó una brecha en tu grupo de compañeros de trabajo. Dado que las consecuencias de estos hechos son tan comunes y devastadoras, es fácil que nos creamos la historia de que «si gano, le haré daño a alguien».

La dificultad de desentrañar este escenario sin salida en particular es que hay expectativas compartidas que debemos enfrentar porque las relaciones *son* expectativas compartidas. Es posible que una persona no quiera renunciar a una expectativa o ver que esa expectativa está impidiendo su autorrealización. Además, es posible que estemos en relaciones con personas que consciente o inconscientemente no quieren que crezcamos y prosperemos debido a sus propias inseguridades, necesidades y carencias. No nos corresponde a nosotros definir qué tipo de pareja, amigo, amiga, hermano, hermana, tío o tía queremos ser aisladamente.

Pero tampoco podemos aceptar ciegamente las definiciones y las expectativas que otras personas tienen de nosotros, porque es demasiado habitual que la gente espere, o quiera, que seamos el personaje secundario en su historia. Quiero que quede claro que todos somos personajes secundarios en las historias de los demás, pero no somos *sólo* eso, y son demasiadas las personas que no se permiten ser, o llegar a ser, las estrellas de sus propias historias.

Para desenredar este escenario sin salida, vas a tener que practicar la intención, los límites y la valentía. Y además vas a tener algunas conversaciones difíciles.

El mito del éxito versus la virtud

Otra versión del escenario sin salida es el mito del éxito versus la virtud, y hay una serie de variaciones de él:

- **El mito del artista muerto de hambre.** Este mito contrapone la creatividad, la autenticidad o la destreza al éxito económico. Si tu arte empieza vendiendo bien, eso significa que te has vendido. Eso dice la historia.

- **El mito de que las buenas personas acaban siendo las últimas.** Sí, este escenario es muy similar al tipo de escenario anterior, pero en lugar de centrarse en el hecho de hacer daño a los demás, se centra en el hecho de dañar tu propia integridad o virtud. Es mejor ser una persona de carácter y no ganar que ser un ganador que sacrifica su propio carácter.

- **El mito de que los ricos son malos.** Según cuenta la historia, los ricos han obtenido la riqueza engañando, robando, oprimiendo, manipulando o, en términos generales, siendo malas personas. El hecho de que las tradiciones religiosas y espirituales refuercen esto no hace más que contribuir a que parezca que es cierto.

En cada uno de los casos, algún estado de éxito (riqueza, logros, fama, poder, influencia, etc.) se enfrenta a alguna virtud (honestidad, generosidad, autenticidad, creatividad, bondad, etc.). Para tener lo primero, debes comprometer lo segundo. O, peor aún, si consigues lo primero con tu trabajo, tienes que sentirte culpable o incómodo por ello y trabajar más duro para asegurarte de que estás siendo una buena persona.

JEFF GOINS   EL MITO DEL ARTISTA MUERTO DE HAMBRE

El mundo normalmente no mira con buenos ojos a quienes tienen sueños creativos. A esas almas creativas les damos todo tipo de consejos bienintencionados. «Ten cuidado», les decimos, aunque sólo sea mentalmente. «No arriesgues demasiado. Asegúrate de tener un plan B, porque podrías morirte de hambre».

Lo que solemos olvidar es que la historia del artista muerto de hambre es un mito. Y como todos los mitos, tiene el poder de dar forma a nuestras vidas si lo creemos. Las personas que creemos en el mito del artista muerto de hambre acabamos tomando caminos más seguros en la vida. Nos convertimos en abogados en lugar de actores, en banqueros en lugar de poetas, en médicos en lugar de pintores. Cubrimos nuestras apuestas y nos escondemos de nuestra verdadera vocación. Después de todo, nadie quiere tener dificultades, de manera que mantenemos nuestras pasiones como *hobbies* y seguimos caminos predecibles hacia la mediocridad.

Pero hay otra historia que vale la pena considerar. La historia del artista próspero. ¿Y si pudieras realizar tu mejor trabajo creativo y no tuvieras que morir de hambre para hacerlo? ¿Y si pudieras prosperar?

En la etapa final del Renacimiento, se solía pagar bien a los artistas y, como consecuencia de ello, éstos se ganaban un lugar entre la élite de la sociedad. Hoy en día estamos experimentando un resurgir similar del talento (una especie de Nuevo Renacimiento), en el cual todo tipo de personas creativas están despertando a su potencial. No tienen que morirse de hambre o venderse. Pueden prosperar. Todos podemos prosperar. Se trata sólo de qué historia nos creemos.

Jeff Goins es escritor, conferenciante y empresario. Es autor de cinco best sellers, incluyendo *The Art of Work: A Proven Path to Discovering What You Were Meant to Do* y *Real Artists Don't Starve: Timeless Strategies for Thriving in the New Creative Age*. Su premiado blog, Goins, Writer, es visitado por millones de personas cada año.

Es verdad que tenemos muchísimos ejemplos de personas que han logrado el éxito a costa de su integridad. Hay gente que vende su alma o los cuerpos de otros por un dólar. Personas que pisan el cuello de otras personas para avanzar diez centímetros. Personas que bajan la calidad de sus productos pero no sus precios.

Pero no hay necesariamente una conexión entre las dos cosas. Hay muchísimos ejemplos de personas que tienen éxito e integridad. También hay muchísimos ejemplos de personas sin éxito que carecen de carácter.

Extrapolando lo que el periodista y biógrafo Robert Caro dijo sobre el poder, el éxito no modifica tu carácter: lo revela. Además puede poner a prueba tu carácter simplemente porque cuanto más exitoso llegues a ser, más trascendentales e impactantes serán tus decisiones y, al mismo tiempo, más personas querrán tu atención y tus recursos.

Por lo tanto, para deshacer este escenario sin salida es necesario replantear la tensión.

Éstas son tres maneras sencillas de hacerlo:

- **¿Quién es un modelo de una persona que ha logrado ser exitosa y virtuosa?** Tus modelos serán distintos a los míos, y pueden ser históricos o de la actualidad. Si ellos fueron capaces de hacerlo, ¿por qué tú no?

- **Plantéate qué virtud crees que está en peligro.** ¿Qué acciones o comportamientos específicos violarían esa virtud? ¿Es necesario realizar esas acciones o tener esos comportamientos para tener éxito?

- **¿De qué manera ganar, o tener éxito, te permitiría ser más virtuoso?** ¿Tendrías más capacidad de apoyar lo que es más importante para ti o de participar en ello?

Eres demasiado creativo e ingenioso para creer que no puedes tener éxito y ser una buena persona. Sí, debes estar atento para no tener una conducta incorrecta, pero no des por sentado que es necesaria para avanzar.

La trampa de «¿y si no logro hacerlo otra vez?»

El escenario sin salida de «¿y si no logro hacerlo otra vez?» es especialmente insidioso para los triunfadores, porque continuamente vemos que nos está yendo bien sin mucho esfuerzo y mucha preparación – tanto es así que abordamos los proyectos sabiendo que podemos llevarlos a cabo con facilidad. Al mismo tiempo, sabemos que hay una gran diferencia entre los resultados que conseguimos cuando realmente ponemos empeño para ganar y cuando no hacemos ningún esfuerzo, pero este conocimiento y esta práctica acaban siendo perjudiciales para nosotros. Si realmente destacamos y somos valorados por lo que somos capaces de hacer, pondremos el listón tan alto que quizás no podamos volver a hacerlo.

Entonces, para evitar el segundo fracaso, escogemos un nivel de éxito y una cantidad de esfuerzo que nos garantizan que podremos superarnos en el futuro. La conveniente ventaja de esto es que además no tenemos que escoger en qué seremos verdaderamente excelentes. Podemos continuar haciendo pinitos, ser mejores que el promedio y coleccionar trofeos del tercer puesto con una sonrisa de suficiencia, sabiendo cuánto más se esforzaron por llegar ahí las personas que ganaron los primeros y segundos puestos.

El motivo por el cual este escenario sin salida es tan difícil de deshacer es que, subyaciendo a la pregunta de «¿y si no logro hacerlo otra vez?», está el miedo a perder la diversión y la libertad de las que disfrutamos cuando somos unos principiantes que saben un poco de todo. La maestría y la excelencia requieren trabajo continuo, fracaso e intención: tenemos que ponernos a trabajar para emplearnos a fondo en los detalles y la ejecución *después* de la diversión, para conseguir ese tipo de diversión y libertad distinto que llega cuando uno es un maestro consumado de su oficio.

Adicionalmente, la trampa de «¿y si no logro hacerlo otra vez?» pasa por alto que, en el camino, acumularemos más experiencia y más recursos, y conoceremos personas, lo cual hará que lo hagamos mejor la siguiente vez. Ciertamente, también aumentaremos el alcance de nuestros objetivos y de nuestro proyecto, pero eso es lo que significa estar en ese escenario. En cualquier momento de nuestras vidas, estamos mejor de lo que estábamos dos meses atrás. De la misma manera en que deberíamos dar por sentado que el sol saldrá mañana porque salió hoy, también deberíamos dar por sentado que dentro de dos meses estaremos mejor que ahora.

Entonces, quizás sea cierto que esta versión actual de ti mismo no podrá volver a hacerlo otra vez. Afortunadamente para ti, la mejor, más fuerte y más sabia versión de ti, jugando tu mejor partido, probablemente será capaz de hacerlo. El éxito es acumulativo: los intentos que hagas hoy no restan a los intentos que harás en el futuro, sino que suman.

Ten valentía y la fe de que cuando se presente el próximo dragón, serás capaz de matarlo. A pesar de lo que a veces pueda parecer, el hecho de que hayas llegado hasta aquí es prueba de que puedes llegar hasta ahí.

Y la próxima vez *podrías* fallar, pero es mejor intentar algo con todo tu corazón y que no funcione que continuar buscando las victorias fáciles. ¿Realmente necesitas otro trofeo de un tercer puesto?

Trasciende la jugada segura de la mediocridad

Examinemos las dos caras de los escenarios sin salida de la forma en que hemos estado hablando de ellos. Evitar el fracaso no necesita ninguna explicación: nadie quiere fracasar o sentirse avergonzado o humillado.

Pero si tienes una de las creencias sobre el éxito antes mencionadas (que dañará tus relaciones, que tendrás que ser menos virtuoso, o que ya no podrás ser libre o divertirte), entonces ésos son algunos de los dragones que también deberías evitar. Y la única manera de evitarlos es tener el éxito suficiente como para no arriesgarte. Si te mantienes a suficiente distancia de los dragones, no podrán morderte.

> **La triste realidad es que probablemente hay un pequeño número de personas en tu vida que se enfadarán, se entristecerán, o se sentirán frustradas por tu mediocridad, especialmente si tu mediocridad está ligada a estar pendiente de sus necesidades, sus prioridades o sus metas.**

Esas personas se enfadarán, se entristecerán o se sentirán frustradas por tus fracasos, y *quizás* se enfaden, se entristezcan o se sientan frustradas por tu éxito.

Por lo tanto, la mediocridad es la jugada segura. Ningún dragón puede morderte y no crearás más dragones cuando venzas al que tienes delante de ti.

Sin embargo, eso de que la mediocridad es una jugada segura es sólo parcialmente cierto. Es cierto en el corto plazo y en las decisiones que tienes que tomar y las concesiones que tienes que hacer en el día a día: mantén la cabeza baja, haz lo mínimo necesario sólo por cumplir y evita los conflictos hoy.

Pero en el largo plazo, es lo peor para tu desarrollo personal en la vida y para tu carrera. ¿Recuerdas la obra de alguien que haya sido el producto de haber mantenido la cabeza baja, hacer lo mínimo necesario sólo por cumplir y evitar los conflictos? ¿Qué cambio importante en nuestra cultura se ha producido como resultado de eso? ¿Cuántos jóvenes conoces que están prosperando cuyos padres les permitieron elegir las opciones fáciles y seguras?

No somos más capaces de florecer siendo mediocres de lo que un pez puede crecer en un charco poco profundo. Sin duda, el pez puede sobrevivir, pero hasta que vuelva a conectar con las aguas profundas y con otros de su cardumen, siempre estará a un día soleado de distancia del desastre.

No superamos los escenarios sin salida escogiendo la mediocridad; los superamos rechazando las historias que los crean y realizando nuestro mejor trabajo que crea éxito, felicidad y carácter.

SETH GODIN **SÓLO LA AMAPOLA ALTA RECIBE TODA LA LUZ DEL SOL**

¿Por qué escoger la mediocridad?

Después de todo, ser extraordinario parece ser más divertido. Buscar la excelencia. Ser único, el mejor en tu campo.

Y, sin embargo, hay mucho que decir a favor de los mediocres. Mediocre es otra forma de decir promedio. De encajar. De hacer exactamente lo que se espera de ti: complacer a la mayor cantidad de gente posible.

Hay un grado de seguridad inherente en la mediocridad. La alternativa mediocre es la alternativa normal, y si eres la norma, es fácil defender tus actos. En cada manada de antílopes, hay algunos antílopes atípicos que bailan alrededor de los bordes delanteros de la manada, burlándose de los leones. Y hay algunos en la parte trasera, un poco lentos, que son los primeros en ser atacados en la caza. Pero el antílope que está en el medio de la manada está tranquilo porque sabe que está seguro, aislado del resto del mundo.

Este comportamiento de las manadas nos lo enseñaron en la escuela. Después de todo, es más fácil sobrevivir en secundaria si nadie se fija en ti. Y esas lecciones se nos quedan grabadas.

¿El problema? Cuando nuestro deseo choca con nuestra necesidad de sentirnos seguros. Aunque *sentimos* que ser mediocres es seguro, ya no lo es. Porque sólo las personas que destacan captan nuestra atención, sólo los que se salen de la norma tienen sitio para florecer y crecer.

En muchas culturas existe el mito del destino de la amapola alta. Dicen que es la que acaban cortando, así que mejor no aspirar a mucho. Sin embargo, la verdad es que sólo la amapola alta recibe toda la luz del sol, y sólo la amapola alta alcanza todo su potencial y puede aportar aquello de lo que es capaz.

Seth Godin es autor de 19 best sellers, traducidos a 36 idiomas, que han cambiado la forma en que la gente piensa en el trabajo. Entre ellos están *Unleashing the Ideavirus, Permission Marketing, Purple Cow, Tribes, The Dip, Lichpin, Poke the Box* y *All Marketers Are Liars*. Escribe el blog de marketing más popular de todo Internet y da charlas por todo el mundo. Es el fundador de altMBA, el fundador y exgerente de Squidoo, exvicepresidente de marketing directo de Yahoo! y el fundador de la pionera *startup* online Yoyodyne.

No aceptes las pop (prioridades de otras personas)

Si nuestro proyecto y nuestras prioridades existieran en un vacío, serían mucho más fáciles de realizar. Aunque seguiríamos agitándonos a lo largo del camino y tendríamos que presentarnos para hacer el trabajo, no tendríamos que gestionar nuestras propias batallas internas junto con las de otras personas.

Por desgracia, nuestras prioridades existen junto con las prioridades de otras personas y de otros proyectos. Las prioridades de otras personas (POP de aquí en adelante) parecen ser similares a las prioridades que compiten, pero la diferencia significativa entre las POP y las prioridades que compiten es que éstas últimas tienen que ver con nuestras propias prioridades aceptadas y no con las prioridades de otras personas que incorporamos, reconocemos o aceptamos. Si aceptamos las POP como nuestras, entonces *se convierten* en prioridades que compiten, al menos hasta que reflexionamos y nos damos cuenta de que hay un desajuste del valor o la intención.

Por ejemplo, muchas personas siguen caminos que hacen felices a sus padres y a su familia. Ya sea haciéndose cargo del negocio de la familia o convirtiéndose en loables médicos o abogados, muchas personas se someten a torturas educativas, pasan por aros políticos y e intentan representar un papel que nunca les queda bien porque están favoreciendo las prioridades de otras personas. Agotamiento, descapotables rojos y corazones rotos son resultados predecibles de favorecer las POP durante mucho tiempo.

Ejemplos menos extremos abundan en nuestro trabajo y en nuestra vida personal y en el nivel de los proyectos. Podría ser que las prioridades de tu jefe cambien y el proyecto que antes les interesaba es arrojado a la Isla de los Proyectos No Prioritarios. Es posible que la salud física y mental de tu pareja se deteriore y que necesite pasar más tiempo de calidad contigo. El proyecto de reducción de tus padres podría convertirse en un problema de almacenaje para ti cuando tengas que procesar montones de cosas al azar.

Éstas son algunas reglas de las POP que se deben tener en cuenta:

- Cuanto más tardes en completar tu proyecto, con más POP tendrás que lidiar.

- Cuanto más importante sea tu proyecto para ti, con más POP tendrás que lidiar.

- Nunca habrá un día en el que las POP desaparezcan. El mundo no se va a alinear para que todos retiren sus prioridades de tu plato y hagan suyas tus prioridades. Piensa en cuántas POP acabas gestionando en tu cumpleaños (si tuviera que haber *algún* día en el que las POP disminuyeran, debería ser el día de tu cumpleaños).

- Si no tienes claro cuáles son tus prioridades contigo y otras personas, entonces las POP te asediarán continuamente.

- Cuanto más cedas y aceptes las POP, más tendrás que ceder y aceptar las POP.

Las reglas de las POP y los límites están fuertemente interrelacionadas. Mantener límites claros te ayuda a controlar los trastornos diarios de las POP, porque ya tienes preparados los sí y los no adecuados. Si está bien establecido que los sábados los dedicas a tener aventuras planificadas con tus hijos y tu familia, entonces incluso si hubiera un motivo verdaderamente bueno para que alguien te pidiera que hicieras algo el sábado, la conversación sería muy distinta que si hay un historial de poder contar contigo los sábados. Asimismo, si tienes unos límites positivos que establecen que en las mañanas trabajas en proyectos creativos, la gente sabrá que no puede contar contigo en ese horario.

Así es como debes hacer frente a las POP cuando surgen durante tu proyecto:

- **Para las POP que aceptas o que vas a atender, crea el espacio y el tiempo en tu agenda para hacerlo.** Esto te proporciona una respuesta de «sí y cuándo» que es menos opaca que «lo haré en algún momento». Por ejemplo, si tu padre te llama porque quiere hablar, pero en realidad no es nada urgente, puedes hacerle saber que lo llamarás el miércoles por la noche, cuando puedas dedicarle toda tu atención. Si sabes que el ritmo de comunicación correcto con él es semanal, crear un límite positivo para que puedas hablar con él todos los miércoles puede servirte para no tener que negociar cada vez.

- **Para las POP que no aceptas o no puedes aceptar, debes dejar muy claro que tu respuesta es «no», y no «quizás».** Es mejor establecer esto cuanto antes, en lugar de hacerlo más adelante. Si se trata de una relación que es importante para ti, quizás necesites encontrar una alternativa aceptable. Dicho esto, recuerda que «no» puede ser una frase completa.

- **Para las POP que verdaderamente no puedes aceptar y que tampoco puedes rechazar o renegociar por completo, lo mejor que puedes hacer es ser discreto y avanzar con tu proyecto en tu propio tiempo personal.** Por ejemplo, es posible que a tu jefe no le guste el hecho de que estés trabajando en otra cosa o en una organización sin fines de lucro, pero no te puede decir nada si estás trabajando en eso en tu hora del almuerzo o en tu tiempo libre. Si eliges este camino, es importante que evites hablar de tu proyecto con los desestabilizadores o en presencia de ellos (hablaremos más de los desestabilizadores más adelante). Si hablar con tu padre sobre cómo va tu libro te desestabiliza, cuando te pregunte cómo ha sido tu día o tu semana, evita mencionar cualquier cosa sobre el libro, incluso si has tenido una buena semana.

¿Puedes incorporar las pop en tu proyecto?

Las estrategias que acabamos de mencionar dan por sentado que hay un conflicto entre las POP y tus prioridades y proyectos, pero a menudo uno puede incorporar las POP en su proyecto.

La ventaja de hacerlo es que puedes incorporar a tu equipo del éxito a algunas personas que de lo contrario se hubieran quedado al margen. En muchos casos, cuando las personas se quedan al margen de los proyectos que te importan, tienden a convertirse en desestabilizadores y detractores; cuando las dejas al margen, estás prestando más atención a tus proyectos y tus prioridades que a ellas, y las personas son increíblemente sensibles a lo que aparenta ser una pérdida de estatus. En este mundo en el que todos quieren atención, hay una relación mayor entre atención y estatus que en el pasado.

Supongamos, por ejemplo, que estás trabajando en un proyecto que requiere que le dediques tiempo cuando tu pareja quiere que te centres en su salud. En lugar de dar por sentado que tu pareja va a hacer sus cosas y tú las tuyas, quizás haya una manera en que puedas hacer ejercicio con ella mientras habláis de cómo va tu proyecto.

O quizás tu jefe quiera que te concentres en otro proyecto y no en el que estás trabajando. Podrías hacer el proyecto de tu jefe pero de una forma que incremente las habilidades, pericia, contactos o credibilidad que podrías aprovechar para tu proyecto.

No siempre es posible incorporar POP en tu proyecto, pero siempre es bueno que te preguntes: «¿Cómo puedo incorporar POP a mi proyecto?». Dicho esto, ten cuidado de no incluir o incorporar tantas POP que luego sean muy difíciles de manejar o negociar y no puedas terminar tu proyecto. Como regla general, los proyectos en los que participan menos personas tienden a completarse con mayor rapidez, pero los proyectos impulsados por equipos de éxito más sólidos son más fáciles de terminar.

Las estrategias antes mencionadas para manejar las POP están dirigidas a las personas de tu vida que generalmente te apoyan a ti y a aquello en lo que estás trabajando.

Desgraciadamente, esas estrategias son inadecuadas para los desestabilizadores y los detractores. A continuación hablaremos de ellos.

Los desestabilizadores y los detractores

Si tu equipo del éxito es el combustible que impulsa a tu proyecto, los desestabilizadores y los detractores son los vientos que trabajan activamente en tu contra. No todos los proyectos los tienen, pero cuanto más desafíe tu proyecto al orden establecido, más probable es que tengas algunos desestabilizadores y detractores. Alguien que se beneficia del orden establecido, rara vez renuncia a esos beneficios sin protestar o luchar intensamente.

Pero el hecho de que los desestabilizadores y los detractores estén en tu contra no significa que sean iguales: en ocasiones los desestabilizadores son personas bienintencionadas cuya «ayuda» u «opiniones» te desvían de tu camino, mientras que los detractores son personas que están activamente en contra de ti y de tu proyecto. Es como la diferencia entre un perro que se entusiasma demasiado y te muerde, y un perro que siempre muerde; sin duda, el resultado final es que te ha mordido, pero es posible que te guste pasar el rato con el que te mordió por estar demasiado entusiasmado.

Cómo manejar a los desestabilizadores

Lo más difícil en lo que respecta a los desestabilizadores es que a menudo no son conscientes de que lo son. Desde su punto de vista, están tratando de ayudarte y quieren que tengas éxito. Desde tu punto de vista, o tienes que ponerte una armadura para interactuar con ellos, o necesitas recuperarte emocionalmente después de hablar con ellos.

Tu desestabilizador podría ser tu madre, editora de profesión, que revisa y corrige lo que escribes en Internet sin preguntarte. Podría ser tu pareja, que es la austera de la relación, que cuestiona y critica cada compra que haces o incluso la que estás pensando hacer. Podría ser tu hermana superexitosa que piensa que tu idea es un adorable proyecto personal, pero que no hay que tomarlo muy en serio.

En un contexto profesional, podría ser un jefe excesivamente crítico que espera que tengas una idea completamente formada antes de hablarle de ella, o un «abogado del diablo» que desarma tu idea sin evaluar o elogiar sus méritos.

Suponiendo que tus desestabilizadores son bienintencionados y quieren que tengas éxito, así es como deberías interactuar con ellos:

1. **Confirma que quieren que tengas éxito con tu proyecto.** En ocasiones simplemente decir: «Oye, a veces tengo la sensación de que no quieres que tenga éxito con este proyecto o idea» es suficiente para iniciar una buena conversación. Normalmente no te sirve de nada tener un catálogo exhaustivo de la forma en que te han desestabilizado, pero es muy útil hacer una lista de los temas generales (como hice anteriormente). En un contexto profesional, quizás necesites disfrazar la petición como una técnica de colaboración para despersonalizarla. La meta final de esta conversación es una confirmación de aceptación y un acuerdo para probar otra manera de interactuar.

2. **Pide el tipo de feedback o colaboración que estás buscando.** Si necesitas que la otra persona *no* critique cada compra que hagas en los siguientes meses, ponlo sobre la mesa. Si quieres que un «abogado del diablo» evalúe los méritos de tu idea primero, entonces pídelo. Lo que rara vez funciona es hacerles lo que ellos te hacen; a ellos se les da mejor que a ti, y eso podría transmitir el mensaje de que ésa es la forma en que quieres interactuar. Además, ser pasivo-agresivo nunca es una buena imagen.

3. **Si continúan desestabilizándote, todavía no es el momento de alejarlos o ponerlos en el campo de los opositores.** Recuérdales que acordaron probar una aproximación distinta o una «técnica de colaboración». Probablemente tu petición está interrumpiendo unos hábitos profundamente arraigados o unos patrones inconscientes. Prueba la regla de los tres avisos antes de pasar a la siguiente estrategia.

4. **Si continúan desestabilizándote, tu segunda opción es ser más estratégico en lo que respecta a en qué momento tienes una conversación con ellos.** Por ejemplo, quizás sea mejor hablar con ese jefe que quiere «una idea completamente formada primero» después de haberla hablado con tu equipo del éxito; así será más probable que te felicite por tener «una idea tan bien pensada» y no que te critique por tener una idea a medio cocer.

5. **Si después del paso 4 continúan desestabilizándote, entonces sigue la sugerencia que ofrecí para lidiar con aquellas POP que no puedes aceptar**

o rechazar: **haz tu proyecto secretamente y evita hablar de él.** La gente mete la pata porque quiere celebrar sus progresos o accidentalmente se pone a hablar de los reveses relacionados con el proyecto, pero entonces el desestabilizador entra por esa puerta. Si esa persona te pregunta específicamente cómo va tu proyecto, lo mejor que puedes hacer es darle una respuesta genérica como «bien» o «va avanzando», incluso si no está yendo bien. La única excepción a esto es en el (muy) remoto caso de que su patrón de desestabilización en realidad te esté ayudando a avanzar.

Soy plenamente consciente de que los pasos recién enumerados parecen ser difíciles de hacer y, efectivamente, necesitarás mucho valor para tener algunas de esas conversaciones. La recompensa está en consonancia con el hecho de que aprender a incluir, en lugar de eludir, elimina algunas de las fuerzas activas que van en contra tuya y del proyecto, y convierte potencialmente a esas personas en miembros del equipo del éxito.

Cómo lidiar con los detractores

Los detractores me recuerdan a la parábola del escorpión y la rana. En caso de que nunca la hayas oído, el escorpión le pide a la rana que lo ayude a cruzar una laguna llevándolo en su espalda. La rana se opone, declarando que el escorpión le va a picar, pero éste le responde que no tendría ningún sentido picarle. Entonces la rana, al ver que el argumento del escorpión es razonable, cede y le permite subirse a su espalda. A mitad de camino, mientras están cruzando la laguna, el escorpión le pica y, antes de que los dos se ahoguen, la rana le pregunta por qué lo ha hecho. El escorpión responde: «Picar está en mi naturaleza».

Por alguna razón, está en la naturaleza del detractor oponerse a algo. La cantautora Taylor Swift tenía razón cuando decía: «Los que odian van a odiar». Algunas personas son detractoras «de iguales oportunidades» y critican todo por igual. Las críticas de algunas personas dependen de su relación contigo.

Otras pueden sentir una responsabilidad y consideran que sus comentarios negativos son una manera de hacer valer sus estándares de una forma vocal y proactiva.

JEFFREY DAVIS   DEJA QUE EL ASOMBRO SE ENCARGUE DE LOS DESESTABILIZADORES

Desde el momento en que tu cerebro recibe un comentario no deseado hasta que te cierras o te pones una armadura, sólo transcurren unos cinco segundos.

Pero una Intervención de Asombro puede cambiar tu programación y abrirte a una nueva oportunidad. La Intervención de Asombro es una práctica basada en la evidencia que aporta una mayor apertura y más propósito a nuestro trabajo y nuestras relaciones. Para descubrir la oportunidad en los comentarios de un desestabilizador, prueba esto:

- **Observa y revierte.** Antes de reaccionar, recalibra. Frota tus sienes. Repite para ti: «Ábrete, en lugar de dimensionar». Hacer esto revierte el estado de cerrazón tanto de la mente como del cuerpo.

- **Normaliza, en lugar de patologizar.** Observa tu reacción como una defensa biológica común y no te cuentes historias internamente sobre la otra persona o sobre tu proyecto. Dite algo claro y curioso a ti mismo, como por ejemplo: «Esa reacción es interesante». No te obsesiones, por favor.

- **Ábrete a las aportaciones colaborativas.** Hazle a esa persona una pregunta clarificadora, como por ejemplo: «¿Qué fue lo que provocó tu comentario?» o «¿Podrías explicar X con más detalle?». Hazle una pregunta más abierta que pueda despertar una curiosidad genuina, en lugar de una crítica: «¿Podrías ver el proyecto de esta manera?», «¿Y si ocurriera X?».

- **Escucha con los pies.** Lleva la concentración a tus pies. Te va a permitir recibir sin estar a la defensiva. Hacer esto ha ayudado a numerosos gerentes, fundadores de *startups,* creativos y jugadores de equipos a forjar unas relaciones completamente distintas, más productivas, a favor de proyectos más grandes que sus egos.

Te sorprenderías al ver lo que podría ocurrir. De repente, el desestabilizador podría convertirse en un aliado, defensor y embajador de tu proyecto porque tú cambiaste la dinámica. Esto es posible.

Jeffrey Davis es CEO de Tracking Wonder, una empresa de consultoría que capacita a creativos, líderes y organizaciones para que promocionen su producto con integridad. Las intervenciones de Wonder en programas de trabajo ayudan a los emprendedores así como a los equipos a acabar con los prejuicios implícitos, a impulsar las soluciones creativas a los problemas diarios y a promover centros de trabajo más abiertos. Jeffrey, conferenciante y autor de cuatro libros, escribe para medios como *Psychology Today*.

Es poco frecuente que un detractor entre mil personas tenga algún peso en tu éxito, a menos que te concentres excesivamente en él. La excepción, por supuesto, es cuando un detractor forma parte de un círculo mucho más pequeño de personas que pueden aprobar, rechazar o hundir tu proyecto. Si uno de tus detractores forma parte de tu comité de disertación, ése es un verdadero problema. Asimismo, si tu jefe, o el jefe de tu jefe es un detractor, eso representa un verdadero problema. En el primer caso, tienes que sacarlo de tu comité, y en el segundo caso, tienes que ganártelo (algo poco probable) o salir de su cadena (más probable).[1]

Por fortuna, es relativamente poco frecuente tener a un detractor personal que tenga tanto poder sobre ti y tu proyecto. Lo que es mucho más habitual son los detractores fantasma que convertimos en dragones. La única manera de vencer a este tipo de dragones es dándonos cuenta de que son ilusiones y proyecciones.

Piensa en tu proyecto elegido. Si llevas el tiempo suficiente con él, probablemente has generado algunos detractores. Los detractores que son más fáciles de desechar son aquellos que toman alguna forma de personas anónimas «ahí fuera» (en Internet, en tu ciudad, en algún cubículo en una galaxia muy, muy lejana). Si no puedes reemplazar la palabra «ellos» en la frase «¿Y si a ellos no les gusta?» con un nombre real, entonces tienes detractores fantasma. (Pruébalo).

El segundo tipo de detractores son personas reales que han respondido a ti o a tu trabajo. Estos detractores probablemente son personas de tu pasado, como esa maestra de quinto grado que te hacía pasar vergüenza al criticar tu forma de escribir, o Jimmy, del octavo grado, que se burlaba de ti cuando no podías subir por esa

---

1. Si tu jefe o jefa es particularmente desagradable, el libro de Robert I. Sutton, *The No Asshole Rule: Building a Civilized Workplace and Surviving One That Isn't* (Nueva York: Business Plus, 2010), proporciona algunas ideas y estrategias que son mucho más relevantes para tu situación.

cuerda. En estos momentos los detractores del pasado son detractores fantasma; el único poder que tienen actualmente es el que tú les das.

Cuando veas a los detractores fantasma como lo que realmente son (tu propia basura mental), probablemente no tendrás muchos detractores reales con los que lidiar. Pero en el caso de los detractores reales, esto es lo que debes hacer:

- **No interactúes con ellos.** No importa lo que tú hagas y lo que ellos digan, acabarás dolido y ahogándote.

- **Deja de intentar hacerlos felices o de modificar tu proyecto para obtener su aprobación.** El peor de los casos es que lo hagas, porque entonces estarás obligado a complacer a un detractor y probablemente lo hagas ignorando o dejando de prestar atención a las personas que te apoyan.

- **Cuando tengas la necesidad de interactuar con un detractor, en lugar de eso, interactúa con alguien que te apoye.** Ellos están en tu equipo del éxito y probablemente a tu alrededor.

- **En el sumamente improbable caso de que un detractor deje de criticarte, no pienses que se ha unido a tu equipo del éxito y que ahora es tu mejor amigo o amiga.** En el mejor de los casos, ahora ha sido promovido a desestabilizador. Concéntrate en las personas que te apoyan y en tu equipo del éxito porque, en cualquier caso, probablemente eso fue lo que hizo que obtuvieras la aprobación del detractor.

Los detractores con los que es más difícil lidiar son las personas de tu núcleo familiar, ya que literalmente estás atado a ellas por sangre. Pocas cosas hacen tanto daño como el rechazo de «nivel detractor» por parte de tus padres o tus hermanos. Las estrategias antes mencionadas son tan válidas para los detractores de la familia como para cualquier otro, y la única modificación en las estrategias sería en el caso de la primera de ellas: No hables con ellos de tu trabajo. La cena de Navidad no es el momento o el lugar para defender tu proyecto o tu trabajo. Sigue la estrategia del proyecto oculto de la página 159.

Cada gramo de energía que utilizas para discutir con un detractor está mucho mejor empleado trabajando en tu proyecto e interactuando con tu equipo del éxito.

Escoge a personas que te apoyen, no a aquellas que nunca lo harán.

Cómo hacer un proyecto *pre mortem*

¿Cuántas veces has participado en una reunión o una conversación en la que hablasteis de lo que contribuyó a que un proyecto se torciera o se viniera abajo y has pensado: «Hubiese sido mejor que hubiéramos hablado de esto *antes* de poner en marcha el proyecto»?. ¿O cuántas veces te has dado cuenta, en la mitad de un proyecto, de que si te hubieses tomado unos segundos para pensar en ello, probablemente habrías evitado o previsto eso que ahora estás enfrentando?

Un *pre mortem* de un proyecto es el proceso de considerar todas las formas en las que ese proyecto podría ir mal para poder trabajar activamente para prevenirlo. Hacer un *pre mortem* no es dar por sentado que ese proyecto va a morir, sino más bien que todo proyecto tendrá algunos desafíos a lo largo del camino. Los desafíos conocidos, previstos, no hacen que los proyectos se vengan abajo; las sorpresas y la locura deliberada (hacer la misma cosa repetidamente y esperar que *esta vez* no te cause problemas) sí. Lo contrario es verdad: no hacer las cosas que sabes que funcionan y preguntarte por qué estás teniendo problemas también es locura deliberada.

Ahora que conoces los tipos de puntos de fricción universales y con suerte ves que no eres defectuoso de alguna manera porque se presentan constantemente, puedes hacer una lista para realizar el *pre mortem*. No tienes que volver a crear la rueda ni salir repetidamente del mismo agujero. ¡Qué alegría!

Llegado este punto, estás haciendo un *pre mortem* porque quizás necesites modificar el cronograma basándote en los puntos de fricción que probablemente se van a presentar. Por ejemplo, si accidentalmente pones a un desestabilizador en tu equipo del éxito (y es realmente fácil hacerlo), sustituirlo con alguien que te apoya más o colocarlo más adelante en el proceso podría modificar el tiempo que va a llevar algo. Si incluiste POP en tu cálculo de cuánto tiempo llevaría algo pero ahora ves que podrías incorporar a esa persona, puedes modificar el cronograma o añadir un tiempo adicional porque, aunque quizás tarde más tiempo en realizarse, los proyectos del mejor trabajo son mejores con amigos y seres queridos.

Pero volvamos a tu proyecto. Aunque hemos estado hablando de los puntos de fricción y las maneras en que tu proyecto podría ir mal, centrémonos una vez más en el hecho de que has escogido una idea que es importante para ti, la has convertido en un objetivo SMART y has creado un equipo del éxito que te ayudará a mantener el rumbo. Ya tienes lo que hay que tener para triunfar, y lo que quizás ahora te podría faltar lo puedes adquirir a lo largo del camino. (Es importante hacer los *pre mortem* desde una perspectiva centrada, resiliente y positiva).

Ahora, utiliza las siguientes preguntas para hacer el *pre mortem* de tu proyecto:

- ¿Has creado escenarios sin salida para ti? ¿Cómo podrías desenmarañarlos?

- ¿Has elegido un método para llevar a cabo tu proyecto que es especialmente difícil para ti? ¿Cómo podrías *empezar desde* tus GATES y aprovecharlos?

- ¿Qué POP necesitas tener en cuenta? ¿Cómo podrías alinear las POP con tu proyecto?

- ¿Hay desestabilizadores y detractores (reales) que debes tener en cuenta? Haz una lista de sus nombres y escribe cómo vas a hablar con ellos.

- ¿Estás cargando con algún proyecto que podrías soltar para evitar que te empantanen?

- ¿Te estás contando historias negativas o que no te sirven (que eres inútil, que no eres bueno planificando, que no eres capaz de hacerlo u otras)? ¿Y qué vas a hacer para eliminarlas?

Si te planteas estas preguntas con honestidad, es probable que sientas una serie de emociones que van desde sentirte desalentado hasta sentirte ansioso por superar tus puntos de fricción. Si te sientes mayormente desalentado y abrumado, ¡estupendo! Reflexiona sobre ello y vuelve a tu *pre mortem* unos días más tarde, ya que cuando regreses probablemente habrás generado algunas soluciones y algunos avances. Si mayormente estás sintiéndote ansioso por superar tus puntos de fricción, ¡estupendo! Haz una vuelta de victoria metafórica. En el próximo capítulo, que trata sobre cómo incluir tu proyecto en tu cronograma, vamos a entrar en el meollo del asunto.

CONCLUSIONES DEL CAPÍTULO 7

- Los puntos de fricción son los lugares naturales donde la realidad opone resistencia a tus planes.

- Hay tres tipos de escenarios sin salida que a menudo nos contamos a nosotros mismos: la historia de «el éxito destruirá mis relaciones», el mito de «éxito versus virtud» y la trampa de «¿y si no logro hacerlo otra vez?».

- Elegimos la mediocridad (en el corto plazo) porque los escenarios sin salida hacen que no queramos tener éxito, pero tampoco queremos fracasar, y la mediocridad es el espacio que hay entre el éxito y el fracaso.

- Las POP (prioridades de otras personas) crean conflicto con nuestro mejor trabajo, pero suele haber maneras de incorporar las POP a nuestro trabajo y convertir el conflicto en cooperación.

- Los desestabilizadores son personas bienintencionadas cuya «ayuda» y «opiniones» hacen que te desvíes de tu rumbo; los detractores son personas que están activamente en contra de ti y de tu proyecto.

- Los *pre mortem* de los proyectos te ayudan a identificar y evitar los problemas que podrían acabar con tus proyectos o ralentizarlos.

PARTE 3

TRABAJAR EL PLAN

8

> No te dejes engañar por el calendario. Sólo hay
> tantos días en el año como los que utilices.
> Charles Richards

Incorpora tu proyecto a tu cronograma

La programación semanal de segmentos, la regla de los cinco proyectos y la hoja de
ruta de tu proyecto crean conjuntamente un plan que puedes seguir y un espacio
para hacer el trabajo. Abordar el tema de los puntos de resistencia naturales también ayuda a garantizar que utilizarás el espacio y el plan que tienes para realizar el
trabajo.

Para empezar a realizar tu mejor trabajo, tienes que comenzar a incorporar tu
proyecto a la programación completa de tu trabajo/vida, y la realidad empezará a
desafiar tus planes mejor trazados en cuanto empieces a trazarlos. Cuando tus planes y la realidad no coinciden, la única opción sensata es modificar tus planes. Es
contradictorio, pero cuanto mejor planificador seas, más frecuentemente revisarás
y modificarás tus planes.

Planificación dinámica es el término que uso para hablar del proceso continuo
de hacer y modificar planes en todas las perspectivas de tiempo. Este proceso incorpora prácticas muy trilladas como las revisiones semanales, la planificación matinal y el triaje, aunque también incorpora los segmentos de tiempo, la pirámide
de proyectos y la regla de los cinco proyectos. Pero ahora que estamos hablando de
los efectos de la realidad en tus planes, es el momento de considerar si la realidad
en la que estás trabajando está trabajando para ti.

173

Asegúrate de que tu entorno esté trabajando para ti

Cuando estaba en la escuela de posgrado y no podía escribir, acudía a mi lugar secreto de escritura: la biblioteca *Love Library* en la Universidad de Nebraska-Lincoln. La *Love Library* tiene entresuelos que rara vez son utilizados, pero esas plantas todavía tienen mesas que miran hacia el capitolio. En la quietud entre el olor de libros viejos y artículos de publicaciones, abría Mellel (en aquella época era la mejor app de escritura para académicos), ponía música clásica de fondo y escribía durante horas. Esto era tan fiable que una semana antes de la fecha de entrega podía revisar mis notas de investigación, hacer una lectura de última hora (o una lectura completa) hasta tres días antes de la fecha límite, escribir durante un día, editar al día siguiente y enviarlo el día de la entrega.

Pero si tenía que hacer lo mismo *sin* ir a la biblioteca, mis planes de cumplir con la fecha de entrega se venían abajo. La presión de los plazos significaba que podía obligarme a escribir durante una larga noche en casa, pero eso era tortuoso y nunca conseguía producir mi mejor trabajo porque funciono mejor de día (luego hablaré más de eso). Aunque parece extraño admitir que todo lo que escribí en los siete años y pico que pasé en la universidad lo hice probablemente en menos de sesenta días de escritura concentrada, a muchos de mis compañeros les ocurrió lo mismo.

Una docena de años y cientos de miles de palabras más tarde, sé que hubiera sido mucho más inteligente ir a la biblioteca dos veces por semana (probablemente los lunes y los martes) para dedicarme a escribir. Sin embargo, ésa es una sabiduría que los jóvenes y los *amateurs* creativos no son capaces de oír.

Pero tú eres mucho más inteligente y estás mucho más preparado de lo que yo estaba en aquella época, y probablemente sabes cuán importante es el ambiente para tu concentración, tu ímpetu y tu creatividad. También has experimentado que tu plan para el día, tan bien trazado, se eche a perder porque tus compañeros de trabajo te distrajeron durante el día entero o porque en la casa de al lado iniciaron una obra de construcción en el día que habías reservado para escribir con tranquilidad. La pregunta es si estás creando activamente el espacio para poder realizar tu mejor trabajo, como Tony Stark.

Aunque podría hablar largamente sobre el hecho de que la primera película de *Iron Man* fue un punto de inflexión para mí, lo que es relevante para nuestra conversación actual es la forma en que estaba montado el laboratorio de Tony Stark para que él pudiera construir sus trajes de poder de alta tecnología. Tocaba una pantalla virtual, la deslizaba hacia la izquierda, le decía al ordenador que añadiera diferentes componentes y materiales, y luego los robots giraban y runruneaban en el fondo para construir la multitud de ideas que él acababa de poner en la cola. El laboratorio de Tony Stark estaba hecho a medida para capturar sus ideas con la menor cantidad de fricción posible y luego empezar a hacer cualquier cosa que quisiera con la menor cantidad de trabajo posible para él.

Ése es el ideal, y aunque quizás no seas una de las personas más inteligentes y más ricas en un universo de ficción, saber cómo sería tu laboratorio (o taller, santuario, cocina o cualquier metáfora que resuene contigo) es una forma poderosa de trabajar hacia atrás para llegar a un entorno que funcione para ti. Si tu laboratorio tendría grandes ventanas para dejar que entre la luz del sol y tener una vista de la playa, entonces sabes que esa mesa en un rincón del sótano es temporal y que quizás ya sea hora de que te compres unos pósteres de la playa y de que mejores la iluminación.

Éstos son algunos factores ambientales que debes tener en cuenta cuando estés pensando si tu entorno funciona para ti:

- **Sonido.** Piensa en los compañeros de trabajo hablando en el fondo, el ruido de un café, el murmullo de niños jugando en la distancia, el rumor del ventilador del techo, el sonido de un arroyo o el bullicio de una calle concurrida. Cada sonido nos afecta de una manera distinta. Descubre qué sonido de fondo te ayuda más a realizar tu mejor trabajo.

- **Olor.** Es obvio que los olores desagradables pueden hacer que te resulte difícil concentrarte, pero puede haber olores que realmente te ayuden a ello. De todos los sentidos, el olfato es el que más nos acerca a nuestro centro de memoria,[1] de manera que los olores pueden tener un efecto poderoso para ayudarnos a concentrarnos.

- **Luz solar.** Los estudios muestran que la luz solar afecta a nuestro estado de ánimo[2] y hay una cantidad correcta para cada uno de nosotros. Los noctámbulos suelen preferir trabajar en habitaciones más oscuras.

1. Amanda White, «*Smells Ring Bells: How Smell Triggers Memories and Emotions*», *Psychology Today*, 12 de enero de 2015, psychologytoday.com/us/blog/brain-babble/201501/smellsring-bells-how-smell-triggers-memories-and-emotions

2. Alice Park, «Why Sunlight Is So Good For You», *Time*, 7 de agosto de 2017, time.com/4888327/why-sunlight-is-so-good-for-you

- **Ropa.** Sí, la ropa que llevas puesta es parte de tu entorno y vale la pena tenerla en cuenta. Los pantalones que nos aprietan en todas las partes en las que no deberían apretarnos pueden distraernos, al igual que unos calcetines que pican. También es cierto que no puedes tomártelo en serio, o trabajar en serio, si llevas puestos los pantalones del pijama y esa camiseta que has estado usando en los últimos tres días. Pero también podría ser que ese pijama y esa camiseta sean tu ropa de la suerte. Si funciona para ti, no te voy a juzgar.

- **Desorden/organización.** No es necesariamente cierto para todo el mundo que una mesa de escritorio despejada equivalga a una mente despejada, ya que he visto a personas que no pueden concentrarse con una mesa despejada, o en un ambiente zen o espartano. Tu tolerancia al desorden o al orden también podría depender del espacio en cuestión.

- **Cantidad de espacio.** A algunas personas les gusta el ambiente acogedor de las habitaciones pequeñas con muchos muebles, estantes, etc., mientras que otras prefieren habitaciones más espaciosas con menos muebles. Al igual que ocurre con el desorden, también podría ocurrir que sólo algunas partes de tu área de trabajo tengan que ser espaciosas. Incluso podría ser que ciertos tipos de cosas en tu espacio despierten diferentes sentimientos en ti.

- **Música.** Aunque los estudios muestran que escuchar música clásica aumenta la concentración y la creatividad,[3] quizás tú no puedas concentrarte con ella. Podría ser que ciertos tipos de música funcionan para ti o *realmente* no funcionan para ti, o que el volumen de la música haga una gran diferencia. Por ejemplo, típicamente no puedo hacer segmentos de concentración mientras estoy escuchando música con letra, pero la lista de reproducción de Spotify *This is Coheed and Cambria* ha sido la música de fondo para gran parte del borrador de este libro y la radio *Jack Johnson* en Spotify da impulso a mis segmentos administrativos. *Coheed and Cambria* es una elección inusitada, pero simplemente funciona. La música para tu mejor trabajo puede ser igual de variable e inusual.

---

3. «Can Music Help You Study and Focus?», Northcentral University (página web), 29 de marzo de 2017, ncu.edu/blog/can-music-help-you-study-and-focus#gref

JOSHUA BECKER CÓMO UN ÁREA DE TRABAJO MINIMALISTA MEJORA LA CONCENTRACIÓN

El trabajo, tanto si es pagado como si es voluntario, es una gran parte del motivo por el cual estamos en este mundo. Fomenta la dignidad de la autosuficiencia en nosotros y, al mismo tiempo, satisface nuestros instintos de generosidad utilizando nuestras habilidades y talentos para ayudar a los demás.

El minimalismo maximiza nuestro potencial, incluido el del trabajo. Es importante que elijamos concentrar nuestro tiempo en tareas que importan. Eliminar el desorden físico (el caos externo) de nuestra área de trabajo incrementa nuestro potencial. Algunas personas tienen la idea de que una oficina desordenada y llena de cosas es característica de un trabajador ocupado y productivo. «Mi oficina está muy desordenada, pero sé dónde está cada cosa» es un mantra común. Apilamos papeles, carpetas, notas y libros en nuestro escritorio casi como si lleváramos nuestro desorden como una medalla de honor.

Desafortunadamente, en la mayoría de los casos, una oficina desordenada es característica de un trabajador desorganizado, poco concentrado y estresado que se está quedando atrás y está fuera de control. Un área de trabajo desordenada no ayuda a realizar un trabajo significativo, sino que nos distrae de él.

Cuando liberes espacio en tu ambiente de trabajo (cualquiera que sea), te sentirás más sereno y podrás trabajar más eficazmente. Descubrirás que has liberado tu mente para poder pensar con mayor claridad y más profundidad, para tomar mejores decisiones y realizar una planificación de mayor alcance. En lugar de trabajar a merced de los negocios y el ajetreo de la vida moderna, serás más proactivo respecto a tu futuro.

Eliminar el desorden convierte a nuestro entorno en un entorno que nos ayuda a lograr realizar más cantidad y calidad de trabajo con menos estrés. Y además puede llegar a transformar el legado que dejamos.

Joshua Becker es autor de los best sellers *The Minimalist Home: A Room-by-Room Guide to a Decluttered, Refocused Life* y *The More of Less: Finding the Life You Want Under Everything You Own*. Además, es fundador y editor de BecomingMinimalist.com, una página web que inspira a otras personas a vivir más teniendo menos posesiones.

El tema recurrente es que lo que funciona o no funciona en tu entorno depende de tus preferencias. Enfoca esto como si fueras Tony Stark. Mientras estás considerando qué es lo que podría no estar funcionando para ti en tu entorno, también puedes plantearte cómo sería un entorno óptimo para ti.

Hacer que tu entorno funcione para ti podría reducirse a mudarte a otro lugar en vez de cambiar lo que hay en el lugar en el que te encuentras.

Quizás descubras que ir a un café, a una biblioteca o a la sala de conferencias para tus segmentos de concentración es la mejor manera de hacer tu mejor trabajo, pero el motivo por el cual lo haces es probablemente alguno de los factores que he mencionado. Esto ocurre especialmente si trabajas en una oficina de planta abierta. Afortunadamente, las oficinas de planta abierta están siendo reemplazadas por el modelo de oficinas «*hub-and-spoke*»[4] en base a la evidencia de que el ambiente de las oficinas de planta abierta no es propicio para el trabajo enfocado y profundo.

Dependiendo de en qué medida está funcionando o no está funcionando tu entorno para ti, hacer que funcione podría ser un proyecto en sí mismo, lo cual significa también que tienes que cuidar de que no sea una excusa conveniente para evitar realizar tu mejor trabajo.

Es cuestión de ir dando los pasos necesarios, grandes y pequeños, para hacer que tu entorno se acerque más al laboratorio de Tony Stark. Y, sí, a veces la solución es tan simple como ir a un café o esconderte en zonas de la biblioteca poco utilizadas.

Agrupar y amontonar el trabajo aumenta tu eficiencia

Pensar el lugar donde trabajas y si está funcionando para ti te lleva naturalmente a considerar qué tipos de actividades podrías realizar en diferentes lugares y contextos. Por ejemplo, si necesitas imprimir y revisar tu trabajo, trabajar en un café o en un avión podría resultar ineficiente. Si estás organizando un evento comunitario, tendría incluso más sentido hacer una gran parte del trabajo de preparación reque-

---

4. En este modelo, las empresas mantienen una sede central y simultáneamente ofrecen oficinas satélite más pequeñas en otra ciudad o incluso en otro país. *(N. de la T.)*

rido en la ubicación física del evento. O si has salido para hacer un recado, podría ser más eficiente hacer varios recados a la vez.

Agrupar y amontonar son estrategias que te ayudan a trabajar de una forma más eficiente. *Agrupar* es el proceso de realizar tipos de trabajo similares en un mismo lapso de tiempo. *Amontonar* es el proceso de realizar diferentes tipos de trabajo en el mismo lapso de tiempo.

Agrupar es más fácil de explicar y es algo que probablemente ya estás haciendo, de manera que empezaremos por ahí, usando como ejemplo el procesamiento de correos electrónicos. *Podrías* revisar y procesar[5] un correo electrónico a la vez, luego pasar a otra cosa y luego volver, pero eso sería horriblemente ineficiente. Nos lleva dieciséis minutos volver a concentrarnos después de responder un correo electrónico entrante.[6] Pasarías entre un tercio y la mitad del día volviendo a concentrarte y hacer la transición. (Sí, muchas personas pasan sus días en una niebla digital).

En este caso, está claro que procesar múltiples correos electrónicos al mismo tiempo es más eficiente; ya estás ahí y en ese modo, de manera que bien puedes matar varios pájaros de un tiro y *después* volver a concentrarte en tu trabajo. Agrupar ya está integrado en el concepto de los segmentos administrativos, porque mientras estás en un segmento administrativo, es probable que clasifiques y proceses tareas administrativas.

Agrupar funciona muy bien porque minimiza el cambio de contexto y el ir y venir mental o físico que puede tener lugar cuando pasamos de un contexto a otro. Evita el desperdicio que ocurriría si, por ejemplo, revisáramos nuestro buzón de correo físico varias veces al día para extraer o introducir un sobre, en lugar de hacerlo una sola vez. Esto es estupendo para los recados, las tareas, el trabajo administrativo (llamadas para hacer transacciones, revisar correos electrónicos, archivar, etc.) y la organización.

En la superficie, amontonar parece ser realizar varias tareas simultáneamente, pero ésa es una idea molesta y, si eso se hace irreflexivamente, en realidad provoca

---

5. Voy a usar *procesar* en lugar de *revisar* los correos electrónicos porque revisarlos es algo que tenemos que hacer mucho menos. Si vas a tu buzón de correo electrónico únicamente cuando tienes la intención de procesarlos, entonces no estarás entrando a tu correo electrónico varias veces innecesariamente.

6. «You Waste a Lot of Time at Work», Atlassian, 24 de enero de 2019, en atlassian.com/time-wasting-at-work-infographic

distracción e ineficiencia, porque la mayor parte de lo que la gente llama multita-rea en realidad es reenfoque rápido, que es el término que utiliza el exitoso autor y *coach* de productividad David Allen. Saltar de tu correo electrónico a las redes so-ciales y luego a tu calendario, luego a una página web, luego a otra pestaña y luego de vuelta al correo electrónico acaba con tu jugo cognitivo al tiempo que te prepa-ra para continuar haciendo clics. Un día haciendo clic rara vez es un día en el que avanzas en tu mejor trabajo.

Lo que diferencia el amontonar del agrupar es que utiliza distintos tipos de re-cursos físicos y mentales simultáneamente. Éstos son algunos ejemplos de amon-tonar tareas:

- Lavar la ropa mientras escuchas un audiolibro.

- Hacer una reunión de audio o en tiempo real mientras caminas.

- Hacer ejercicio en el parque mientras pasas un rato con los niños.

En los primeros dos ejemplos, la memoria muscular está haciendo la mayor parte del trabajo físico, de manera que hay ancho de banda cognitivo abierto para hacer otras cosas. En el tercero, es posible estar pendiente de los niños y/o incluirlos en los ejercicios.

Cuando hay que estar atentos es cuando estamos haciendo cosas que requieren de concentración mental o física. Revisar tu correo electrónico mientras estás con-centrado escribiendo no funciona muy bien, al igual que estar concentrado en una conversación e intentar leer algo con interés al mismo tiempo. Aunque amontonar puede parecer una redefinición de la multitarea, estoy utilizando un término dis-tinto para (a) romper el hábito o interrumpir la creencia de tratar de hacer múlti-ples tareas de una forma ineficiente y (b) hacer que pienses en los tipos de activi-dades que *puedes* hacer bien simultáneamente.

Mantén la proporción de «resistencia al trabajo» baja lidiando con los sapos con antelación y cada día

Cuando estamos agrupando y amontonando y nos empezamos a quedar sin ener-gía, es hora de hacer frente a los sapos, los cuales, como recordarás, son las cosas que en realidad no quieres hacer. Es increíble cómo algunas de las tareas más pequeñas pueden adquirir vida propia. Claro que en realidad no tienen vida propia, sino que *nosotros* les damos vida.

Un sapo podría ser algo tan simple como pagar una cuenta, aunque tengamos el dinero para pagarla. O podría ser responder a un correo electrónico, lo cual nos llevaría tres minutos si nos decidiéramos a hacerlo y lo hiciéramos.

Mark Twain acertó cuando dijo esto: «Si sabes que tienes que tragar un sapo, trágalo temprano en la mañana. Si son dos sapos, trágate el grande primero».[7] Lo primero que haces en la mañana es tragar el sapo, para evitar que aumente la proporción de *resistencia al trabajo* del día.

Explicación de la proporción de «resistencia al trabajo»

Por lo general, la mayoría de tareas requieren una determinada cantidad mínima de trabajo, lo cual significa que hacerlas más tarde no hará que sean más fáciles. Si inicialmente una tarea iba a llevar cinco minutos, entonces lo más probable es que te llevará al menos cinco minutos *cuandoquiera* que la hagas. La parte de «trabajo» de la ecuación sigue siendo la misma.

Lo que aumenta sustancialmente con el tiempo es la «resistencia». Cuanto más rato esté ahí la tarea, más pensarás en ella, y la cantidad de tiempo que habrás perdido pensando en ella y postergándola se sumará a la dimensión psicológica de la tarea. El sapo se va haciendo cada vez más grande y más verrugoso, y las verrugas empiezan a desarrollar pelos y más verrugas. Al menos así se percibe.

Después de un tiempo, la distinción entre trabajar *directamente* en una tarea y trabajar *indirectamente* en ella se vuelve tan borrosa que ya no tiene sentido hacer esa distinción. Si has pasado todo el día (o la semana) evitando hacer la tarea y preocupándote por ella, entonces le has dedicado un tiempo y una energía que podrías haber dedicado a otras cosas. Pensar en ello en términos de los bajos costos de la inacción encubre el hecho de que sigue siendo costoso.

---

7. Después de escribir sobre los sapos en 2008, me enteré de la existencia del libro de Brian Tracy, *Eat That Frog! 21 Ways to Stop Procrastinating and Get More Done in Less Time* (Oakland, CA: Berrett-Koehler, 2006). Éste es un caso de desarrollo conjunto independiente a partir de la misma inspiración.

Un sapo al día mantiene tus anclas levadas

Mi sugerencia anterior de atrapar el sapo temprano en la mañana no estaba suficientemente detallada. Al igual que ocurre con el tiempo, no todos los sapos son iguales. Un sapo que requiere una solución creativa puede requerir un segmento de concentración. Cuando se puede atrapar un montón de sapos pequeños al mismo tiempo, hay que agruparlos y capturarlos juntos. Pero sé sincero contigo mismo respecto a si estás posponiendo atrapar los sapos porque tienes un plan más efectivo o porque en realidad no quieres atraparlos.

Como estrategia general para mantener el impulso, identifica a tus sapos y atrapa al menos uno cada día. Cuando haces esto, se producen tres efectos interrelacionados:

- Mantienes tu proporción de resistencia al trabajo más baja porque identificas a tus sapos tempranamente, los reconoces como lo que son y te los tragas lo antes posible.

- Obtienes menos sapos y más pequeños porque empiezas a pensar en la naturaleza de tus sapos y ves las tendencias y los patrones en tu proceso de trabajo. Una vez que has visto esas tendencias y esos patrones, puedes empezar a eliminar o minimizar las partes de tu vida y tu trabajo que producen esos sapos.

- Inicias la espiral de impulso que mencioné anteriormente porque liberas una gran parte de la energía que estaba detenida por no ocuparte de los sapos y, al mismo tiempo, tienes menos. Esa energía y ese tiempo que has recobrado pueden ser utilizados en tu mejor trabajo.

Pero debo ser más claro aquí: siempre habrá sapos. Pueden ser más pequeños, pueden aparecer con menor frecuencia y quizás sean un tipo de sapo enteramente nuevo, pero de todos modos van a presentarse. Por lo tanto, la pregunta no es «¿Tienes sapos?», sino «¿Dónde están los sapos de los que te tienes que encargar?». Encuéntralos, encárgate de ellos durante el día y pasa a otra cosa. No hay necesidad de aumentar el trabajo con tanta resistencia.

Cuándo antes de qué

Encargarnos de los sapos abre la puerta para que pensemos en más consideraciones en el nivel de patrones acerca de cuándo hacer ciertos tipos de trabajo. Mucha gente compra un boleto para el autobús del esfuerzo para una semana antes de que comience la semana, porque inician sus planes con *lo que* hay que hacer, en lugar de ver estratégicamente *cuándo* es mejor hacerlo. Pero no debemos mirar sólo la semana, sino que nuestra mirada debe ser también más estrecha y más amplia, ya que durante el día y durante el año hay momentos mejores y peores para trabajar en los proyectos.

Antes de adentrarnos en esto, no te dejes engañar pensando que determinar cuándo vas a hacer tu mejor trabajo es una píldora mágica. De la misma manera en que seguir esperando hasta tener días y semanas libres para trabajar en lo que es importante para ti es un trampa, también lo es creer que lo único que necesitas es una programación ideal para empezar a avanzar. En el mejor de los casos, planear hacer el trabajo en los momentos adecuados elimina algunas de las barreras que dificultan el progreso: no vas a tener que luchar contra dragones cuando tu energía y determinación estén en su punto más bajo. Dicho esto, debes crear todas las ventajas que puedas.

El momento del día

No faltan las advertencias y los consejos de levantarte temprano y concentrarte en las cosas más importantes primero, sin tener en cuenta la realidad de que los humanos tienen tres cronotipos, cuya definición es «la propensión individual al sueño y la actividad en determinados momentos durante un período de veinticuatro horas».[8] La omnipresente exhortación a ser aves madrugadoras (alondras) intenta meter con calzador a los búhos noctámbulos y a los emúes de las tardes,[9] pero al parecer el verdadero cronotipo de una persona sólo se modifica con la edad.

---

8. David N. Samson *et al.*, «Chronotype Variation Drives NightTime Sentinel-Like Behavior in Hunter-Gatherers», *Proceedings of the Royal Society: Biological Sciences*, 284, n.º 1858 (12 de julio de 2017): dx.doi.org/10.1098/rspb.2017.0967

9. Daniel Pink llama al emú la «tercera ave» en *When: The Scientific Secrets of Perfect Timing* (Nueva York: Riverhead Books, 2018), pero yo los llamo «emúes» porque pienso que ese grupo me-

Aunque típicamente suele ocurrir que los paradigmas de la revolución industrial no encajan con nosotros, en este caso los tres turnos estándar de las fábricas funcionan razonablemente bien. Por desgracia, hoy en día muchos creativos trabajan en entornos en los que se aplica la jornada laboral estándar de ocho horas, e incluso cuando no trabajan en edificios en los que hay negocios relacionados, se espera que estén trabajando durante esas horas. Puede ocurrir que justo cuando el día laboral está llegando a su fin, los emúes estén llegando a su pico creativo y los búhos se estén acercando a su fase de calentamiento.

Es posible que tu jefe tenga una fuerte influencia en tus horarios y en tu disponibilidad, pero si eres un creativo independiente, suele ser mejor cambiar tu horario para que esté de acuerdo con tu cronotipo, en lugar de intentar cambiar tu cronotipo para que encaje con las preferencias de otras personas. La mayoría de las personas creativas son mucho más capaces de modificar y crear su propio horario de lo que suele parecer inicialmente: suele ser más falta de consciencia y valentía que falta de posibilidad. Nuestro sistema educativo y nuestra cultura laboral nos normalizan para que seamos alondras, al punto que a menudo las personas no saben que no son alondras o no se dan permiso de explorar los horarios de los emúes o los búhos; cuando toman consciencia de ello y se dan permiso para trabajar en su horario natural, suele haber una serie de conversaciones que se necesita tener que requieren valentía para llevarse a cabo.

Por ejemplo, muchas madres creativas que son alondras pasan los que serían sus momentos más creativos despertando a sus hijos y llevándolos al colegio. Una opción para reclamar la mañana podría ser que pidan a su pareja que se encargue de los niños; otra podría ser negociar con la familia para irse a dormir más pronto de manera que puedan levantarse más temprano, en cuyo caso se tendrán que ocupar de los niños después de su segmento de concentración y sirve como ciclo de incubación postcreativo. Quizás los emúes prefieran que sus mañanas empiecen con reuniones para poder tener las tardes libres para el trabajo de concentración, pero hacer eso también podría significar negociar tardes sin reuniones con sus compañeros de trabajo y colegas. Los búhos pueden seguir una estrategia similar en la que las primeras horas de la tardes sean su tiempo para socializar, de manera que tengan las últimas horas de la tarde y las noches libres.

---

rece su propio nombre de ave. Los emúes también son aves raras cuando se las define en contraste con las aves voladoras.

MIKE VARDY   NO TIENES QUE LEVANTARTE TEMPRANO PARA SER PRODUCTIVO

Tengo un pequeño secreto que compartir contigo: no tienes que levantarte temprano para ser productivo. No tienes que ser madrugador para tener ventaja. De hecho, si eres una persona que trabaja mejor en las últimas horas del día, es más importante que evites la tentación de intentar ser madrugadora, en lugar de prestar atención a tus tendencias naturales como noctámbula.

¿Por qué? Porque tienes batallas más importantes que pelear (como ocuparte de tu lista de cosas que hacer) y gastar energía en cambiar tu reloj interno no es el mejor uso de tu tiempo y de tu atención. En lugar de eso, concéntrate en ser proactivo de una forma distinta a como lo son tus compañeros madrugadores…, como hago yo.

Éstos son dos consejos rápidos para prosperar siendo un noctámbulo en un mundo orientado hacia los madrugadores:

- Dale la vuelta al guion y haz tus tareas importantes más tarde para mantenerte proactivo, y haz las tareas más fáciles en la primera parte del día, de manera que guardas tu mejor versión de ti mismo para tus horas de trabajo primordiales.

- Asegúrate de tener una rutina matinal y una rutina para el atardecer. De hecho, yo diría que tu rutina del atardecer es más importante que la matinal, porque tenerla establecida te permite empezar el día siguiente con menos fricción.

Ser noctámbulo no tiene nada de malo. Durante años ha funcionado para mí, y si sigues los sencillos pasos que te acabo de explicar, puedes conseguir que funcione para ti también.

Mike Vardy es escritor, estratega de productividad y fundador de TimeCrafting. Es autor de varios libros, incluidos *The front Nine: How to Start the Year You Want Anytime You Want* y *The Productivityist Playbook*. Es un conferenciante renombrado y ha enseñado prácticas de productividad en las populares plataformas educativas online CreativeLive y Skillshare, en las que sus cursos están entre los más populares en la categoría de negocios. Mike vive en Victoria, en Columbia Británica, Canadá, con su increíble esposa y sus hijos.

Mientras piensas cuál sería el mejor momento del día para ti para realizar tu mejor trabajo, debes darte cuenta de que las personas no saben qué es lo que hay en tu agenda y a menudo dan por sentado que tienes otros compromisos que gobiernan tu disponibilidad.

Digo esto porque muchas personas abordan el proceso de planificación como si tuvieran que defender los motivos por los que no están disponibles. Pero a menos que tú lo menciones o que tu disponibilidad esté excesivamente limitada, rara vez te sacarán el tema.

Entonces, en lugar de hacer que tus segmentos de concentración encajen con los horarios de otras personas que trabajan contigo, establécelos como algo predeterminado a lo que se tienen que adaptar los demás. A menos que todas las personas con las que trabajas sean del mismo cronotipo que tú y hayan expresado horarios incompatibles, lo más probable es que encuentres momentos para trabajar con todo el mundo.

El día de la semana

Algunos días de la semana pueden ser mejores para hacer ciertos tipos de trabajo que otros.

Por ejemplo, quizás encuentres que el lunes es un día perfecto para planificar y para sumergirte en tu trabajo, de manera que puedes agrupar las reuniones y trabajar para concentrarte en que la semana empiece bien; hacer esto el viernes no funcionaría tan bien si tu equipo y tú estáis más distraídos.

O tal vez el lunes sea un día particularmente difícil para hacer cualquier trabajo pesado porque tu ex tiene a los niños el fin de semana y eso tiene repercusiones emocionales los domingos en la noche y en la mañana siguiente, de manera que tiene más sentido que los lunes te concentres más en el trabajo administrativo y en el cuidado personal.

Aunque es verdad que tu contexto laboral y tu nivel de autonomía variarán, aun así puedes prepararte para el éxito pensando bien qué días de la semana son mejores para determinados tipos de trabajo.

Éstos son algunos principios generales:

- **Coloca el trabajo que requiera más esfuerzo (decisiones, análisis y evaluación, y el trabajo profundo) en los días en los que tienes más energía creativa y positiva.** Esos días deberían tener también la mayor parte de los segmentos de concentración; tener más segmentos de concentración en los días en los que tienes la mejor energía para ellos proporciona un estándar útil que ayudará a tu planificación dinámica. Para muchas personas, los lunes y martes tienen más sentido, aunque es posible que nos cueste un poco despejar esos días de las reuniones habituales y de la mentalidad de trabajo ajetreado de los lunes por la mañana.

- **Deja el trabajo de seguimiento y colaborativo para los días en los que hay más personas disponibles y «concentradas».** Para la mayoría de la gente, esto es del martes al jueves. Enviar correos electrónicos de control y muy pensados los lunes en la mañana y los viernes en la tarde no hace más que aumentar la probabilidad de que quienes los reciban pasen de los correos electrónicos y las llamadas.

- **Programa reuniones sociales «más ligeras» los jueves y los viernes.** Cuando digo ligeras quiero decir conversaciones que son mayormente para construir buenas relaciones y para mantenerlas, más que para tomar decisiones, hablar de estrategias o para el trabajo colaborativo. Los jueves y los viernes también son excelentes para las revisiones y las verificaciones semanales con tus compañeros de trabajo o con el equipo del éxito, ya que eso tiende a crear plazos que centran la atención para la semana.

La superposición en los días mencionados arriba refleja la realidad, y la forma en que organices tus segmentos para cada día te permitirá ocuparte de múltiples objetivos. Por ejemplo, si eres madrugador y aprovechas los lunes, las mañanas de los lunes y los martes podrían ser segmentos de concentración sólo para tu mejor trabajo; las tardes de los lunes y los martes pueden incluir reuniones que requieran mucho cerebro y mucha energía, y también puedes asegurarte de que tus segmentos administrativos en las tardes de esos días sean para hacer seguimientos y controles. En este escenario, puedes estar seguro de que tus viernes van a tener que ser mucho menos intensos y exigentes para que ese día puedas programar las reuniones, los pagos y el trabajo administrativo.

Los fines de semana son tus comodines. Aunque he presentado la hegemonía de la semana laboral de lunes a viernes,[10] es sólo una convención social. Sin duda, es una convención poderosa, pero

no hay ninguna razón por la que no puedas utilizar partes del sábado y el domingo, o todo el fin de semana, para realizar tu mejor trabajo.

De hecho, los sábados y los domingos suelen ser los mejores días para realizar nuestro mejor trabajo, porque muchos de nosotros no tenemos distracciones e interrupciones profesionales: es menos probable que nuestros compañeros de trabajo nos interrumpan si ellos tampoco están trabajando.

Con la idea de que los sábados y los domingos son posibles días de trabajo, podemos llevarlo un paso más allá: no hay ningún motivo para que el lunes tenga que ser el «inicio» de la semana. Muchas personas se sienten frustradas porque sus lunes están llenos de cosas que hacer y ya van atrasadas y no pueden dedicarse a su mejor trabajo durante la semana. Pero si el domingo es el día que haces tu mejor trabajo o la planificación para la semana (y haces ese trabajo), entonces ya estás encarrilado para la semana. Has hecho lo que es más importante primero simplemente cambiando el día que señalas como el primero de la semana.

Una advertencia importante aquí es que debes acordarte de programar tiempo para descansar. A mis clientes les recomiendo hacerlo al menos un día a la semana (lo cual inicialmente puede ser una pelea), pero quizás necesites dos o tres porque, después de todo, tu trabajo no es lo único que está ocurriendo en tu vida. La excepción aquí es cuando los clientes tienen prisa impulsando proyectos, o en una temporada alta que es simplemente parte de su ciclo de trabajo, pero este patrón se repite constantemente, ése es un camino que nos lleva al agotamiento.

Mientras estamos en el tema de reclamar los fines de semana, hay que señalar que muchos padres o cuidadores creativos pasan por alto la realidad de que los fi-

---

10. Ésta es la hegemonía europea; la semana laboral árabe es de domingo a jueves y los días libres son el viernes y el sábado.

nes de semana podrían conseguir niñeras o cuidadores para el *día*, así como para la *noche*. Si eres una alondra o un emú que también es padre o madre o cuidador o cuidadora, conseguir a alguien que te cuide a los niños el domingo mientras te ocupas de tus asuntos en casa o en la oficina podría ser una estupenda manera de avanzar tu mejor trabajo, y sinceramente te sale a cuenta. ¿Preferirías pagar 15 dólares la hora a una niñera para que vea películas con tus hijos en la noche o pagar esos mismos 15 dólares la hora para que los lleve al parque y que luego *tú* puedas ver películas y cenar con ellos después de haber tenido la satisfacción de avanzar con tu trabajo? (Sí, es posible que ahora estés lidiando con prioridades que compiten entre sí de una manera distinta; ése es otro de los motivos por los que hicimos un presupuesto para el proyecto).

Con un poco de calibración de la programación semanal y cambios en tu forma de pensar, puedes dejar de estar resignado al final de la semana o ansioso porque estás atrasado al principio de la semana. Recuerda esto: cuando la realidad no encaja con tus planes (agenda), no trates de cambiar la realidad; cambia tus planes.

Podrías llevar esta idea más allá teniendo en cuenta las estaciones del año. Es posible que te sientas más inspirado y tengas más energía para realizar tu mejor trabajo en invierno, y que te sientas aletargado en verano. O quizás la primavera sea la mejor época para ti para iniciar nuevos proyectos importantes. Y, obviamente, si tu mejor trabajo requiere que estés al aire libre o si está ligado a las estaciones naturales, tenlo en cuenta para la hoja de ruta de tus proyectos y la regla de los cinco proyectos.

«Primero lo primero» no se refiere necesariamente a la secuencia

«Primero lo primero» es un recordatorio de que debes asegurarte de que estás emprendiendo acciones en base a tus prioridades más importantes, en lugar de dejar que cosas menos importantes consuman tu tiempo. Aunque eso está bastante claro, la gente suele inferir que hay que atender las prioridades más importantes antes que otras cosas *en secuencia*.

Eso no es necesariamente así. Que algo sea primero en *prioridad* no significa que sea primero en *secuencia*.

Por ejemplo, si tu prioridad principal es hacer tu trabajo creativo pero no eres una persona madrugadora, entonces probablemente sea mejor que te centres en el trabajo no creativo en las mañanas para no intentar hacer el trabajo creativo en el momento equivocado del día.

Asimismo, podrías retrasar tu proyecto más importante para este trimestre hasta que hayas terminado otros proyectos urgentes y ruidosos, de modo que puedas concentrarte en ese gran proyecto importante sin una cacofonía de monos parlanchines en tu mente, hablándote a gritos de los otros proyectos.

O quizás has decidido que conseguir los defensores de tu proyecto adecuados es la prioridad más importante para garantizar su éxito, en cuyo caso podrías necesitar terminar un esquema inicial del proyecto *antes* de acercarte a esas personas.

Si te has sentido frustrado porque las cosas que más te importan no son las primeras cosas que haces (en un día, una semana o un mes), no te preocupes. Lo más importante es si estás haciendo esas cosas en el momento adecuado.

Cuándo hacer tu planificación dinámica

Mientras hablamos de cuándo hacer qué tipos de trabajo, quizás te estés preguntando cuándo deberías hacer la planificación. Antes de entrar en el tema de cuándo podría ser el mejor momento para trazar tu plan, es importante que recuerdes que el mejor momento para crear un plan es cuando te das cuenta de que no tienes ninguno. No importa si es en la mitad del día, de la semana o del mes: si te estás esforzando y sientes que te estás quedando atrás, puedes dejar de esforzarte durante quince minutos o una hora y elaborar tu plan. Por favor, no caigas en la trampa de pensar que sólo porque no empezaste el día, la semana o el mes con un plan, debes quedarte estancado hasta el día siguiente, o la semana o el mes siguiente.

Sin embargo, para saber cuándo hacer tu planificación dinámica, tenemos que entrar en el tema de la frecuencia. Afortunadamente, ése es el aspecto más sencillo de la práctica. Una vez por semana, crea tu plan semanal. Una vez al día, crea tu plan para el día. Y así sucesivamente.

Si estás fluyendo con tu planificación dinámica, normalmente no te llevará mucho tiempo hacerla, debido a la regla de los cinco proyectos.

Esto es lo que a la gente le suele funcionar bien:

- **Planificación diaria: la noche anterior o lo primero en la mañana, antes de ver tu correo electrónico.** Hacer tu plan antes de ver el correo electrónico te ayuda a evitar que las POP dirijan tu plan. Esto normalmente puede hacerse en menos de 15 minutos.

- **Planificación semanal: el domingo en la noche o lo primero el lunes en la mañana, antes de ver tu correo electrónico.** Normalmente, esto puede hacerse en menos de 30 minutos.

- **Planificación mensual: el fin de semana antes del inicio del mes o el primer lunes del mes.** Esto podría requerir un segmento de concentración si no has estado haciendo tu planificación dinámica semanal.

- **Planificación trimestral: la semana antes de que empiece el trimestre.** La planificación trimestral suele necesitar varios repasos si no has estado haciendo tu planificación dinámica mensual.

- **Planificación anual: el mes antes de que comience el año.** La planificación anual puede requerir múltiples repasos.

Aunque la presentación de este cuadro es de abajo hacia arriba, la realidad es que es *mucho* más fácil hacer la planificación dinámica del nivel inferior si ya has hecho la planificación dinámica del nivel superior.

Saber en qué cinco proyectos vas a trabajar este mes y qué proyectos recurrentes deben ser incluidos en esta semana deja bastante claro en qué debes concentrarte cada día.

Adicionalmente, si hiciste la planificación dinámica de la semana pasada, es bastante sencillo determinar qué proyectos podrías hacer esta semana, por la forma en que los proyectos están enlazados y secuenciados. El trazado frecuente y la corrección del rumbo (en el nivel de perspectiva correcto) facilitan mucho las cosas.

Utiliza la división 5/10/15 para generar impulso a diario

La *división 5/10/15* hace que tu planificación dinámica sea muy sencilla y te ayuda a corregir el rumbo cuando la realidad se interpone en tus planes. Esta división combina la regla de los cinco proyectos con la frecuencia diaria de la planificación dinámica. Utiliza tus cinco proyectos (para el día y la semana) para crear y actualizar tu plan diario durante 10 minutos por la mañana y 15 minutos al final del día.

La magia de la división 5/10/15 es que nos ayuda a navegar por los dos desafíos que todos tenemos: (1) lograr un gran comienzo del día y (2) soltar al final de la jornada.

Estos dos desafíos están estrechamente relacionados. Dado que con frecuencia no sabemos qué es lo que deberíamos hacer, acabamos haciendo un montón de tareas «fáciles» que no suelen ser lo más importante. Cuando finalmente empezamos a pensar de una forma sensata, ya hemos perdido muchísimo tiempo y acabamos tratando de compensar de una forma exagerada trabajando más tiempo.

Entonces, en el momento exacto en el que nos damos cuenta de que ya no podemos hacer algo sin echarlo a perder, nos acordamos de todas las cosas que deberíamos haber hecho. Sabemos que no lo vamos a acabar por mucho que nos castiguemos, pero simplemente no logramos soltarlo.

Ésta es la cuestión:

a menos que seas bueno planificando tu día, es muy difícil hacerlo a primera hora de la mañana.

Es mucho más fácil revisar tu correo electrónico y distraerte con las POP, lo cual sólo sirve para repetir el mismo patrón que has estado tratando de interrumpir.

Entonces, en lugar de intentar hacerlo de esa forma, trabaja en las partes 10 y 15 de la división. La parte 5 es la regla de los cinco proyectos, y dado que estás familiarizado con ella, puedes limitar tu atención a las perspectivas semanal y diaria: es decir, cuáles son tus cinco proyectos para esta semana y, en base a eso, cómo vas a pasar tus segmentos para dar impulso a esos proyectos.

La clave para poner en marcha la división 5/10/15 es en realidad la revisión al final del día, más que la organización de la mañana. Es por este motivo por lo que se le da un poco más de tiempo, pero también es porque estás haciendo preguntas más difíciles. Empezaremos hablando de la revisión.

La revisión de 15 minutos

La revisión es fundamental porque normalmente tenemos una mejor perspectiva al final del día que al inicio. Sabemos lo que hicimos y lo que no hicimos, y tenemos una idea bastante clara de cuáles son los pasos que debemos dar a continuación para continuar avanzando. Entonces, aunque nuestro nivel de agobio puede ser mayor, no sufrimos por las telarañas mentales que nublan el inicio del día.

La *revisión de 15 minutos* contiene tres preguntas:

1. **¿Qué lograste? (¡Celebra!).** Reconoce lo que hiciste, en lugar de concentrarte en lo que no hiciste. Siempre, siempre, *siempre* celebra lo que has logrado. La vida no es más que una serie de pequeños pasos y si no celebras las pequeñas victorias, es más difícil crear el impulso necesario para las grandes victorias.

2. **¿Hay algo que tengas que hacer en este momento para poder desconectar?** Esta pregunta responde a esa molesta sensación de que has olvidado hacer algo. Revisa tu bandeja de entrada de correo o tu lista de tareas que hacer en busca de esas cosas que tienen que ocurrir hoy. Pregúntate qué pasaría realmente si no hicieras aquello que te estás planteando: te sorprendería saber cuántas cosas pueden esperar hasta el día siguiente.

3. **¿Cuándo deberías hacer las cosas que no lograste hacer hoy?** Es posible que haya muchas cosas que surgieron durante el día que deberías hacer pronto, en algún momento, pero no tiene que ser hoy. Si hay algo que se tiene que hacer mañana o en algún día específico, ponlo en la app, la herramienta, el planificador o el calendario que uses, de manera que puedas verlo mañana. Así, tu mente puede soltarlo y podrás tener un poco de paz.

Si no terminaste aquello en lo que estuviste trabajando hoy, toma nota de dónde debes comenzar la próxima vez que lo retomes. Esto es estupendo para los proyectos creativos en los que tienes que mantener el impulso pero en los que quizás no puedas trabajar todos los días.

La organización de 10 minutos

Si empiezas la división 5/10/15 con la revisión de 15 minutos, habrás hecho la mayor parte del trabajo duro. Lo único que tienes que hacer a continuación es ponerte a trabajar y hacer lo que te dijiste que ibas a hacer.

Éstas son las preguntas que debes hacerte durante la *organización de 10 minutos:*

1. **¿Ha cambiado algo importante entre la última revisión y ahora?** La palabra clave aquí es *importante*. Algunas cosas sí cambian el rumbo de tu día. Por ejemplo, es posible que tus hijos se enfermen y tengas que cambiar tus planes para poder cuidar de ellos.

2. **¿Qué planeaste para hoy?** Aquí es donde revisas el plan que hiciste para ti el día anterior. Recuerda que, probablemente, cuando hiciste la revisión tenías una idea más clara que ahora de lo que debes hacer hoy.

3. **¿Con qué vas a empezar en este momento?** Este paso es para establecer la intención de concentrarte en esa única cosa durante tu próximo segmento, en lugar de arrastrarte por algunos proyectos y no hacer ningún avance real en ninguno de ellos. Es mejor completar o hacer un avance real en una cosa que arrastrarte por tres cosas.

Quizás te sientas tentado a responder a la primera pregunta revisando tu correo electrónico y tu buzón de voz, pero antes de que lo hagas, pregúntate qué es lo que hay ahí que vaya a cambiar tu día. ¿Empezaste a programar algo? ¿Estás esperando algo que está relacionado con un proyecto en el que vas a trabajar esta mañana? Planea cómo vas a procesar el correo electrónico y el buzón de voz; en esta etapa, es mejor buscar algunos mensajes clave que sean relevantes para lo que tienes que hacer en este momento, en lugar de lanzarte a revisar tu correo.

Quizás te estés preguntando por qué es una división 5/10/15 y no 5/10/10 o 5/15/15. Es una división 5/10/15 porque he aprendido mediante prueba y error (personalmente y con clientes y alumnos) que ése es un buen equilibrio entre no darte suficiente tiempo y requerir demasiado tiempo. Es difícil tener el nivel de perspectiva y rigurosidad correcto en menos de diez o quince minutos, y mucho más tiempo haría que fuera simplemente otra cosa más a la que resistir.

La división 5/10/15 hace que todos los demás niveles de planificación dinámica sean mucho más fáciles y rápidos. Dado que nunca estás tan lejos de los rieles de guía que son tus planes, no tienes que esforzarte por volver a ellos. Y dado que es más probable que hayas estado concentrado en tus cinco proyectos, no es necesaria mucha gimnasia y recalibración.

No planifiques con demasiada antelación

Otra práctica aparentemente contradictoria con la planificación dinámica es *no* planificar intencionadamente más de lo necesario. Planificar demasiado lejos es una forma excusable de evitar hacer el trabajo que se tiene que hacer *hoy*; a algunas personas les gusta el aspecto de resolución de acertijos de la planificación más que remangarse la camisa y ponerse a trabajar.

Pero aquí hay una tensión obvia, porque no planificar con suficiente antelación puede hacer que no estemos preparados y pidamos apoyo demasiado tarde en el proceso. Por ejemplo, darte cuenta de que sería beneficioso que algunos de tus colegas (de tu equipo del éxito) revisaran un aspecto de tu proyecto tres días antes de tu fecha de entrega hará que sea demasiado difícil tener el apoyo que posiblemente necesitas. Pero la otra cara de la moneda aquí es que hacerles saber que necesitarás que revisen algo dentro de cuatro meses, *antes* de saber cómo está progresando el proyecto, podría significar que debes hacerles saber que vas atrasado si es que te desvías.

Suponiendo que has tenido en cuenta los plazos y el tiempo para los relevos, y que los tienes registrados en el nivel mensual de la planificación, cuatro semanas es lo más lejos que puedes planificar razonablemente los segmentos diarios con algún grado de confianza. La pirámide de proyectos es tu amiga aquí porque, por ejemplo, para dentro de tres semanas sólo necesitas saber en qué bloque semanal tienes que trabajar, y cuando llegue la hora de hacer la planificación dinámica para esa semana, puedes entrar en los detalles de cómo vas a usar tus segmentos.

Debería estar claro que estoy utilizando el término *planificar* de una forma muy específica: no es que no tengas *ninguna* idea de lo que vas a hacer en el futuro, sino que no has llegado a un nivel de detalle que requiera modificar excesivamente tus planes porque son demasiado detallados. Como analogía, si estás haciendo un viaje transcontinental por carretera, planificar cada parada para ir al baño, cada comida y cada descanso para cargar combustible para la siguiente semana es una exageración. En realidad sólo necesitas saber lo que te espera al día siguiente.

Con la práctica, encontrarás el nivel de planificación anticipada que funciona mejor para ti. Por lo general, encuentro que tener una buena idea de los proyectos de las próximas dos semanas es suficiente para que las cosas avancen sin planificar en exceso. En el nivel del equipo, tener una buena idea de los proyectos de los próximos dos meses (en esa perspectiva de tiempo) es suficiente para que pueda guiar al equipo y asegurarme de que el trabajo que ellos necesitan que haga está en mi plan. Pero ten presente que mis siguientes dos semanas de trabajo están ligadas al contexto de una perspectiva más amplia: puedo tener los ojos tapados, pero sé que estoy corriendo en la dirección correcta y en la pista correcta.

Cómo hacer la primera ronda de planificación dinámica

La división 5/10/15 es un marco estupendo para utilizarlo para agrupar tus días, pero no te muestra el panorama más amplio. La parte más difícil de la planificación dinámica es hacer la primera ronda, porque no es completamente obvio por dónde empezar.

Éste es un resumen rápido de cómo hacer tu planificación dinámica si estás empezando de cero:

1. **Empieza con la perspectiva mensual.** Es suficientemente grande para tener contexto, pero suficientemente pequeña como para no requerir que planifiques un tiempo para planificar.

2. **Revisa y registra cualquier fecha de entrega o evento importante.** Un evento importante en el nivel mensual suele ser algo que te sacará de la rutina normal durante unos días o un evento de un día que requerirá muchos preparativos: presentaciones importantes, bodas, viajes que requieren cuatro días o más, el primer o el último día de colegio/trabajo, y días de mudanza son todos

ejemplos de eventos importantes dentro de la perspectiva mensual. Estas fechas límite y estos eventos crean restricciones difíciles en tu programación e influyen en cuántos segmentos tienes y en lo que necesitas dedicarles.

3. **Si tienes una idea clara de tus cinco proyectos para el trimestre, revísalos, haz ajustes y regístralos.** Estos cinco proyectos te dan el contexto para determinar cuáles deberían ser tus cinco proyectos para este mes.

4. **Decide cuáles deberían ser tus cinco proyectos para el mes.** Recuerda que la regla de los cinco proyectos es *técnicamente* no más de cinco proyectos activos por perspectiva de tiempo, de manera que no tienes que llenar esos cinco espacios para proyectos (es posible que no puedas hacerlo, dado el paso 2 recién mencionado) y te estás comprometiendo a *hacer* proyectos, en lugar de limitarte a escribirlos. Podría serte útil revisar los verbos de acción del capítulo 5 para determinar qué verbos necesitas usar para tus cinco proyectos.

5. **Agrupa esos cinco proyectos en bloques semanales para cada semana del mes.** Es posible que algunos proyectos no necesiten extenderse durante el mes completo; por ejemplo, si una de tus fechas límite es para completar un informe importante, puedes decidir usar unos cuantos segmentos la semana antes de la fecha límite para acabar con eso y que lo puedan revisar tus colegas, de manera que puede que no necesite un espacio completo en la semana en que debe ser entregado. Acuérdate de aplicar la regla de los cinco proyectos a esas semanas y tener en cuenta los eventos (que normalmente ocupan un espacio) y los proyectos recurrentes.

Si eres como la mayoría de la gente, necesitarás revisar tus proyectos semanales un par de veces, ya que la primera revisión suele ser excesivamente optimista cuando uno usa la regla de los cinco proyectos. Recuerda que te estás comprometiendo con proyectos importantes que vas a terminar, no con todas las cosas en las que podrías trabajar.

Una vez que has comenzado con la perspectiva mensual, puedes decidir acercarte a perspectivas de tiempo más amplias con bastante facilidad. A muchas personas les resulta más fácil saltar a la perspectiva anual desde ahí, ya que pueden ver cómo se conectan los trimestres; pero probablemente no necesitas ir más allá de la perspectiva mensual para los futuros trimestres, puesto que hacerlo sería planificar con demasiada antelación.

Además, si eres de los que planifica de arriba hacia abajo, quizás te resulte más fácil empezar con tus cinco proyectos para el año y luego ir bajando hasta la visión mensual. La buena noticia es que los pasos son los mismos, pero simplemente necesitarás hacer algunas sustituciones para las perspectivas de tiempo.

Dado que la división 5/10/15 es una excelente ayuda para mantener el ritmo, concédete un segmento de concentración para hacer tu planificación dinámica para el mes, siguiendo los pasos mencionados antes. Definitivamente, te resultará más fácil si usas el *Monthly Momentum Planner* que puedes descargar en www.startfini-shingbook.com/resources, pero también puedes utilizar una hoja de papel en blanco.

A continuación, vamos a hablar de cómo continuar balanceándote y zigza-gueando mientras navegas entre las victorias y los reveses que se presentan cuando estás haciendo tu mejor trabajo.

CONCLUSIONES DEL CAPÍTULO 8

- La planificación dinámica es el proceso de estar continuamente haciendo y modificando planes en todas las perspectivas de tiempo.

- Los siete factores ambientales que deben funcionar para ti son el sonido, el olor, la luz solar, la ropa, el desorden/organización, la cantidad de espacio y la música.

- Agrupar el trabajo es el proceso de realizar varios tipos de trabajo similares en un tramo de tiempo; amontonar trabajo es el proceso de realizar varios tipos de trabajo distintos, pero compatibles, en el mismo tramo de tiempo.

- Los sapos son las tareas y las partes de los proyectos que realmente no que-remos hacer, pero abordarlas con mayor frecuencia nos ayuda a mantener más baja la proporción de resistencia al trabajo.

- En lugar de usar lo que debe hacerse como la base de tu planificación diaria o semanal, básate en cuándo es mejor hacer ciertos tipos de trabajo.

- Que algo esté primero en prioridad no siempre significa que tenga que estar primero en la secuencia.

- La división 5/10/15 combina la regla de los cinco proyectos con la planificación dinámica durante 10 minutos antes de que empieces a trabajar y 15 minutos al final de tu jornada laboral.

- Planificar con demasiada antelación puede crear frustración y resignación, ya que cuanto mayor sea la antelación, más probable es que tu plan sea incorrecto.

Cómo pasamos nuestros días es,
ciertamente, cómo pasamos nuestras vidas.
ANNIE DILLARD, *The Writing Life*

Genera impulso a diario

Cuando pensamos en florecer, tendemos a pensar en el panorama general, pero la realidad es que lo que nos hace florecer es la acumulación de días útiles y productivos. Crecemos haciendo, y eso ocurre dentro de los días.

Pero es en los días de nuestras vidas donde aparecen las distracciones, las interrupciones y las consecuencias de nuestras decisiones. Ahí es donde tenemos que balancearnos, zigzaguear, pisar y bailar para pasar a través de los vacíos de los proyectos en los que estamos trabajando. La buena noticia es que tenemos 365 días en el año para empezar a terminar nuestro mejor trabajo; la mala noticia es que es increíblemente fácil que un día se nos escape y subestimar la importancia de cada día.

Los pasos que demos hoy crearán un camino distinto para mañana. Y como cada paso cuenta, vamos a empezar por ahí.

Celebra las pequeñas victorias para que puedas celebrar las grandes

Tu mejor trabajo va a ser dividido en proyectos que a menudo van a necesitar meses, trimestres y años para ser completados. Pero entre el momento en que comienzas un proyecto y el momento en que lo terminas, puede haber una gran cantidad de reveses, avalanchas, agitación y minicrisis existenciales que, combinados, son suficiente para hacer que pierdas la noción de tu objetivo y que acabes dirigiéndote hacia una fuerte colisión.

También es cierto que con prácticamente cada bloque de tiempo que dedicas a tu proyecto, haces que avance. Las excepciones son cuando estás generalmente agitado o cuando estás por llegar a la línea de meta, pero aun así, esos episodios de agitación son parte del proceso. Permanecer en el campo de juego durante la agitación es mejor que abandonar por completo.

Por mucho que nos hemos enfocado en terminar, la verdad más matizada es que lo que más importa es progresar. Aunque puedes terminar proyectos específicos, nunca habrás acabado con tu mejor trabajo. Cada proyecto terminado es sólo el comienzo de otros proyectos y, a medida que vayas teniendo éxito y evolucionando, los parámetros para tu mejor trabajo cambiarán. Para progresar, tienes que terminar proyectos, y aunque eso produce una gran satisfacción, normalmente ésa no es la meta final.

El hecho de que progresar sea el objetivo más importante también nos permite aceptar la experiencia de que la felicidad que llega al terminar un proyecto es, en el mejor de los casos, fugaz. Es bastante habitual invertir los límites de nuestra sangre, sudor y lágrimas en un proyecto de nuestro mejor trabajo para luego, cuando está completado, tomar distancia y pensar: «¡¿Eso fue todo?!». En un determinado momento, la alegría está en el proceso y en el progreso, no en el producto, pero para algunos de nosotros el producto de nuestro trabajo es la base de nuestro sustento.

Pero si el progreso es más importante que terminar, eso también significa que entonces vale la pena celebrar todos los pequeños bloques de trabajo que terminamos cada día.

Claro que cuando digo celebrar no me refiero a dar una fiesta cada día, aunque si eso es lo que te gusta hacer, no te voy a juzgar. Lo que quiero decir es que debes tomarte unos minutos para reconocer que lo lograste y que en un mundo excesivamente distraído, presionado y urgente, terminaste algo que te importaba.

Me parece extraño que las celebraciones diarias sean un concepto nuevo por el que en ocasiones tengo que luchar cuando se toma en el contexto de cuántos momentos pasamos rumiando acerca de lo que *no* salió como queríamos. Podemos simplemente reemplazar nuestra autocrítica diaria con celebraciones diarias. Como mínimo, las celebraciones diarias nos permiten contrarrestar las historias negativas que reforzamos, generamos y absorbemos cada día.

SRINIVAS RAO   NO ROMPAS LA CADENA

Cuando se trata de nuestros proyectos creativos más ambiciosos, no solemos celebrarlos hasta que haber vertido sangre, sudor y lágrimas sobre ellos. Pero no tiene por qué ser así. No sólo se ha demostrado que el simple acto de monitorear nuestro progreso incrementa la motivación, sino que además mejora nuestra sensación de realización cuando estamos trabajando en un proyecto.

La versión más simple de esto fue popularizada por Jerry Seinfeld, cuando un joven humorista le pidió consejo sobre cómo ser mejor en su profesión. Seinfeld le dijo que comprara un calendario y que cada día que lograra escribir un chiste marcara una X en él. Con el tiempo, se formaría una cadena y el objetivo era simplemente no romper la cadena.

Cuando podemos ver nuestro progreso, no tenemos que postergar la gratificación, y el progreso crea motivación e impulso. En lugar de dejar que nuestro bienestar esté determinado enteramente por los resultados, podemos hacerlo con nuestro esfuerzo. Tu esfuerzo, tus actos y tu comportamiento siempre están bajo tu control.

Comprométete con una acción constante, mide tus esfuerzos, y tu satisfacción y tu motivación subirán como la espuma.

Srinivas Rao es el autor de *An Audience of One: Reclaiming Creativity for Its Own Sake* **y anfitrión del podcast** *Unmistakable Creative*, **en el que ha entrevistado a más de 700 personas.**

Éstas son algunas maneras en las que puedes celebrar tus pequeñas victorias:

- **Crea un diario de victorias en el que destaques tres victorias cada día.** No todas tienen que estar relacionadas con tu mejor trabajo, y si ya tienes algo parecido a un diario de gratitud, puedes añadir una pequeña sección para tus victorias. Esto también forma parte de la división 5/10/15, pero quizás quieras explicar tus victorias más tarde por la noche o antes de acostarte para reflejar el día entero. Irte a dormir habiendo registrado tus victorias hace que tengas un sueño más reparador que si te vas a la cama teniendo en tu mente los reveses y tus frustraciones.

- **Cuéntales tus pequeñas victorias a otras personas.** Puede que no te parezca digno de mención que terminaste una parte de algo, pero lo es, y es muy probable que tus amigos y tu equipo del éxito se interesen, se entusiasmen y celebren contigo.

- **Ten un registro de proyectos y/o buenas rachas.** Una cosa es crear una buena racha o cierto ritmo en un proyecto, pero otra cosa más poderosa es ver que te ha ido tan bien en los últimos tres meses. Este registro puede ser una herramienta increíble para cambiar las historias sobre ti mismo, ya que es una evidencia de que puedes hacer lo que te propongas.

Si no creas la práctica de celebrar las pequeñas victorias, te resultará más difícil celebrar las grandes, por dos motivos: (1) las pequeñas victorias hacen que superes el vacío y que luego puedas crear grandes victorias, y (2) si puedes celebrar lo que podría parecer una victoria insignificante, las victorias más importantes te resultarán más fáciles de reconocer y celebrar.

Algo que he aprendido de mi propio trabajo y con los clientes es que la práctica de celebrar las pequeñas victorias cambia el lenguaje y la mentalidad en torno a las grandes victorias: en lugar de pensar que «tal cosa ocurrió», pensamos «yo/nosotros hicimos que ocurriera». Se atribuye menos al misterio, la suerte o el azar, y hay un mayor reconocimiento de que fueron nuestras acciones las que produjeron el resultado.

Y, ciertamente, no hay ningún misterio en ese cambio:

**es fácil ver qué fue lo que te condujo a la gran victoria
cuando has estado celebrando todas las pequeñas victorias
a lo largo del camino y siendo consciente de ellas.**

Crea hábitos y rutinas que faciliten generar impulso y mantenerlo

Mientras estamos en el tema de crear el hábito de celebrar las pequeñas victorias, vamos a hablar de una forma más general de los hábitos y las rutinas. Ambos son ejemplos de comportamientos predeterminados, es decir, comportamientos que son automáticos o que no requieren que elijamos cada vez. Son increíblemente útiles porque reducen los requerimientos cognitivos y energéticos del día, eliminando decenas de pequeñas decisiones diarias que agotan la limitada cantidad de energía con la que contamos cada día. Cada elección que no tenemos que hacer nos permite concentrar esa energía en cosas que realmente importan, y todo tiene sentido.

El secreto no tan secreto de los comportamientos predeterminados es que, dado que somos criaturas de hábito, los creamos de una forma natural. Sin embargo, esos comportamientos que creamos de una forma natural rara vez son los que nos hacen florecer. Como regla general, los comportamientos predeterminados generados de una forma natural tienden a centrarse en la comodidad, el placer y la supervivencia, en gran parte porque nuestra configuración biológica recompensa esos estados. Nuestra configuración biológica es tal que cuanto más frecuentemente hacemos algo, más probable es que lo volvamos a hacer la próxima vez. Como dijo el neuropsicólogo Donald Hebb, «lo que arde conjuntamente, se configura conjuntamente».

Entonces, cualquier discusión sobre los comportamientos predeterminados tiene que empezar con la realidad de que tenemos algunos comportamientos predeterminados, y que podemos crear más y distintos. La cuestión es cómo crear y mantener comportamientos predeterminados que funcionen para nosotros y minimizar aquellos que van en nuestra contra. El método de planificación dinámica, la división 5/10/15 y los segmentos de tiempo son ejemplos de comportamientos predeterminados que hemos estado creando para hacer espacio para nuestro mejor trabajo, pero vamos a examinar con más detalle los hábitos y las rutinas.

Hábitos

Los *hábitos* son comportamientos que están tan arraigados que tienes que inhibirte de llevar a cabo esos hábitos cuando está presente aquello que los activa. Hay una manera de atarte los cordones de los zapatos, de cepillarte los dientes o de comer ciertos tipos de alimentos que tendrías que intentar activamente hacer de una forma distinta, y aun así es posible que no lo logres. También tienes una manera predeterminada de interactuar con tus aparatos: por ejemplo, muchas personas cambian de canal sin ser conscientes de ello, de la misma manera en que no escogen atarse los cordones de los zapatos de una determinada manera.

Las *anclas* son los hábitos que están centrados en los entornos y los instrumentos. Los entornos son los contenedores dentro de los cuales realizamos los hábitos y los instrumentos son las cosas que activan ciertos hábitos. Para muchas personas, la parte difícil de hacer ejercicio no es lo que ocurre *en el gimnasio*, sino ir *al gimnasio*. Una vez que estás allí, no es sólo pensar que más vale que hagas algo porque ya estás ahí; el entorno mismo hace que ponerte a hacer ejercicio sea la opción predeterminada contra la que tienes que decidir. Es algo más sutil, pero lo mismo ocurre cuando entras en una sala de conferencias, o en tu oficina, o en casa de tus padres.

Dado que sabemos que los cambios ocurren con los lugares y los instrumentos, podemos elegir crear nuestros hábitos en torno a esos lugares; éste es uno de los motivos por los cuales en el capítulo anterior invertimos tanto tiempo en asegurarnos de que tu entorno funciona para ti. Pero, como ocurre con todos los hábitos, tenemos que crear y cultivar activamente anclas para que tengan poder. Si quieres realizar tu mejor trabajo en la mesa de la cocina, tendrás que asegurarte de que *no* haces continuamente trabajo administrativo en la mesa de tu cocina con el mismo instrumento, ya que eso no establece el ancla. Si quieres usar tu tablet para la lectura profunda, procura que no sea la misma tablet en la que ves películas y juegas videojuegos.

Rutinas

Las *rutinas* son hábitos o comportamientos que se hacen consistentemente en la misma secuencia o al mismo tiempo. Son el equivalente de las moléculas, siendo los hábitos los átomos individuales que forman la molécula. La mayor conclusión sobre las rutinas es que la única elección que tienes que hacer es *empezar* la rutina; el resto de la secuencia tiene la inercia para completarse.

Las rutinas crean movimiento, y ése es el motivo por el cual las rutinas matinales son tan atractivas e importantes, independientemente de nuestro cronotipo.

Las alondras empiezan a trabajar más temprano y los búhos más tarde en el día, pero cada uno de ellos tiene toda una rutina previa al trabajo que parece ser bastante similar. Las funciones biológicas sostienen a una gran parte de nuestras rutinas: lo que varía es *cuándo* comemos y vamos al baño, no el hecho de que necesitamos hacerlo.

Pero las rutinas matinales son sólo un tipo de rutina que podemos crear. Las siguientes son otros tipos de rutinas que aligerarán tu carga cognitiva:

- **Rutinas antes de acostarte.** ¿Qué serie de acciones te prepararán para dormir mejor? Algo tan sencillo como tomar un vaso de agua, lavarte los dientes, escoger la ropa para el día siguientes y escribir en tu diario de gratitud o de victorias puede crear un período de ralentización que te ayudará a prepararte para dormir, en lugar de intentar dormir abruptamente después de haber estado frente a la pantalla.

- **Rutinas de calentamiento para trabajar.** ¿Qué secuencia de acciones te prepararía mejor para trabajar? Si tienes que desplazarte diariamente al trabajo, piensa en las primeras cinco acciones que realizas y considera si hay un orden que sea mejor. Por ejemplo, ver tu correo electrónico y tu buzón de voz podría estar *al final* de la secuencia, en lugar de estar al principio. Si trabajas desde tu casa, tener una rutina que delimite claramente los diferentes períodos de tu día puede ser de gran ayuda para evitar una mescolanza continua de trabajo, quehaceres, distracciones y tiempo de relleno.

- **Rutinas de finalización de la jornada de trabajo.** El 15 de la división 5/10/15 podría ser sólo una parte de tu rutina de finalización de la jornada de trabajo. La tuya podría incluir organizar tu mesa de escritorio, retirar platos, volver a colocar libros en su lugar, asegurarte de que has guardado todo tu trabajo en la nube, etc.

- **Rutinas posteriores al trabajo.** Si te tienes que desplazar para ir a trabajar, esto podría incluir acciones consistentes como poner tu bolso, tus llaves, tu billetera y tu teléfono en ciertos lugares, sacar la basura del coche, etc. Pero también podría incluir meditar, oír música, hacer ejercicio y realizar otras actividades que ponen un amortiguador entre la energía de la oficina y la de casa. Si estás trabajando desde casa, pueden ser muchas de las mismas cosas, y probablemente necesitarás *más* rutinas para crear el amortiguador entre los modos de trabajo. Los cuatro metros y medio que tienes que caminar desde la mesa de la cocina hasta el sofá a menudo significan que simplemente arrastras contigo el trabajo cognitivo desde la mesa de la cocina hasta el sofá.

- **Rutinas de arranque en frío.** Puede ser difícil volver a tu mejor trabajo si lo has dejado durante unos días. Una rutina de arranque en frío es una lista de cosas que hacer para volver a agarrar el ritmo. Puede que suene exagerado, pero yo imprimí mi rutina de arranque en frío para la redacción mientras estaba escribiendo este libro, y releía y seguía los pasos cuando había estado tres o cuatro días sin escribir debido a mi agenda y a problemas de salud.

- **Rutinas de quehaceres.** Los quehaceres se tienen que hacer, pero puede ser realmente útil crear una rutina de quehaceres de tal manera que los hagas casi automáticamente. Como mínimo, puede ayudarte a evitar distraerte y dejar los quehaceres a medio hacer.

Dado que somos criaturas de hábito, probablemente ya tienes algunos hábitos o comportamientos para cada uno de los tipos de trabajo o transiciones mencionados arriba.

Puedes añadir nuevos hábitos (lo que suele llamarse *agrupamiento de hábitos*) para crear un flujo de actividades con propósito que se ocupe de cosas importantes, todo ello sin tener que decidir cada vez. Mientras tu cuerpo está en movimiento, tu cerebro puede enfocarse en otra cosa o ralentizarse y recuperarse de cualquier cosa que hayas estado procesando antes.

Por ejemplo, utilizando la lista de rutinas de la página anterior, podrías pasar de tu rutina de finalización de la jornada a tu rutina posterior al trabajo y luego a tu rutina de quehaceres (de hecho, tu rutina posterior al trabajo puede contener tu rutina de quehaceres) y esto puede crear un simple fluir que luego abra el resto de la tarde para ti para que estés más plenamente presente con las otras cosas que importan o que te permita estar en «modo recarga» total.

Deja un rastro de migas para ti

Considera dos verdades: (1) normalmente es fácil saber cuál es el siguiente paso de un proyecto al final de una sesión de trabajo y (2) puede ser increíblemente difícil determinar cuál es el siguiente paso al iniciar sesión de trabajo. Parte del motivo por el cual podemos estar absortos en nuestro mejor trabajo es que, una vez que agarramos un buen ritmo, es realmente fácil mantenerlo. Asimismo, parte del motivo por el cual evadimos nuestro mejor trabajo es porque cuanto más se enfría un proyecto, más difícil es ponerse en marcha.

Dejar un rastro de migas es la práctica de proporcionarte a ti mismo maneras fáciles de retomar tu trabajo. Esto viene del cuento de Hansel y Gretel,[1] y por si lleves mucho tiempo sin oírlo, Hansel y Gretel dejaban un rastro de migas de pan para evitar perderse en el bosque. La metáfora es adecuada, aunque debemos pasar por alto la parte en la que los animales se comen el rastro de migas.

Dejar unas migas de pan para nosotros mismos requiere que hagamos dos cosas que no se nos suelen dar muy bien: (1) reservar suficiente tiempo al final de un segmento de concentración para dejar migas de pan y (2) prever que el impulso que tenemos al final de un segmento de concentración no va a estar ahí al comienzo del siguiente. Lo que hacemos con más frecuencia es utilizar todo nuestro tiempo disponible tratando de terminar algo y luego nos deslizamos hacia otra cosa. Pero esa concentración intensa y ese deslizarse hacen que sea increíblemente difícil ponerse en marcha la siguiente vez, de modo que pasamos una gran cantidad de tiempo regresando al proyecto sólo para volver a repetir el ciclo otra vez.

Además, a menudo damos por sentado que seremos capaces de volver a sumergirnos en el proyecto antes de que se enfríe para nosotros, pero la vida tiene la molesta costumbre de no continuar de la manera que creemos que lo hará. No es sólo que nuestro proyecto y nuestros segmentos de concentración planificados puedan ser desplazados, sino que puede ocurrir algo entre el final de un segmento y el siguiente que haga que demos vueltas y acabemos desorientados.

La ironía es que una vez que aceptas que estarás desorientado al principio del siguiente segmento de concentración y te preparas para ello dejando migas, entonces es mucho más difícil que estés desorientado al principio del siguiente segmento

---

1. Esta metáfora también se utiliza en el diseño de páginas web para hacer referencia a la convención de mostrar al lector cómo llegó a un determinado lugar en una página web.

de concentración. Una vez que has adoptado el hábito de dejar migas, el impulso diario se vuelve una realidad.

Éstas son algunas maneras de dejar migas de pan:

- Al final de una sesión de trabajo (podría ser al final de un segmento de concentración o al final de los últimos segmentos de concentración consecutivos), déjate una nota breve que diga dónde debes retomarla.

- Si estuviste realmente fluyendo y perdiste la noción del tiempo, tu tiempo adicional para dejar migas de pan es al final del día, durante la división 5/10/15. Aunque no es tan conveniente como hacerlo al final de la sesión de trabajo, es mejor que empezar en frío a la mañana siguiente o en tu primer segmento de concentración del día.

- Plantéate utilizar el truco del escritor Ernest Hemingway de detenerte antes de quedarte vacío y dejar algo fácil para el comienzo del día siguiente.[2] Te interesa que sea lo suficientemente fácil como para que no sea necesario un gran esfuerzo intelectual, pero que sea suficientemente difícil como para que tengas que concentrarte.

Aunque hemos estado hablando de migas de pan en el contexto de proyectos activos, otra práctica útil es asegurarte de que todos los proyectos que están en pausa o estancados tengan migas, lo cual puede ser algo tan sencillo como tener claro cuál va a ser la siguiente acción. Las migas para los proyectos en pausa podrían indicar las condiciones necesarias para comenzar el proyecto o los motivos por los cuales están en pausa, mientras que las migas para los proyectos estancados podrían indicar por qué están estancados. En ambos casos, las migas de pan evitan que tengas que preguntarte qué está ocurriendo con ese proyecto en particular cada vez que lo miras.

---

2. Uno de los muchos consejos de Ernest Hemingway para escribir es: «Y acuérdate de detenerte mientras todavía estás yendo bien. Eso mantiene las cosas en movimiento, en lugar de dejarlas morir cada vez que dejas de escribir. Cuando haces eso, descubres que al día siguiente estás vacío y no puedes continuar». Larry W. Phillips, ed., *Ernest Hemingway on Writing* (Nueva York: Touchstone, 1999), 217. Esto se aplica a cualquier trabajo creativo, no sólo a la escritura de novelas.

Dado que las migas de pan suelen equivaler a microplanes, al igual que ocurre con todos los planes, no tienen que seguirse necesariamente. Mientras piensas en tu trabajo, es posible que tengas una idea, una revelación o comprensión que deje claro que tiene que ocurrir algo distinto. Puedes seguir por ese camino, e incluso si no es fructífero, aún tienes tus viejas migas de pan que evitarán que estés vagando sin rumbo en el desierto creativo. Si el nuevo camino es fructífero, puedes evaluar si tu camino de migas de pan sigue siendo relevante o si te lleva a un desvío.

Minimiza las interrupciones y las distracciones

Mientras estamos hablando de los entornos, es un buen momento para pensar en las distracciones y las interrupciones que podrían estar impidiéndote hacer tu mejor trabajo. Las he agrupado porque son desvíos no planeados de tu trabajo, pero sus causas son fundamentalmente distintas, de manera que hacerles frente requiere respuestas distintas.

Examinemos las diferencias fundamentales entre interrupciones y distracciones:

- **Las interrupciones son desviaciones externas que nos impiden realizar nuestro mejor trabajo.** Son cosas como que los niños entren a la habitación, llamadas telefónicas entrantes y compañeros de trabajo llamando a la puerta (a pesar de la regla de no llamar si la puerta está cerrada).

- **Las distracciones son desviaciones internas que nosotros nos permitimos**. Correo electrónico, redes sociales, YouTube, temporadas anteriores de *Battlestar Galactica* o ese nuevo ejemplar de una revista entran dentro de esta categoría. Ninguna de estas cosas entran en la habitación y tiran de nuestra camisa; nosotros permitimos que tiren de nosotros.

Aunque la reducción de las distracciones y las interrupciones requiere soluciones distintas, las soluciones en sí mismas tienen el denominador común de que primero debes encontrar el *punto de acceso* y examinar cómo modificarlo. Concentrarnos en el punto de acceso evita la distracción o la interrupción, en lugar de reaccionar a ella, porque una vez que te has distraído o has sido interrumpido (especialmente durante el trabajo intenso), ya has perdido el hilo y es posible que no puedas recuperarlo fácilmente.

El correo electrónico, por ejemplo. Aunque puede ser cierto que las configuraciones de notificaciones en tus equipos pueden aparentar ser interrupciones, tú eres el que permite esas notificaciones. Si puedes elegir deshabilitarlas pero decides no hacerlo, entonces estás permitiendo que te distraigan. Si cambias esas notificaciones, la única manera en que puedes ser distraído por el correo electrónico es si lo *revisas*; los puntos de acceso para el correo electrónico son, por lo tanto, los equipos y las aplicaciones que te permiten revisar tu correo. Si eliminas o minimizas esos puntos de acceso, haces que sea más difícil que el correo electrónico te distraiga. Hace quince años el correo nos distraía menos simplemente porque no teníamos los motores de notificación en nuestro bolsillo y no existía la expectativa de respuesta casi instantánea.

Interrumpir las interrupciones

De las dos cosas, las interrupciones tienden a ser más difíciles de minimizar o eliminar porque (normalmente) están implicados otros seres vivos; darte cuenta que hay una gotera porque el agua gotea sobre tu cabeza es también una interrupción, pero ese tipo de interrupciones son poco frecuentes para la mayoría de la gente.

Para facilitar la explicación, al hecho de que mayormente no te puedan interrumpir le llamaré *desconectar*, entendiendo que generalmente querrás desconectar para los segmentos de concentración, pero también puedes desconectar para los segmentos de recuperación.

Para poder desconectar es necesario que haya conversaciones y negociaciones sobre los límites, de manera que es útil descomponer estas conversaciones según los tipos de personas a las que te estás dirigiendo:

- **Jefes.** Debido a la dinámica del poder, las interrupciones de un jefe o una jefa pueden ser las más difíciles de minimizar o eliminar, ya que el que no te puedan interrumpir puede hacer que te quedes sin un trabajo en el que ser interrumpido. Afortunadamente el mejor interés de tu jefe y el tuyo se alinean: los jefes quieren que trabajes más y mejor, y tú quieres trabajar más y mejor. Por lo tanto, plantear tu necesidad de desconectar para poder trabajar más y mejor es una base común a partir de la cual puedes hacerlo.

- **Compañeros de trabajo.** Empezar por tu jefe hace que minimizar las interrupciones de tus compañeros de trabajo sea mucho más fácil, ya que tu tiempo de desconexión está permitido por tu jefe. En la mayoría de los casos, negociar momentos de disponibilidad común con tus compañeros de trabajo es un alivio bienvenido por muchos equipos, ya que desplaza la mentalidad de «siempre disponible» de la que pocos pueden hablar pero la mayoría sigue.

- **Familia adulta.** Mientras que los niños y los animales domésticos tienden a ser peores que los adultos en cuanto a las interrupciones, es tu familia adulta la que puede ayudarte a encargarse de las interrupciones de los niños, pero también puede ser enorme motor de interrupción. Cuando hablo de adultos estoy incluyendo a los adolescentes que son mayormente capaces de cuidar de sí mismos, de los niños más pequeños y de los animales domésticos si se les motiva adecuadamente para que lo hagan. Para desconectar de la familia adulta, sobre todo hay que negociar el tiempo libre/de desconexión y asegurarte de que tenéis convenciones similares vigentes como las tienes con tu equipo de trabajo acerca de lo que es relevante para interrumpir tus períodos de desconexión y cómo contactar contigo.

- **Niños.** Aunque las reglas acerca de interrumpirte mientras estás trabajando y/o no llamar a la puerta cuando está cerrada puede ayudar con las interrupciones de los niños, seguir reglas es algo que a los niños no se les suele dar muy bien, y esto sin contar a los bebés y a los niños menores de tres años. Para desconectar cuando hay niños son necesarias dos estrategias: (1) hacer que un miembro adulto (o casi) de la familia asuma toda la responsabilidad de cuidar de ellos mientras tú estás desconectado y (2) ir físicamente a otro lugar mientras tu reemplazo se encarga de los niños. Afortunadamente, el tiempo puede ser tu aliado aquí, en el sentido de que es posible que tus hijos estén en el colegio, o realizando actividades extraescolares o, en el caso de los más pequeñitos, durmiendo en los ratos en los que puedes desconectar de otras fuentes de interrupción.

Es posible que necesites ocuparte también de otras personas como clientes, vecinos y amigos, pero esas relaciones son mucho más coyunturales y borrosas que las antes mencionadas. Si tu amiga está pasando por un divorcio desagradable, puede que recibas muchas interrupciones, ya que necesitará procesarlo contigo; en la mayoría de los casos y con la mayoría de amigos, es posible que no te puedan interrumpir tanto como en el caso de la amiga en crisis. El amor de tu vecino por su ruidosa motocicleta podría ser un infierno para tu sesión vespertina de trabajo, pero puede ser poco razonable esperar que no trabaje en su moto mientras tú estás pintando. Algunos clientes te contratarán, a ti o a tu empresa, precisamente porque quieren a alguien a quien puedan interrumpir cuando lo necesiten, en cuyo caso tienen una excusa legítima para poder interrumpirte (dentro de lo razonable).

Una vez que abres la puerta para tener períodos de desconexión, puedes evaluar qué puntos de acceso cerrar. Para los contextos laborales, los puntos de acceso más comunes son tu teléfono, tu correo electrónico (ordenador), centros de colaboración como Slack (ordenador) y tu puerta o tu zona de trabajo si es que tienes una oficina abierta. Alguna combinación de cambiar entornos, cerrar aplicaciones y pasar al modo inalámbrico va a ser el ajuste de desconexión adecuado para ti. Si trabajas desde casa, simplemente reemplazas tu puerta o tu mesa de escritorio con cosas análogas, pero añades las fuentes mencionadas antes, de manera que sigue reduciéndose a las mismas combinaciones mencionadas y además asegurarte de que alguien cuide de los niños o animales domésticos y los mantenga fuera de tu espacio de trabajo. La mayoría de teléfonos inteligentes tienen un modo No Molestar y configuraciones que te permiten especificar los momentos y las personas que pueden comunicarse contigo cuando tu teléfono está en el modo No Molestar. Configurar esto te garantiza que ciertas personas pueden interrumpirte en determinados momentos, pero no vas a ser molestado por llamadas automáticas o personas que «sólo quieren hablar».

Lidiar con las distracciones

Una razón importante por la que debemos tratar el tema de las distracciones y de las interrupciones por separado es para evitar el patrón común de malgastar un período de desconexión o un segmento de concentración planificado con cosas que decidimos permitir que nos distraigan. Es demasiado fácil crear el tiempo, el espacio y el entorno que necesitamos y luego caer en un agujero de clics, de correos electrónicos o de conversaciones que no necesitábamos iniciar o responder.

En muy pocas ocasiones elegimos conscientemente dejar que nos distraigan y no pretendemos ser distraídos durante todo el tiempo que acabamos siendo distraídos. Pocas personas entran en Facebook con la intención de pasar 45 minutos desplazándose por la pantalla y discutiendo con extraños. Un vídeo de YouTube acaba convirtiéndose en siete vídeos. Esa llamada rápida a tu amiga se convierte en una conversación de 37 minutos sobre lo que la maestra de su hijo le hizo ayer.

Las distracciones digitales pueden ser especialmente devastadoras para nuestro impulso por lo fácil que es caer en lo que yo llamo «el bucle infinito de distracciones digitales» (al que a partir de ahora llamaré *el bucle*). Un correo electrónico contiene un enlace a una página web; la página web contiene unos cuantos enlaces, ventanas emergentes y opciones para compartir; una opción de compartir te envía a una red social y aquello para lo que tenías que registrarte está en tu bandeja de correo; en algún lugar a lo largo del camino te dieron una opción de comprar algo o recordaste que había algo que tenías que comprar en Amazon, entonces tienes que ir a buscar tu cartera; cuando regresas con ella o terminas de ver las trece diferentes opciones para esa cosa en Amazon, hay un nuevo correo electrónico importante que acaba de llegar o te acuerdas de que tienes que prepararte para tu próxima reunión; después de la reunión o del correo electrónico, ahora tienes seis pestañas abiertas y tienes que ver los «me gusta», los comentarios o las respuestas en el enlace que compartiste. La totalidad de los momentos no planeados a lo largo de un día puedes acabar pasándolos en *el bucle*, y si la forma en que lo he explicado te parece desquiciante, absurdamente cómica y tediosa, entonces he reflejado la realidad bastante bien.

El problema no es que nos distraemos por un instante, sino que entramos en *el bucle*, donde la combinación de la realización de pequeños objetivos y la dopamina hacen que nos quedemos ahí. En ese momento nos parece que estamos logrando algo y eso nos resulta satisfactorio, pero somos como una mecedora que es puro movimiento y nada de progreso. En realidad, es un retroceso, porque mientras nos hemos estado meciendo, el tiempo ha estado pasando.

Al igual que interrumpir las interrupciones, la forma más sencilla de lidiar con las distracciones es bloqueando sus puntos de acceso. Por ejemplo, es imposible que YouTube te distraiga si no tienes a acceso a un aparato que esté conectado. Por lo tanto, las distracciones siguen el mismo patrón que las interrupciones: cuanto más difícil sea distraerte, menos probable será que te distraigas.

Las estrategias que aparecen a continuación son gradualmente cada vez más agresivas para bloquear las distracciones, así que si las distracciones están desplazando tu mejor trabajo, lee la lista completa:

- **Haz tu plan dinámico diario antes de pasar a otras fuentes de distracción.** La división 5/10/15 es especialmente útil aquí porque puedes consultar el plan que hiciste ayer al final del día y, así, empezar con algo predeterminado. Incluso si necesitas revisar tu correo electrónico o tu *hub* de colaboración, sólo estás intentando *actualizar* tu plan, en lugar de empezar de cero, y tu plan predeterminado puede tener suficiente peso como para sacarte del bucle.

- **Crea mejores planes predeterminados durante los períodos de transición para sustituir a esas cosas predeterminadas que te distraen.** Por ejemplo, en lugar de que revisar tu correo electrónico sea lo primero que hagas, camina por los pasillos en tu lugar de trabajo, o da una vuelta a la manzana si estás en casa. En mi caso, salgo de la oficina después de cada reunión porque si no lo hago es más probable que entre en el bucle y pierda lo que podría haber sido un segmento de recuperación.

- **Desactiva todas las notificaciones y usa ampliamente la función No Molestar.** Si puedes silenciar algo, hazlo. Desactivar *todas* las notificaciones es un punto de partida mejor que eliminar una o dos, con la advertencia de que te asegures de que (1) las conversaciones estén resaltadas en la sección de interrupciones y (2) tengas suficientes segmentos administrativos para las necesarias tareas administrativas triviales que vienen con todos los trabajos.

- **No te permitas entrar.** Dado que es posible que desactivar las notificaciones no sea suficiente para evitar el primer clic del bucle, quizás necesites bloquear la posibilidad de que el primer clic se convierta en un segundo clic. Hay muchas maneras de bloquear las aplicaciones y los sitios web. Actualmente uso y recomiendo Cold Turkey Blocker (para Mac) y Screen Time (para el iPhone), pero estas opciones siempre están evolucionando ya que las empresas de tecnología están reconociendo que se han vuelto muy buenas creando equipos que hacen que la distracción se convierta en un hábito.

- **Borra aplicaciones o elimina funciones.** Si bloquear las apps no es suficiente para mantenerte fuera, entonces elimínalas por completo. Yo suelo sentarme con los clientes cuando éstos eliminan de sus teléfonos las aplicaciones que los distraen, incluyendo, en ocasiones, el correo electrónico y el navegador. Todos los sistemas operativos modernos de los ordenadores te permiten crear cuentas que sólo pueden abrir aplicaciones específicas y/o no pueden abrir sitios web concretos, de manera que podrías iniciar sesión en una cuenta llamada «Mejor trabajo» o «Creador/a» que sólo te permita realizar tu mejor trabajo. Apagar el wifi o retirar la tarjeta del wifi también puede impedirte entrar en el bucle.

- **Utiliza tecnología no inteligente.** Es inconveniente, pero usar aparatos que no tengan Internet o capacidad de distraer hace que la distracción (desde esas fuentes) sea imposible. Por ejemplo, muchas personas necesitan música para concentrarse en el trabajo, lo cual dan por sentado que significa que necesitan sus teléfonos inteligentes, pero en los iPods tradicionales se puede oír música igual de bien y puedes encontrarlos a muy bajo precio en Internet o en las tiendas de empeño. Escribir a mano puede ser más ineficiente que escribir con un teclado, pero si redactas con mejores palabras cuando estás menos distraído, pasar un par de horas a la semana transcribiendo lo que escribiste a mano puede ser más efectivo.[3]

Encontrar la combinación correcta de estrategias de bloqueo de distracciones puede tomar un poco de tiempo y dinero, pero piensa en cuánto tiempo pasas durante la semana en el bucle, recuperándote de las distracciones o frustrado porque perdiste el tiempo libre que tenías durante el día.

Eliminar distracciones puede generar los tres segmentos de concentración recomendados por semana que son necesarios para hacer que el proyecto de tu mejor trabajo avance.

---

3. He escrito la mayor parte de este libro en un AlphaSmart Neo2, un teclado digital de finales de los noventa que puedes encontrar en eBay por 25 dólares, porque redacto más rápido y produzco un mejor trabajo a través de Neo y no me distraigo. Tengo que pasar diez minutos cada pocos días transfiriendo lo que he escrito a mi ordenador, pero es fácil pasar una hora al día en el bucle o repasando mi lista de cosas que hacer para acabar descubriendo que no he escrito todo lo que debía escribir en el día.

Dado que elegimos distraernos, podemos elegir no hacerlo. Resumiendo, si elegimos distraernos, también estamos eligiendo *no hacer* nuestro mejor trabajo. Tú decides.

Cascadas, pozos de alquitrán y atolladeros: tres formas en que los proyectos se estancan

En un mundo ideal, crearíamos una hoja de ruta perfecta, nuestros horarios serían lo que habíamos planeado que iban a ser y no habría ninguna interrupción que nos desviara. En este mundo, los proyectos se desvían, y cuanto más se desvía un proyecto, más probable es que acabe estancándose. De la misma manera en que un proyecto en marcha tiende a mantenerse en marcha, un proyecto en reposo tiende a permanecer en reposo.

Pero los proyectos resbalan y acaban estancados por diferentes motivos; saber esto te ayuda a evitar que se atasquen y a ponerlos en movimiento cuando están estancados. Examinemos algunos de los escollos más comunes que pueden interrumpir nuestro impulso, a los cuales llamo *cascadas, atolladeros* y *pozos de alquitrán.*

Cascadas

Una cascada es el patrón por el cual un proyecto se retrasa y hace que otros proyectos se retrasen también. Aunque a veces es cierto que la cascada comienza porque los proyectos están enlazados, no es necesario que los proyectos estén lógicamente enlazados para iniciar una cascada. Podría ser simplemente que los segmentos de concentración que habías planeado desaparecen o son redistribuidos, de manera que cada proyecto que tira en dirección contraria de los segmentos de concentración se desliza hacia atrás en el tiempo. Esos fragmentos de proyectos empiezan a chocar unos con otros, como en una cinta transportadora que tiene un atasco al final. (Piensa en el episodio de *Yo amo a Lucy* de la fábrica de chocolate).

Para lidiar con una cascada, tienes que trabajar en ambos extremos de la cinta transportadora. Si siguen llegando proyectos y compromisos al mismo ritmo, incluso si trabajas en el extremo final, sigues teniendo un atasco. Si sólo trabajas en el final, seguirás teniendo un atasco.

Así es como se controla una cascada:

- **Pon todos los proyectos opcionales en pausa.** Un proyecto «opcional» es aquel que no te creará problemas si no lo haces.

- **Di «no» a los nuevos proyectos cuando puedas.** Si sigues recibiendo nuevos proyectos antes de poder terminar los que ya tienes, es posible que tengas que mostrar a los representantes de los proyectos lo que tienes pendiente y explicarles por qué necesitas «un descanso de nuevos proyectos» durante unas semanas para ponerte al día.

- **Ordena los proyectos restantes por orden de importancia.** A menudo, esto significa priorizar los proyectos que te pueden dar problemas o avergonzar si no los haces. Si hay proyectos que empatan en importancia, trabaja en aquel que puedes terminar antes y utiliza el método de la bola de nieve hasta que te pongas al día.

- **Trabaja en los proyectos secuencialmente, en lugar de intentar hace siete a la vez.** Es mejor terminar un proyecto o dos por semana y usar el método de la bola de nieve para ponerte al día, que avanzar un poquito en un puñado de proyectos, especialmente si has tenido que negociar con la gente para que te den «un descanso de nuevos proyectos».

- **Utiliza la regla de los cinco proyectos para que puedas ver venir la cascada.** Las cascadas suelen producirse porque nos comprometemos con demasiados proyectos.

No sales de las cascadas barajando proyectos continuamente o simplemente trabajando más rápido; sales de ellas terminando los proyectos esenciales y comprometiéndote con menos proyectos cuando has salido de la cascada.

Atolladeros

Los atolladeros se producen cuando uno tiene demasiados proyectos paralelos al mismo tiempo y no puede terminarlos todos cuando debería. Como ocurre con las cascadas, los fragmentos de proyectos no tienen que ser parte del mismo proyecto más grande; simplemente puedes tener dos proyectos grandes con plazos simultáneos compitiendo por la misma cantidad limitada de segmentos de concentración.

> Así es como se despeja un atolladero:
>
> - **Revisa los proyectos en conflicto para determinar qué partes de los proyectos harán que un proyecto avance.** Si un proyecto empieza a avanzar, tiende a abrir espacio para que los demás proyectos avancen también.
> - **Selecciona tus proyectos y renegocia las fechas de entrega (si es posible).** Esto significa que no tendrás tantos proyectos que entregar al mismo tiempo.
> - **Prevé los atolladeros y hazles frente antes de que ocurran.** Mientras estás trabajando en tu lista de proyectos, debes estar pendiente de los fragmentos de proyectos que probablemente causarán problemas y priorizar terminarlos para que tu atolladero no se convierta en una cascada.

Pozos de alquitrán

Un pozo de alquitrán es un patrón en el cual un proyecto no sólo se estanca, sino que cuanto más tiempo está estancado, más difícil es retomarlo. Es la diferencia entre lanzar una pelota contra el hormigón y lanzarla contra un pozo de alquitrán. Si alguna vez has intentado retomar un proyecto que ha estado estancado durante más de un año, probablemente habrás experimentado el «¡Ajjj!» de un pozo de alquitrán.

Si continuamente encuentras que tienes proyectos en pozos de alquitrán, ésa es una señal clara de que estás desbordado y/o comprometiéndote con proyectos que no están alineados con tus prioridades. Probablemente ya sea hora de que hagas una dieta de proyectos eliminando un espacio de proyectos de la regla de los cinco proyectos y que continúes haciéndolo hasta que empieces a terminar aproximadamente el 80 % de los proyectos con los que te comprometas en el tiempo que te comprometas a hacerlo.

Así es como se maneja un proyecto atascado en un pozo de alquitrán:

1. **Asegúrate de que el proyecto no está muerto.** Si lo está, entonces déjalo ir.

2. **Si está vivo pero está estancado, reconecta con el dolor de no hacer el proyecto, con la advertencia de que no estar a la altura de tus ideales puede ser doloroso.** El proyecto está atascado en el pozo de alquitrán porque piensas que no hacer otros proyectos te causaría más dolor. En lugar de tratar de comparar «sería bueno tener este resultado» con «será doloroso no tener este resultado», suele ser más fácil comparar un dolor con el otro.

3. **Si no lo has hecho, divide el proyecto en partes más pequeñas.** Dado que está en un pozo de alquitrán, suele ser de gran ayuda dividirlo en trozos más pequeños de lo habitual.

4. **Escoge una parte que puedas hacer en los próximos tres días.** El objetivo aquí es lograr avanzar *algo*, ya que un proyecto en movimiento es más fácil de mantener en movimiento.

5. **Trabaja en una parte del proyecto al menos dos veces por semana.** Esto evitará que el proyecto vuelva a caer en el pozo de alquitrán.

6. **Evita meter el proyecto en un armario (metafórico o literal).** Si no puedes ver el proyecto, es demasiado fácil que vuelva a caer en el pozo de alquitrán. Haz las cosas de tal manera que sea más fácil trabajar en el proyecto que ir arrastrándolo.

Cómo atravesar la zona roja creativa

Empujar un proyecto hasta la línea de meta suele ser una de las partes más difíciles de la finalización de un proyecto. A veces te parece que por mucho que trabajes en él, sigues teniendo tanto que hacer como antes de la última vez que empezaste a empujar. A este último tramo lo llamo la *zona roja* del proyecto porque es similar al fenómeno que vemos en el fútbol americano en el que el corredor llega a las últimas veinte yardas antes de la zona de anotación y luego pierde el balón o, en el mejor de los casos, tiene que buscar un gol de campo en lugar de un *touchdown*.

En el fútbol americano es bastante obvio por qué hay tantas pérdidas de balón en la zona roja. Uno de los motivos es porque la defensa bloquea y tiene menos campo que cubrir, de manera que la ofensiva tiene menos opciones de anotación. Entonces está el hecho de que los jugadores de la ofensiva hacen una de estas tres cosas: (1) dan por hecho que están acabados y no hacen el máximo esfuerzo, (2) sucumben al cansancio por haber llevado la pelota ochenta yardas o (3) se emocionan demasiado y cometen errores porque están pensando demasiado en ello.

Los proyectos creativos tienen patrones muy similares. La defensa es la basura mental, las prioridades que compiten y una mala alineación del equipo. Mientras que los dragones que te impiden crear suelen tener muchas vías para impedirte terminar y mostrar tu trabajo, ahora pueden concentrar sus poderes de la misma manera que puede hacerlo la defensa en el fútbol americano. Y a menudo, hacia el final del proyecto, estamos cansados o exasperados, de manera que empezamos a pensar en exceso o sucumbimos a la fatiga creativa, que es la consecuencia natural de gastar una gran parte de la energía mental, emocional y física necesaria para llevar tan lejos el balón creativo. (Irónicamente, la fatiga de la toma de decisiones hace que sea más probable que pensemos demasiado las cosas precisamente porque no tenemos los recursos internos para tomar decisiones ante la incertidumbre).

Esto me recuerda a una de mis citas favoritas del Tao Te Ching:

Las personas, en el manejo de asuntos, a menudo fracasan cuando están a punto de triunfar. Si uno sigue siendo tan cuidadoso al final como lo era al principio, no habrá ningún fracaso.[4]

Atravesar la zona roja es difícil. Aunque hay algunos casos raros de personas que se emocionan positivamente hacia el final de un proyecto, la mayoría de la gente no lo hace. Es por eso por lo que nos aferramos a las cosas y no terminamos.

Pero no tienes que perder el balón en la zona roja. Éstas son algunas de las cosas que puedes hacer para terminar tus proyectos cuando la resistencia te está impidiendo avanzar esas últimas yardas.

---

4. Derek Lin, *Tao Te Ching: Annotated and Explained* (Woodstock, VT: SkyLight Paths, 2006), 129.

Refuerza tu compromiso volviendo al porqué del proyecto

Cuando pasamos a los «cómo» y «cuándo» de un proyecto, es fácil perder de vista por qué empezamos. Al menos piensa en los beneficiarios de tu equipo del éxito que estarán mejor cuando tú termines tu trabajo y lo muestres. El mundo es un poco mejor por lo que has estado haciendo.

Y luego está la realidad de que, a la larga, tú estarás en una mejor situación. Habrás hecho otra cosa importante y podrás estar orgulloso u orgullosa de lo que has creado. Terminar tu mejor trabajo es uno de los mejores regalos que puedes darte.

Concéntrate en lograr que sea suficientemente bueno

Como dijo Voltaire, «lo perfecto es enemigo de lo bueno», simplemente porque esa perfección es inalcanzable, lo cual significa que si ése es tu objetivo, nunca acabarás. La clave para ser útil y productivo es entender que lograr que algo sea suficientemente bueno es lo mejor que podemos hacer; necesitamos que otras personas hagan que nuestro trabajo sea excelente.

Debes saber que cuanto más importe, más será sólo un comienzo

Cuanto más te importa un proyecto o más les importa a las personas que se benefician de él, más significa que es sólo un comienzo.

Un libro es sólo un tema para iniciar una conversación.

Un proyecto comunitario es sólo el comienzo para construir una comunidad próspera.

Una aplicación beta inicia una relación de deleite y utilidad con quienes la usan.

Una nueva dieta es sólo el comienzo de unos cambios en tu estilo de vida para estar más sano.

Una iniciativa de liderazgo es sólo el principio de mejores cosas que llegarán para tu equipo.

A menudo damos por sentado falsamente que cuanto más importa algo, mejor debería ser su comienzo. La realidad es mucho más humilde y accesible:

cuanto más nos importa algo,
mejor será que empecemos a terminarlo *antes.*

Entiende que, hacia el final, normalmente estás trabajando en tu propia mentalidad

A menudo pensamos que estamos mejorando el proyecto, pero con frecuencia no tenemos ningún indicador que mida en qué sentido es mejor.

Una característica esencial de la zona roja es que continuamos
trabajando, pero en realidad no estamos llegando a ninguna parte.

Por lo tanto, trabajar más en ello no va a hacerte avanzar nada. Solamente significa que vas a invertir más horas.

En lo que realmente estás trabajando es en tu propia mentalidad. Te estás diciendo a ti mismo que si trabajas más horas en el proyecto, los detractores y los críticos no podrán quejarse del valor de tu trabajo porque lo diste todo. Te estás diciendo que la próxima contribución va a consolidarlo y va a completarlo todo. O que esta palabra, línea de código, espacio en blanco o toque adicional, o esta investigación de apoyo, hará que sea mucho mejor.

Pero imagina si cambias esa mentalidad por la de servir a los demás terminando tu trabajo. Cada día que te retrasas es un día que tu equipo del éxito no puede ayudarte a marcar una mayor diferencia con tu trabajo.

Haz tu trabajo, luego retírate

Como le dijo Krishna a Arjuna en el Bhagavad Gita: «Tienes derecho a tus actos, pero nunca a los frutos de tus actos».[5] Cuando haces tu mejor trabajo, renuncias a la certeza de los resultados por la certeza del propósito.

Ciertamente, es posible que fracases, pero el lado positivo es que ya no estarás eternamente estancado en la zona roja. Podrás probar algo con el conocimiento de

---

5. Stephen Mitchell, *Bhagavad Gita: A New Translation* (Nueva York: Harmony, 2002), 20.

que lo último que hiciste no funcionó, de manera que puedes invertir más energía en opciones alternativas. O quizás volver al fondo del asunto revele que eso no era algo que deberías haber estado haciendo. Es mejor saber eso hoy que dentro de tres semanas, meses o años.

Una vez más, haciendo referencia a Lao Tzu: «Haz tu trabajo, luego retírate». Pero *retírate* no significa que dejes de trabajar o que saltes directamente a la próxima cosa. Retírate y celebra el camino que has recorrido, los dragones que has vencido y la persona en la que te has convertido al hacer tu mejor trabajo.

Has trabajado duro para atravesar la línea de meta y deberías estar orgulloso. El próximo capítulo trata sobre qué hacer una vez que las has cruzado.

CONCLUSIONES DEL CAPÍTULO 9

- Celebrar las pequeñas victorias de progreso nos permite celebrar los grandes finales.

- Los hábitos y las rutinas minimizan la fatiga de la toma de decisiones y crean períodos más largos de fluidez.

- Dejar rastros de migas para los proyectos hace que retomarlos sea más agradable y eficiente.

- Las interrupciones son desviaciones externas que nos impiden realizar nuestro mejor trabajo; las distracciones son desviaciones internas que nosotros mismos nos permitimos.

- Una cascada en un proyecto ocurre cuando un proyecto que se está retrasando hace que otros proyectos se retrasen; un atolladero en un proyecto ocurre cuando tenemos demasiados proyectos simultáneamente; y un pozo de alquitrán ocurre cuando un proyecto estancado se estanca más cuanto mayor es el tiempo que lleva estancado.

- La zona roja creativa es el último tramo del proyecto donde cuanto más te acercas a la línea de meta, más difícil es atravesarla.

Grande es el arte de empezar,
pero más grande es el arte de terminar.
HENRY WADSWORTH LONGFELLOW
«Verso elegíaco»

Termina con entusiasmo

La sensación de atravesar la línea de meta en tu mejor trabajo es un excitante torrente de éxtasis, alivio, sorpresa y orgullo. Tienes que sumergirte en el proyecto para luego descubrir que eres una persona distinta cuando lo acabas, porque cuando creamos, nos estamos creando a nosotros mismos.

En lugar de simplemente saltar a la siguiente cosa, es hora de disfrutar del éxito que has creado.

Haz la vuelta de la victoria

Cuando las misiones de nuestro convoy estaban a punto de finalizar, cruzábamos la frontera de Irak y regresábamos a Kuwait. Unos veinte minutos después de haber cruzado la frontera, había una sensación colectiva, palpable, de alivio, orgullo y gratitud entre nuestros soldados. Empezaban los chistes, la charla insustancial de la radio tenía que ser acallada, y partes de tu cuerpo que no sabías que podían estar tensas se relajaban. No habíamos terminado, pero al menos podíamos hacer todo lo que se nos ordenaba. Fue entonces cuando supe que no iba a escribir ninguna carta a mis familiares ni iba a dejar que el alto mando me maltratara en la base.

Uno de los motivos por los cuales recuerdo ese sentimiento de una forma tan vívida es porque teníamos un tiempo de transición entre la amenaza constante de una emboscada o un percance y estar de vuelta en la base, la cual, en ocasiones, al ser yo un líder de línea, hacía que sintiera como si ésa fuera una zona de emboscada de otro tipo. Como equipo, teníamos tiempo suficiente para celebrar juntos como lo hacen los soldados: en pocas palabras, teníamos tiempo para celebrar la victoria del equipo antes de que el trabajo aburrido de la base consumiera nuestro tiempo y nuestra atención.

Las vueltas de la victoria son una práctica habitual en los deportes y otros eventos donde hay mucha presión, pero a veces no nos damos cuenta de que hay cosas análogas en otras partes en nuestras vidas. Las recepciones de las bodas, presentar un bebé recién nacido a los amigos, los desfiles de graduación y llevar a los amigos a dar una vuelta en nuestro nuevo automóvil son otras versiones de la vuelta de la victoria. Cuando hacemos o logramos algo importante, queremos mostrarlo. Pero también queremos que la gente aprecie nuestros logros.

Sin embargo, cuando se trata de nuestro mejor trabajo, no solemos sentirnos igual. Nos parece presuntuoso, egocéntrico o infantil celebrar la culminación de nuestro único proyecto, cuando nuestros héroes han hecho un trabajo mucho más importante y mejor.

El hecho de que los frutos de nuestro mejor trabajo probablemente no son tan claros como los de otros tipos de trabajo también hace que nos cueste dar una vuelta de la victoria. En la historia que acabo de contar sobre el ejército, estaba claro qué era lo que se consideraba un triunfo: cumplir con lo que se nos había ordenado que hiciéramos, hacerlo a tiempo y que todos los soldados con los que habíamos salido regresaran ilesos. O cumplíamos con los objetivos o no lo hacíamos. Lo mismo ocurre con la mayoría de los otros ejemplos que he dado.

Pero cuando se trata de los proyectos de nuestro mejor trabajo, nos parece que podríamos hacer más, o hacer las cosas mejor. Dada nuestra tendencia a la negatividad, incluso cuando les contamos a otras personas que hemos terminado algo, nos aseguramos de decirles de qué manera podríamos haberlo hecho mejor, o qué es lo que faltó. Si cumplimos con nuestros objetivos, entonces decimos que nuestro fallo fue no establecer los objetivos correctos. En lugar de dar la vuelta de la victoria, añadimos unos cuantos peldaños perdidos a esa escalera de Jacob que somos expertos en construir.

El capítulo 4 se centró en establecer los objetivos desde un inicio para ayudar a compensar la tendencia a perderlos de vista después de haber empezado. Pero también es importante que hables de tu objetivo original con tu equipo del éxito para que cuando llegue el momento de dar la vuelta de la victoria, ellos puedan animarte a celebrar y ser testigos de tu victoria. En ocasiones la tarea más importante de tu equipo del éxito no es ayudarte a llegar a la línea de meta, sino ayudarte a reflexionar sobre tu exitosa conclusión y a amplificarla.

Pero lo que olvidamos con mucha frecuencia es que la vuelta de la victoria no es sólo para el ganador, sino también para la comunidad.

Tu equipo del éxito ha estado en el campo de juego o acompañándote. Tu familia y tus amigos te han echado de menos, pero han colaborado de todos modos. Tu comunidad te ha apoyado y te ha animado todo el tiempo. Es probable que lo que estás haciendo haya inspirado a alguien y que tu victoria se haya convertido en un ejemplo de lo que es posible. *No* dar la vuelta de la victoria priva a tu comunidad de la oportunidad de celebrar el triunfo que ellos han contribuido a lograr.

He presentado argumentos a favor de la vuelta de la victoria con fuerza porque muchas personas la desestiman, ya que la consideran opcional. No es más opcional que decir gracias o mostrar tu aprecio por la forma, pequeña o grande, en que la gente te ha apoyado. La vuelta de la victoria merece estar en tu lista postfinalización tanto como cualquier otra cosa.

Éstas son algunas ideas sobre cómo dar tu vuelta de la victoria:

- **Cuando hayas terminado tu proyecto, házselo saber a tu equipo del éxito.** No tienes que hacerlo de una forma minuciosa o larga (puedes enviar un texto que ponga «¡Terminado!»), pero ellos necesitan saberlo, sobre todo porque probablemente se han esforzado para ayudarte a atravesar la zona roja.

- **Cuando lo consideres apropiado, haz que sea una respuesta a la pregunta de «¿Cómo estás?» o «¿Cómo va todo?».** Sin duda, quizás a la cajera del supermercado no le interese, pero a tus compañeros de trabajo, tus amigos y tus familiares probablemente sí. Es posible que el camarero que te ha preparado el café y te ha visto escribir en tu ordenador en la hora del almuerzo durante seis meses también se sienta emocionado de saber que él también ha sido parte del proyecto. Por lo general, es mejor evitar contárselo a los detractores, y sé cauto con los desestabilizadores porque podrían hacerte daño.

- **Crea un momento especial.** Podría ser una cena de celebración con tu familia. Podrían ser unas vacaciones, si tu presupuesto te lo permite. Podría ser un concierto o una fiesta de la comunidad. Como regla general, cuanto más intangible sea tu mejor trabajo, más probable será que tendrás que hacerlo tangible y visible; la dimensión física de los espacios nuevos, las cosas del mundo o las actuaciones a menudo provocan una reflexión de una forma que el trabajo intangible no lo hace.[1]

No importa el aspecto que tenga tu vuelta de la victoria; sólo asegúrate de darla. Tu gente y tú se lo merecen.

Crea espacio y tiempo para la transición entre proyectos

Hay una tendencia natural a querer empezar el siguiente proyecto inmediatamente después de haber terminado un proyecto importante, o al menos a planear hacerlo. Sin embargo, eso sería como terminar una maratón y empezar a correr otra maratón inmediatamente. Entenderíamos el desgaste y la probabilidad de sufrir una lesión para el corredor de maratones y, como te imaginarás, hay condiciones análogas esperando a aquellos que no se permiten un tiempo de recuperación y transición con su trabajo.

También hay una consecuencia que sigue a la comprensión de que cuanto más importante sea para ti, más agitado estarás:

cuanto más te importa, mayor es la necesidad de tener un tiempo de inactividad y transición después de acabar tu proyecto.

---

1. El libro de Chip y Dan Heath, *The Power of Moments: How Certain Experiences Have Extraordinary Impact* (Nueva York: Simon and Schuster, 2017) es estupendo para crear momentos especiales.

Has puesto gran parte de tu corazón, tu sangre, tu alma y tu tiempo en el proyecto y el hecho de terminarlo libera toda esa energía al mundo. Pero lo importante es que esa energía es liberada *desde ti*, lo cual significa que en el espacio que solía ocupar el proyecto en tu interior, ahora hay un vacío energético. Vivir con ese vacío puede ser desestabilizador, desorientador, edificante, tranquilizador y producir un anticlímax, todo al mismo tiempo.

Impulsar un proyecto a través de la zona roja a menudo también requiere de mucha disciplina, límites y valentía, de manera que quedan residuos a tu alrededor. Es posible que se te hayan acumulado tareas del hogar y trabajo administrativo. Es posible que tus seres queridos y tus amigos hayan apoyado tu proyecto o hayan tenido que lidiar con estar desconectados de ti mientras tú estabas inmerso en él. Es posible que se hayan acumulado una serie de pequeños proyectos mientras dabas prioridad al proyecto de tu mejor trabajo. Y es posible que estés absolutamente agotado después de haberlo dado todo por ese proyecto; no es nada raro que las personas enfermen justo después de acabar algo importante, como si sus cuerpos hubieran aguantado justo lo suficiente para terminar.

Quizás estés lidiando con todos los elementos que acabo de mencionar, o tal vez haya sólo uno que es particularmente importante para ti. En cualquier caso, es mejor planificar que necesitarás un tiempo de inactividad y transición, y permitirte tomarlo, que dar por sentado que estarás en perfectas condiciones inmediatamente después de la finalización de tu proyecto.

Éstas son unas preguntas para ayudarte a dar algunos valores predeterminados para tu tiempo de transición:

- ¿En qué proyectos que requieran poca energía, o en qué tareas, te resultaría agradable trabajar o aliviarían la presión innecesaria?

- ¿Quiénes son las personas con las que te gustaría quedar o que te harían sentir menos presión si quedaras con ellas?

- ¿Hay algunas formas de expresión artística, aficiones u otras actividades que te gustaría retomar? Por ejemplo, si has estado dedicado a un proyecto de escritura pero te gusta la jardinería, retomarla crearía algo de espacio, en lugar de tener que estar inactivo, nervioso y buscando algo que hacer.

Como mínimo, tendrás que hacer un trabajo de limpieza después de haber cruzado la línea de meta, así que vamos a hablar de cómo sería eso.

Date un tiempo para hacer un poco de «lad»: limpiar, archivar y desechar

El proceso de llevar a cabo un proyecto es desordenado. Durante el proceso acumulamos, desperdigamos, amontonamos, perdemos, rompemos y desgastamos cosas físicas, mentales y digitales por todas partes.

Incluso cuando creamos o mantenemos hábitos y rutinas que nos ayudan a ir limpiando sobre la marcha, tiende a haber un nivel de desechos y de desorden que las barridas rutinarias pasan por alto.

Después de haber terminado un proyecto es el momento perfecto para el trabajo de LAD (limpiar, archivar y desechar).

Vas a tener que hacerlo al menos en tres áreas distintas (ambiental, digital y social), pero es posible que también tengas que hacer un poco de trabajo de LAD en otras esferas de tu vida. Quizás también puedas limpiar y desechar cosas, y luego archivarlas si eres capaz de tomar decisiones rápidas; o podrás saltarte la limpieza si tus rutinas han servido para mantener las cosas relativamente organizadas.

Repasemos esto paso a paso, dando por sentado que tendrás que hacer un poco de limpieza antes de tomar decisiones acerca de lo que deseas desechar y lo que deseas archivar.

Limpiar

Dependiendo de cuán desordenado hayas sido y cuánto haya quedado sin limpiar durante cualquier rutina que hayas tenido, éste podría ser un proceso rápido al que le sigan archivar y desechar, pero lo más importante en esta fase es entender qué hay a tu alrededor.

Usa la lista de abajo para explorar las tres áreas principales de tu vida:

- **Ambiental.** Tu ambiente de trabajo puede ser tu oficina, la mesa de tu cocina, tu taller o dondequiera que hayas estado haciendo cosas. Dependiendo de lo que hayas creado, puedes necesitar hacer un poco de limpieza y mantenimiento de las herramientas que has utilizado. En esta fase de limpieza y mantenimiento se incluye reponer o reemplazar artículos que se gastaron durante el proceso.

- **Digital.** Ahora es un buen momento para evaluar todos los links, los archivos de trabajo, las cosas que descargaste en el escritorio de tu ordenador, y las notas y tareas que creaste para ti. Es poco probable que dentro de seis meses puedas encontrarle sentido al desorden digital que creaste, así que si no lo haces ahora, se va a quedar ahí y va a abarrotar tus sistemas y tu cerebro hasta que decidas que has tenido suficiente y lo elimines. Te recomiendo que hagas una copia de seguridad de tu dispositivo antes de limpiarlo, de manera que incluso si archivas o eliminas algo por error, podrás acceder a ello más tarde.

- **Social.** Puede que te resulte extraño que tu vida social sea un aspecto que tienes que limpiar, pero es útil que consideres qué hacer con la gente de tu entorno. Quizás postergaste una conversación mientras estabas en la zona roja y que ahora sea el momento de tenerla. Quizás no fuiste la mejor versión de ti cuando te interrumpieron, o puede que te comprometieras a hacer un seguimiento o hiciste una promesa que debes cumplir. Probablemente también tendrás una larga lista de «gracias» que dar y no querrás entrar en esa zona incómoda donde ya es demasiado tarde para darlas pero también es raro no hacerlo. (No voy a dar una explicación detallada de los pasos de archivar y desechar para el aspecto social, pero es posible que necesites un poco de espacio —archivar— o una ruptura —desechar— que están fuera del alcance de este libro).

Archivar

Una vez que has logrado entender tu desorden creativo, puedes tomar buenas decisiones acerca de lo que vale la pena conservar y lo que no. En este paso no nos vamos a limitar únicamente a conservar cosas; vamos a organizar las cosas para que sea fácil encontrarlas cuando las necesitemos en el futuro. Ya no tendremos que ir por toda la casa tratando de encontrar un libro, o examinar siete versiones de un archivo para determinar cuál es el más reciente.

Así es como nos encargamos de lo que necesitamos archivar:

- **Ambiental.** Archivar cosas en tu entorno puede ser tan sencillo como volver a ponerlas donde se supone que deberían estar, pero esto también podría incluir reorganizar tu entorno o guardar algunas cosas que no estás usando. Si has impreso muchas cosas, quizás tengas que escanearlas o guardarlas en carpetas con etiquetas para que puedas encontrarlas con más facilidad en el futuro.

- **Digital.** De manera similar, el paso de archivar aquí se centra en organizar todo lo digital de manera que no te estorbe y sea más fácil de recuperar en el futuro. Una diferencia importante es nuestra tendencia natural a guardar un montón de archivos duplicados o versiones ligeramente distintas. En su momento parece ser una buena idea, pero posteriormente nos crea más trabajo cuando intentamos determinar qué archivo es el correcto, o tenemos que revisar cada ítem en una búsqueda. Incluso si quieres conservar todas las diferentes versiones, ponerle el nombre «ÚLTIMO» al último archivo hará que te resulte más fácil encontrarlo en el futuro. Un poco de trabajo de archivo ahora nos resultará de gran ayuda más adelante.

Desechar

Dado que ya has limpiado o archivado todas las cosas importantes, puedes deshacerte de las que no lo son. «Desechar» podría significar reciclar, donar o tirar a algo a la basura. Lo más importante es que es algo que *tú* ya no necesitas, de manera que no tiene ningún sentido continuar aferrándote a eso y cuanto antes te deshagas de ello, mejor. Cuanto más tiempo te aferres a eso, más difícil te resultará deshacerte de ello en el futuro.

Así es como nos encargamos de lo que tenemos que desechar:

- **Ambiental.** Es más difícil deshacerse de las cosas físicas, pero por lo general es más fácil volver a adquirirlas cuando las necesitamos. Las excepciones obvias a esto son los artículos únicos como reliquias, los equipos de alta gama, etc., pero esos artículos no suelen ser los que van a interferir con el próximo proyecto.

- **Digital.** Dado que ya tienes una copia de seguridad de ese desorden, es mucho más fácil eliminar archivos. Si cometes un error, siempre puedes recuperar el archivo de tu copia de seguridad. A menos que produzcas o edites audios, vídeos o imágenes de alta resolución, es poco probable que ocupes tanto espacio que te cree un problema.

Soy muy consciente de que el trabajo de LAD puede parecer ligeramente más atractivo que el trabajo dental; es un sapo que la mayoría de nosotros, incluido yo, preferiría no tener que hacer.

Pero, como ocurre con todos los sapos, no se trata de
si vas a tener que hacer un poco de trabajo de LAD,
sino de lo pesado que será cuando tengas que hacerlo.

No hacerlo durante tu tiempo de transición entre proyectos significa que inevitablemente tendrás que hacerlo en el momento menos conveniente durante otro proyecto.

La impresora se quedará sin tinta justo cuando tengas que imprimir algo para mostrárselo a alguien. O alguien te pedirá un archivo cuando estés de viaje y tendrás que pasar toda una tarde tratando de encontrarlo. O derramarás el café sobre la pila de papeles que tienes en la esquina de tu escritorio o en la mesa de la cocina justo cuando estás a punto de salir para ir al trabajo o a una reunión importante y, por lo tanto, tendrás que elegir entre salvar la pila de papeles o llegar tarde (otra vez).

Entonces, dado que estás intencionalmente entre proyectos (¿no es así?), todavía bastante cerca de tu proyecto como para que tu desorden sea inteligible, y necesitando hacer algún trabajo que te demande poca energía, no hay mejor momento para llevar a cabo el LAD que va a hacer que tu trabajo en el futuro sea mucho más fácil realizar.

Te diré más: el trabajo de LAD en realidad es *parte* del proyecto y, por lo tanto, es necesario para que lo termines por completo.

Las revisiones a posteriori hacen que tu siguiente proyecto sea más fácil, mejor y más divertido

A lo largo de las etapas de realización de tu proyecto, has tenido muchas victorias, así como diversos grados de reveses y desafíos, y has encontrado la manera de ponerte de pie y mantener el impulso. Muchos de esos elementos serán comunes a otros proyectos, y como ocurre con el uso de tus GATES, puedes comenzar tu próximo proyecto aprovechando las lecciones aprendidas, en lugar de tener que volver a aprenderlas. Aprender algo una vez es una inversión; aprenderlo dos veces es una pérdida. Después de prácticamente todas las actividades, los ejercicios o los eventos de entrenamiento en el ejército, se lleva a cabo una revisión *a posteriori* (RAP), en la cual los participantes en el evento los repasan para mejorar la eficiencia operativa, reforzar el entrenamiento y convertir la experiencia en memoria institucional.

En la mayoría de los casos, la RAP forma parte de una lista de verificación tan importante que el evento no ha finalizado hasta que se haya completado. Esto está tan extendido que los soldados suelen bromear acerca de tener que hacerla para las actividades más insignificantes y banales, como barrer el suelo o hacer unas flexiones.

Pero más importante que los elementos de eficiencia, entrenamiento y memoria compartida que acabo de mencionar, es el hecho de que inculca en todos hábito de la mejora continua en todos los niveles. Aunque los soldados puedan bromear acerca de hacer una RAP después de haber barrido el piso, el proceso de pensamiento realmente produce mejoras en la forma de barrer y va más allá.

Piensa en tus aliados y en tu red de apoyo social. ¿Cuál de estas cosas tuvo mayor influencia en ti: cuando acudieron en tu ayuda en momentos en que tenías problemas (yendo a buscarte a las tres de la madrugada porque tenías un neumático pinchado, estando ahí cuando el médico te dio un mal pronóstico) o cuando las cosas iban bien (celebrando tu ascenso o tu récord personal en el gimnasio)?

Hemos sido entrenados culturalmente para creer que un buen amigo está ahí cuando la vida se pone difícil. En los últimos diez años, la ciencia ha volteado el guion para mostrar que apoyar a las personas cuando revelan sus triunfos y sus alegrías es el mejor indicador de satisfacción, intimidad, compromiso y estabilidad en las relaciones. Esto parece una tontería: ¿por qué necesitan las personas tu interés entusiasta, y tus preguntas sobre los detalles, para prolongar su felicidad? Después de todo, son ellas quienes han tenido el evento positivo, no tú. El motivo es que apoyar las declaraciones positivas es una manera segura de averiguar si alguien está realmente interesado en tu bienestar. ¿Qué puedes hacer con este conocimiento?

- Posees una nueva lente para percibir en qué amigos debes invertir (o, con gran dolor, con cuales deberías finalizar la relación).

- Con la práctica deliberada de mostrar apoyo cuando las cosas van bien, puedes interrumpir hábitos y guiones para desarrollar y mantener relaciones más sanas y satisfactorias.

- Puedes empoderarte para dar forma a las relaciones que son más convenientes para tu vida. En lugar de ser un peón pasivo, reactivo, con poca sensación de control, puedes ser un iniciador activo, responsable y con un profundo sentido de la iniciativa.

El Dr. Todd Kashdan, una autoridad mundialmente reconocida en el tema del bienestar, las fortalezas, las relaciones sociales, el estrés y la ansiedad, y profesor de psicología en la Universidad George Mason, ha publicado más de doscientos artículos académicos y es el autor del libro *The Upside of Your Dark Side: Why Being Your Whole Self – Not Just Your «Good» Self – Drives Success and Fulfillment*, entre otros.

Hacer una RAP para tus proyectos puede tener el mismo efecto. En lugar de limitarte a trabajar mentalmente en las preguntas que aparecen a continuación, te recomiendo que escribas tus respuestas en forma de viñeta. De ese modo, cuando llegue el momento de realizar tu siguiente proyecto, puedes revisar tu última RAP, en vez de tener que apoyarte en tu memoria. Es mucho más probable que nuestra imperfecta memoria, cuando funciona, recuerde los reveses y los desafíos, en lugar de recordar las victorias y las prácticas que nos condujeron al éxito.

Éstas son algunas preguntas que puedes hacerte durante tu RAP. El objetivo es ser tan sincero como puedas con tus respuestas; éste no es el momento de maquillar las cosas o autocriticarte.

1. **¿Qué salió bien?** Esta pregunta es bastante directa y estamos empezando con ella a pesar de que la tendencia natural es profundizar en la siguiente. Esta pregunta no tiene que centrarse únicamente en los resultados: considera las personas, los procesos y las herramientas que hicieron que el proyecto fuera bien.

2. **¿Qué reveses, desafíos o errores experimenté?** Esta pregunta también es muy directa. No olvides incluir los desafíos que tuviste con otras personas o con la planificación, el entorno o las herramientas.

3. **¿Qué aprendí?** Esta pregunta es intencionalmente amplia para que abarque las lecciones específicamente ligadas al proyecto así como aquellas que son imperecederas. ¿Descubriste que tenías una fortaleza o una debilidad particular que no reconocías? ¿Aprendiste una nueva técnica clave o entendiste cómo interactúan los principales actores en tu ecosistema?

4. **¿Qué hábitos, prácticas o rutinas quiero seguir manteniendo de ahora en adelante?** Para atravesar el vacío y la zona roja de tus últimos proyectos, probablemente tuviste que desarrollar o reforzar algunos hábitos, algunas prácticas o algunas rutinas. Por ejemplo, mientras escribía este manuscrito, aprendí muy rápidamente que tratar de redactar en casa no estaba funcionando, de manera que empecé a ir a un café que está a aproximadamente un kilómetro y medio de mi casa. Aunque preferiría escribir en casa (en teoría), en la práctica ir a un café es una rutina que probablemente voy a mantener cuando tenga que redactar algo.

Como puedes ver según algunas de las cosas que he destacado de mi experiencia, lo que queda registrado varía desde lo significativo (cuatro meses de dolor y molestias que consumieron el tiempo que tenía para escribir) hasta lo que podría parecer poco importante (ir a un café para poder escribir), pero registrar todo y revisarlo al comienzo de tu próximo proyecto resulta increíblemente útil. Si, por ejemplo, me estoy lamentando o estoy agobiado por lo enorme que me parece el proyecto de escribir un libro, el hecho de recordar que terminé este libro a tiempo a pesar de haber perdido cuatro meses me ayudará a ver que probablemente podré escribir el próximo en el plazo acordado. Y sé que debo planificar ir al café, e incluir eso en mis planes y presupuestos, a menos que haya creado un entorno mejor.

Tus primeras RAPs podrían crear cambios significativos en la forma de realizar tus próximos proyectos. Mientras los haces, es posible que descubras que «sólo» mejoras entre un 1 y un 5 % en cada uno de ellos. Pero mejorar entre un 1 y un 5 % en cada proyecto a lo largo de una década equivale a unas mejoras impresionantes en eficacia, eficiencia e impulso. Un segmento de concentración al inicio de tu proyecto (para repasar las RAPs anteriores y otras que sean relevantes) y al final (para crear una nueva) es un precio muy bajo si piensas en todo lo que obtendrás a cambio.

Al terminar tu proyecto has descubierto nuevas posibilidades

Mientras completabas tu mejor trabajo, has vencido a los dragones, has manejado una horda de sapos, has montado un equipo, has abordado eficazmente unos cuantos atolladeros y pozos de alquitrán, has negociado con desestabilizadores, has dado forma al tiempo y te has enfrentado a tus demonios internos. Ha sido toda una cruzada.

Pero al completar tu proyecto también has descubierto nuevas realidades, nuevas oportunidades y la maestría. Y aunque el término «nuevas realidades» te puede parecer exagerado, realmente es la verdad: hay condiciones en este mundo que no existirían si no lo hubieses hecho cuando, como y con quien lo hiciste.

Cada proyecto de tu mejor trabajo que terminas deja más huellas tuyas en el universo.

Como mínimo, completar tu proyecto ha generado más proyectos. La naturaleza de nuestro mejor trabajo es que nunca se acaba, y muchas personas crean trabajos y proyectos que continúan incluso después de su muerte. La finalización de un proyecto no es más que el comienzo de muchos otros.

> Aunque ésta no es una lista exhaustiva, es posible que la finalización de tu proyecto haya abierto las puertas a nuevos:
>
> - **Proyectos.** ¿Hay una nueva idea o un nuevo proyecto que puede reclamar el lugar que éste ha abierto en tus cinco proyectos?
> - **GATES.** ¿Qué GATES cultivaste o qué nuevos GATES se añadieron a tu colección?
> - **Comunidades.** ¿De qué nuevas comunidades has empezado a formar parte?
> - **Actitudes e historias.** ¿Qué historia contraproducente has descubierto que no era verdad gracias a tu victoria o qué historia positiva se ha convertido en realidad gracias a tu victoria?

Quizás estés en una posición en la que otra persona es responsable de dar opiniones sobre tu trabajo y el progreso de tu carrera, pero incluso en esos escenarios, tú eres responsable de escribir y actualizar la historia de tu trabajo y de tu carrera. Tú estás haciendo el trabajo para crear la historia, así que, adelante, dedícate a escribirla.

Por muy importante y poderoso que sea terminar, es importante que lo pongamos en el contexto adecuado. El siguiente aforismo budista refleja muy bien la tensión:

Antes de la iluminación, cortar leña, llevar agua.
después de la iluminación, cortar leña, llevar agua.

A menudo creemos que después de haber completado un proyecto o un viaje importantes, nuestra vida será fundamentalmente distinta, pero con frecuencia descubrimos que nuestra vida no ha cambiado prácticamente nada. Si nos empeñamos demasiado en querer que el mundo sea diferente y mejor, inevitablemente eso producirá frustración y sufrimiento. Pero también hay otra revelación en el aforismo budista: después de haber logrado algo significativo, tenemos que volver a hacer lo que hicimos para llegar hasta ahí. Entender el aforismo en base a los resultados esperados pasa por alto el hecho de que también trata sobre el proceso y la práctica.

Entonces, sí, ponte metas, haz planes, pon planes en marcha y navega por el vacío para ir de la idea al hecho.

Celebra las victorias que acumules y siéntete orgulloso de tu trabajo. Pero cuando hayas terminado, tómate un respiro, establece nuevos objetivos y empieza a terminar otra vez.

Antes del éxito, empieza a terminar.

Después del éxito, empieza a terminar.

Cuando se trata de tu mejor trabajo, no hay más y no habrá más. Los días que pasas haciendo tu mejor trabajo se combinan para crear una vida floreciente.

Empieza a terminar hoy.

CONCLUSIONES DEL CAPÍTULO 10

- La vuelta de la victoria es una actividad social que tus colaboradores y tú necesitáis.

- Cuanto más importante es un proyecto para ti, mayor es la necesidad de que te tomes un tiempo de inactividad y transición después de terminarlo.

- Tomarte un tiempo para LAD (limpiar, archivar, desechar) hará que el siguiente proyecto te resulte más fácil de hacer porque ya no tendrás que lidiar con los problemas de tu último proyecto.

- Las revisiones *a posteriori* hacen que cada proyecto sea una experiencia de aprendizaje, al tiempo que te preparan para un mayor éxito en los proyectos futuros.

- Terminar un proyecto de tu mejor trabajo te abre las puertas hacia nuevas realidades.

Agradecimientos

Hace falta toda una aldea para criar a un niño, y resulta ser que para escribir un libro también. Me siento agradecido y conmovido por lo grande que es la aldea que está detrás y dentro de este libro. Éste es *nuestro* libro tanto como *mi* libro.

Gracias a mi increíble agente, David Fugate, por creer en mí y en este libro, modificando la propuesta de manera que cantara, y transitando por un sendero brillante para lograr que este libro llegara a la editorial correcta. Gracias a todo el equipo de Sounds True, pero especialmente a Haven Iverson, por ser la perfecta colaboradora editorial para el libro, y a Kira Roark, por unirse a las conversaciones sobre el libro con un año de antelación para que pudiéramos incorporar ideas de marketing en el libro mismo. Y gracias a Todd Sttersten, cuya alianza editorial y estratégica ha sido muy valiosa en cada paso a lo largo del camino. Sin David, Haven, Kira y Todd este libro no existiría.

Gracias a Jonathan Fields, Susan Piver, Pamela Slim, Cory Huff, Karen Wright, Noah Brochman y Jeffrey Davis por ser mis hermanos elegidos y mis compañeros intelectuales cuyas opiniones, cuyos oídos pacientes, ánimos, consejos y creencias me ayudaron a superar los puntos de fricción y a celebrar las victorias a lo largo del camino. Gracias por estar conmigo cuando me tocó montar el toro de la publicación del libro; sigamos con este rodeo, amigos.

Gracias a mi increíble equipo de Productive Flourishing, del pasado y del presente: Shannon McDonough, Josephine Fannin, Jess Sommers, Catherine Oliver, Ashley Zuberi, Dusti Arab, Emma Hand, Marissa Bracke, Sarah Marie Lacy, Lisa Wood y Michelle Mangen. Este libro es producto de años de trabajo al que cada uno de vosotros ha contribuido o apoyado, cada uno a su manera.

Gracias Seth Godin, Pamela Slim, Jonathan Fields, Mike Vardy, James Clear, Srinivas Rao, Chelsea Dinsmore, Susan Piver, Marc and Angel Chernoff, Jeffrey

Davis, Todd Kashdan, Jacquette Timmons, Joshua Becker, Jeff Goins y Ishita Gupta por añadir vuestras voces a este libro. Vuestro trabajo alienta a muchísimas personas (incluido yo) y estoy emocionado de poder explicar un poco más vuestro trabajo.

Gracias a Vanessa Van Edwards, Emiliya Zhivotovskaya, Cynthia Morris, Jonathan Mead, David Moldawer, Tara Gentile, Joel Zavlosky, Mike Ambassador Bruny, Jamie Teasdale, Terry St. Marie, Clay Hebert, Tim Grahl, Larry Robertson, Jen Hoffman, Lisa Buyer, Leo Babauta, Josh Kaufman, Niki Papadopoulos, Chris Brogan, Willie Jackson, Naomi Dunford, Jennifer Louden, JD Roth, Johnny B. Truant, Jenny Blake, Mark Silver, Yvonne Ator, Michael Bungay Stanier, Ali Luke, Luna Jaffe y Jenn Labin por el apoyo, la inspiración, el *feedback* y las ideas a lo largo de los años. Cada uno de vosotros ha tenido un efecto en mí y en este libro de una forma que quizás ni os imagináis.

Gracias a los miembros de la comunidad de Productive Flourishing que habéis estado leyendo, respondiendo llamadas, compartiendo vuestras historias, dándome vuestras opiniones y divulgando mi trabajo en vuestras comunidades. Vuestros ánimos, preguntas, empujoncitos, historias y amparo me alimentan a mí y alimentan mi trabajo; ha pasado más de una década y *todavía* estamos sólo calentando. Seguid con la frente en alto y haciendo vuestro mejor trabajo.

Gracias a mi familia (los Gilkey, los Wheeler, los Ruth, los Brownmiller y los Swearingen), que siempre me ha animado a tener grandes sueños y me ha apoyado, a pesar de que mi viaje me ha llevado lejos de casa. Soy quien soy porque vosotros sois quienes sois.

Mi esposa, Angela Wheeler, es la persona a la que me resulta más difícil de agradecer adecuadamente, pero es la que merece más agradecimientos. Tú has sido una fuerza impulsora y catalizadora en todo lo que he hecho en las últimas dos décadas, y este libro no es una excepción. Gracias por las comidas, por cuidar del gato, por las correcciones de último minuto, por ser una caja de resonancia estratégica, por el espacio, la gimnasia financiera, el coaching y el apoyo emocional que ha sido necesario para llevar a término este libro. Te quiero, cariño.

Lecturas adicionales

CAPÍTULO 1   «ALGÚN DÍA» PUEDE SER HOY

FIELDS, JONATHAN: *How to Live a Good Life: Soulful Stories, Surprising Science, and Practical Wisdom.* Hay House, California, 2018.

FRANKL, VIKTOR: *El hombre en busca de sentido: el análisis existencial y la conciencia espiritual del ser humano.* Editorial Paidós, Barcelona, 2012.

ROBERTSON, LARRY: *The Language of Man: Learning to Speak Creativity.* Daymark Press, Arlington, 2016.

VANDERKAM, LAURA: *I Know How She Does It: How Successful Women Make the Most of Their Time.* Portfolio, Nueva York, 2017.

CAPÍTULO 2   LLEGAR A TU MEJOR TRABAJO

CHERNOFF, MARC y CHERNOFF, ANGEL: *Getting Back to Happy: Change Your Thoughts, Change Your Reality, and Turn Your Trials into Triumphs.* TarcherPerigee, Nueva York, 2018.

HENDRICKS, GAY: *Tu gran salto.* Editorial Faro, Madrid, 2019.

KAPLAN THALER, LINDA y KOVAL, ROBIN: *Grit to Great: How Perseverance, Passion, and Pluck Take You from Ordinary to Extraordinary.* Currency, Nueva York, 2015.

PALMER, AMANDA: *El arte de pedir: Lo que he aprendido sobre dar, aceptar y no sufrir.* Turner, Madrid, 2015.

STRECHER, VICTOR J.: *Life on Purpose: How Living for What Matters Most Changes Everything.* HarperOne, San Francisco, 2016.

CAPÍTULO 3   ESCOGE UNA IDEA QUE SEA IMPORTANTE PARA TI

FERRISS, TIM: *Tools of Titans: The Tactics, Routines, and Habits of Billionaires, Icons, and World-Class Performers.* Houghton Mifflin Harcourt, Nueva York, 2016.

GILBERT, ELIZABETH: *Libera tu magia: una vida creativa más allá del miedo.* Aguilar, Madrid, 2016.

GODIN, SETH: *The Dip: A Little Book That Teaches You When to Quit (and When to Stick).* Portfolio, Nueva York, 2007.

GOINS, JEFF: *The Art of Work: A Proven Path to Discovering What You Were Meant to Do.* HarperCollins Leadership, Nueva York, 2015.

PIVER, SUSAN: *The Wisdom of a Broken Heart: How to Turn the Pain of a Breakup into Healing, Insight, and New Love.* Atria, Nueva York, 2010.

SANDERS, TIM: *Love Is the Killer App: How to Win Business and Influence Friends.* Crown Business, Nueva York, 2003.

CAPÍTULO 4   CONVIERTE TU IDEA EN UN PROYECTO

BUNGAY STANIER, MICHAEL: *Do More Great Work: Stop the Busywork, and Start the Work That Matters.* Workman, Nueva York, 2010.

DUHIGG, CHARLES: *Más agudo, más rápido y mejor: los secretos para ser más productivo en la vida y en el trabajo.* Editorial Conecta, Barcelona, 2016.

DWECK, CAROL: *Mindset: la actitud del éxito.* Editorial Sirio, Málaga, 2017.

MCCHESNEY, CHRIS: *Las 4 disciplinas de la ejecución: cómo alcanzar sus principales objetivos estratégicos.* Editorial Conecta, Barcelona, 2017.

MOHR, TARA SOPHIA: *Playing Big: Practical Wisdom for Women Who Want to Speak Up, Create, and Lead.* Avery, Nueva York, 2015.

CAPÍTULO 5   HAZ ESPACIO PARA TU PROYECTO

LOEHR, JIM y SCHWARTZ, TONI: *The Power of Full Engagement: Managing Energy, Not Time, Is the Key to High Performance and Personal Renewal.* Free Press, Nueva York, 2003.

MORAN, BRIAN P. y LENNINGTON, MICHAEL: *The 12 Week Year: Get More Done in 12 Weeks Than Others Do in 12 Months.* Wiley, Nueva Jersey, 2013.

NEWPORT, CAL: *Deep Work: Rules for Focused Success in a Distracted World.* Grand Central, Nueva York, 2016.

Sutherland, Jeff: *Scrum: el arte de hacer el doble de trabajo en la mitad de tiempo.* Editorial Océano, Barcelona, 2020.

CAPÍTULO 6   CREA LA HOJA DE RUTA DE TU PROYECTO

Gallup y Rath, Tom: *StrengthsFinder2.0.* Gallup Press, Washington, DC, 2007.

Knapp, Jake: *Sprint: el método para resolver problemas y testar nuevas ideas en sólo cinco días.* Editorial Conecta, Barcelona, 2016.

Mecham, Jesse: *You Need a Budget: The Proven System for Breaking the Paycheck-to-Paycheck Cycle, Getting Out of Debt, and Living the Life You Want.* Harper Business, Nueva York, 2017.

Timmons, Jacquette M.: *Financial Intimacy: How to Create a Healthy Relationship with Your Money and Your Mate.* Chicago Review Press, Chicago, 2009.

CAPÍTULO 7   SIGUE AVANZANDO TENIENDO EN CUENTA LOS PUNTOS DE FRICCIÓN

Kashdan, Todd y Biswas-Diener, Robert: *The Upside of Your Dark Side: Why Being Your Whole Self–Not Just Your «Good» Self–Drives Success and Fulfillment.* Plume, Nueva York, 2015.

Scott, Susan: *Fierce Conversations: Achieving Success at Work and in Life, One Conversation at a Time.* Berkley Books, Nueva York, 2004.

Sutton, Robert I.: *Estúpidos no, gracias: técnicas para aplicar la regla «no se admiten estúpidos» en la oficina.* Gestión 2000, Barcelona, 2007.

Ury, William: *The Power of a Positive No: Save the Deal, Save the Relationship–and Still Say No.* Bantam, Nueva York, 2007.

CAPÍTULO 8   INCORPORA TU PROYECTO A TU CRONOGRAMA

Becker, Joshua: *The Minimalist Home: A Room-by-Room Guide to a Decluttered, Refocused Life.* WaterBrook, Nueva York, 2018.

Covey, Stephen R.: *Primero, lo primero: vivir, amar, aprender, dejar un legado.* Ediciones Paidós, Barcelona, 2011.

Pink, Daniel H.: *When: The Scientific Secrets of Perfect Timing.* Riverhead Books, Nueva York, 2018.

VARDY, MIKE: *The Front Nine: How to Start the Year You Want Anytime You Want.* Diversion Books, Nueva York, 2012.

CAPÍTULO 9   GENERA IMPULSO A DIARIO

ALLEN, DAVID: *Organízate con eficacia para jóvenes: toma el control de tu vida en un mundo de distracciones.* Empresa Activa, Barcelona, 2018.

CLEAR, JAMES: *Atomic Habits: An Easy and Proven Way to Build Good Habits and Break Bad Ones.* Avery, Nueva York, 2018.

KLEON, AUSTIN: *Aprende a promocionar tu trabajo: 10 recursos para artistas, diseñadores y creativos.* Editorial Gustavo Gili, Barcelona, 2016.

PRESSFIELD, STEVEN: *The War of Art: Break Through the Blocks and Win Your Inner Creative Battles.* Autopublicado, 2012.

RAO, SRINIVAS: *An Audience of One: Reclaiming Creativity for Its Own Sake.* Portfolio, Nueva York, 2018.

TRACY, BRIAN: *¡Tráguese ese sapo! 21 estrategias para tomar decisiones rápidas y mejorar la eficacia profesional.* Empresa Activa, Barcelona, 2017.

CAPÍTULO 10   TERMINA CON ENTUSIASMO

CHRISTENSEN, CLAYTON M.; ALLWORTH, JAMES y DILLON, KAREN: *How Will You Measure Your Life?* Harper Business, Nueva York, 2012.

HEATH, CHIP y HEATH, DAN: *The Power of Moments: Why Certain Experiences Have Extraordinary Impact.* Simon and Schuster, Nueva York, 2017.

SLIM, PAMELA: *Body of Work: Finding the Thread That Ties Your Story Together.* Portfolio, Nueva York, 2013.

Acerca del autor

Charlie Gilkey es escritor, *podcaster*, profesor, conferenciante y empresario. Es el fundador de Productive Flourishing, una empresa basada en Internet que suele ser incluida entre los principales sitios web para productividad, manejo del tiempo y desarrollo personal para personas creativas. Las herramientas que se encuentran en Productive Flourishing, incluyendo los planificadores *Momentum Planners*, han sido descargadas y utilizadas por millones de personas.

Charlie es también doctorando en Filosofía y es un veterano de la Operación Libertad Iraquí, donde sirvió como oficial de logística del ejército. Su experiencia como soldado y filósofo enriquece su trabajo.

Aparte de su trabajo en Productive Flourishing, Charlie es miembro de la junta directiva de la Wayfinding Academy y de la sección de Portland de Social Venture Partners. Su enfoque en la comunidad sin fines de lucro está en la creación de soluciones para los problemas de las injusticias económicas, educativas y raciales.

Charlie vive con su esposa en Portland, Oregon. Para más información, visita www.productiveflourishing.com o sigue a @CharlieGilkey en Twitter.

Índice